Francisco Cândido Xavier

In der größeren Welt

Eine Beschreibung des Geistwesen
André Luiz
vom kommenden Leben

Aus dem Portugiesischen von Lucy Fajardo N. d. S. Feuerstein

ISBN 978-3-905966-29-9

Titel der portugiesischen Originalausgabe:
NO MUNDO MAIOR
(Brasilien, 1947)

Aus dem Portugiesischen von Lucy Fajardo N. d. S. Feuerstein
Umschlaggestaltung: Luciano Carneiro Holanda (capa)
Satz: Thiago Pereira Campos (miolo)
Umschlagfoto: www.istockphoto.com /Sean_Warren

Herausgeber:
EDICEI Europe GmbH
(Offizieller Verlag des INTERNATIONALEN SPIRITISTISCHEN RATES für den deutschsprachigen Raum)
Industriestrasse 8
CH - 8404 Winterthur
www.edicei.eu
edicei@edicei.ch

Erste Ausgabe – 08/2012

Genehmigte Ausgabe des Spiritistischen Verbandes Brasiliens
(Federação Espírita Brasileira – FEB)

INTERNATIONALE DATEN FÜR DIE KATALOGISIERUNG DES WERKES (CIP)

L979 Luiz, André (Geistwesen)

In der größeren Welt / Eine Beschreibung des Geistwesens André Luiz vom kommenden Leben; (Psychographie – mediales Schreiben) Francisco Cândido Xavier; (übersetzt von Lucy Fajardo Nunes da Silva Feuerstein) – Brasília, DF (Brasilien): Internationaler Spiritistischer Rat, 2012.
276 Seiten; 21 cm /(Aus der Reihe „Das Leben in der Spirituellen Welt“, 5)

Übersetzung von: No Mundo Maior
ISBN 978-3-905966-29-9

1. Spiritismus. 2. Psychographie (mediales Schreiben). I. Xavier, Francisco Cândido, 1910 – 2002. II. Internationaler Spiritistischer Rat (CEI). III. Titel

CDD: 133.93
CDU: 133.7

Inhaltsverzeichnis

Auf dem Evolutionsweg

Viele tausend Menschen aus allen Himmelsrichtungen der Erde nehmen täglich Abschied und treten die große Pilgerfahrt in das Land des Todes an. Sie verlassen berühmte Kulturzentren Europas, tobende amerikanische Städte, alte asiatische Regionen und raue afrikanische Klimazonen. Sie kommen aus Metropolen, Dörfern, Feldern…

Die wenigsten von ihnen sind fortgeschrittene Seelen, welche die Gipfel der Erhöhung erreicht haben und sich adelnden Aufgaben widmen. Die meisten sind verkümmerte Seelen im Kampf um Titel, die ihre Persönlichkeiten unterstreichen. Sie haben es nicht geschafft, vollkommene Menschen zu werden. Sie überquerten das „große Meer" des Lebens im physischen Körper und kamen über die Stufe des Experimentierens nicht hinaus. Sehr oft gewöhnten sie sich an Süchte aller Art und verharrten freiwillig auf dem Weg der Unvernunft. Jedoch sahen sie sich unverdienterweise trotzdem als „Auserwählte der Vorsehung" und, gefestigt in dieser Haltung, verurteilten sie ihre Nächsten, ohne sich um die eigenen Fehler zu kümmern. Sie erhofften ein Paradies voller Gnaden für sich selbst und eine Hölle mit unendlichen Quallen für die anderen. Wenn sie in den Verstrickungen des blinden Materialismus versanken, glaubten sie ungerechtfertigterweise daran, dass der Tod ihrem Gedächtnis ein Ende setzen würde. Wenn sie religiösen Schulen angehörten, rechneten die meisten von ihnen leichtsinnigerweise mit Privilegien, für welche sie nie etwas getan hatten.

Wo soll man diese seltsame und endlose Karawane unterbringen? Wie kann man Reisende mit so unterschiedlichen Kulturen, Hintergründen und Gepäck in der gleichen Endstation aussteigen lassen?

Vor dem Höchsten Gericht genießen der unterentwickelte und der entwickelte Mensch die gleichen Rechte. Jedoch unterscheiden sie sich sehr wahrscheinlich vor dem Himmlischen Gesetz durch ihr individuelles Verhalten, denn es bewertet immer Tugend und Verbrechen, Arbeit und Müßiggang, Wahrhaftigkeit und Täuschung, Bereitwilligkeit und Gleichgültigkeit. Heilige und Frevler, eifrige und faule Menschen gehören jedoch alle zur Karawane der fortlaufenden Pilgerfahrt nach dem Tod.

Wie kann man mit einem einzigen Maßstab verschiedene Behältnisse messen? Wenn man aber den gemeinsamen Ursprung betrachtet, sind wir doch alle Kinder desselben Vaters! Aus welchem Grund sollte man den Delinquenten mit unanfechtbarer Verurteilung bestrafen, wenn die Worte „Erneuerung“, „Liebe“ und „Barmherzigkeit“ ins Wörterbuch des Himmels eingebrannt wurden? Würde Gott die Hoffnung als oberstes Gebot festlegen und dabei selbst aufgeben? Würde Er den guten Willen zwischen den Menschen preisen und selbst im dunklen Kerker der Verneinung verharren? Hat derjenige, der seinen Nächsten mit Pfeil und Bogen getötet hat, die gleiche Möglichkeit auf der Welt erhalten als der superzivilisierte Mensch, der mit dem Maschinengewehr seinen Gegner vernichtet? Verdienen beide den definitiven Eintritt ins Paradies der unendlichen Glückseligkeit lediglich durch eine symbolische Taufe oder durch späte Reue am Sterbebett?

Nicht immer beugen sich die Logik und der gesunde Menschenverstand den unveränderlichen theologischen Argumenten. Trotz künstlich auferlegter Dogmen wird der Lauf des Lebens nie unterbrochen. Wenn man reine menschliche Kunstwerke betrachtet, die in jahrelangen Bemühungen hergestellt werden und am Ende in muffigen Museumsräumen verstauben, wie viel länger braucht das erhabene Werk der Vervollkommnung der Seelen, die für die unendlichen Glorien bestimmt sind!

Viele unserer Freunde, die unser Ideal teilen, finden André Luiz' Sammlung von Informationen über einige Bereiche der Sphären nahe der Erdoberfläche ungewöhnlich und seine Bemühungen seltsam.

Verblendet durch die Theorie des geringen Aufwands, welche in den höheren Kreisen nicht zu finden ist, rechneten sie mit einem Himmel kontemplativer Wonne. Ohne etwas dafür getan zu haben und fern von ehrbarer Arbeit, erhofften sie ein Paradies mit honigsüßem Komfort und persönlichen Vergünstigungen. Sie zogen die Sorglosigkeit der Masse in permanenter Glückseligkeit vor, wo sich die himmlische Macht auf wundersame Spektakel beschränkte. Höhere Wesenheiten, zu glänzend angezogenen Narren herabgesetzt, sollten die Darsteller solcher Auftritte sein.

André Luiz' Mission ist es jedoch, die Schätze zu offenbaren, die glücklicherweise in der Ewigkeit auf uns warten, ein unvergänglicher Reichtum, den wir nur in Besitz nehmen werden, nachdem wir Weisheit und Liebe erlangt haben.

Um dies zu erreichen, arbeiten wir in keinen wundersamen Werkstätten von improvisiertem Glück, wo man Gaben gegen geringe Preise und billige Wachsflügel erwerben kann. Wir sind Kinder Gottes im Wachstum. Sowohl auf den Feldern der dichten Kräfte, wie diejenigen des irdischen Kampfes, als auch in den subtilen Sphären und Energien, wie bei den höheren Ebenen, sind die Einflüsse, die unser Schicksal bestimmen, schlichtweg evolutiver Natur.

Die unfehlbare Gerechtigkeit ist stets auf unserer Seite, unter dem glorreichen und milden Licht der Himmlischen Liebe.

Keiner bekommt einen kostenlosen Passierschein für die himmlische Glückseligkeit durch den Tod. Menschen werden durch das Sterben niemals zwangsläufig in Engel verwandelt. Jede Kreatur wird diese Grenze zur Ewigkeit ausschließlich mit dem Gepäck überqueren, welches sie erarbeitet hat und wird lernen, dass Ordnung, Hierarchie und Zufriedenheit nach erbauendem Dienst überall unveränderliche Charakteristiken des Gesetzes sind.

Niemand wird nach dem Tod die Ruhe genießen, die er nicht verdient hat, denn „das Reich Gottes kommt nicht so, dass man es an äußeren Zeichen erkennen könnte“[1].

Die Freunde, die in ihrer menschlichen Existenz die erhabene Treppe erkannt haben, dessen Stufen unter Schweiß zu erklimmen sind, und den himmlischen Segen bei der unaufhörlichen Ausübung des Guten nutzen, werden von den Erzählungen des eifrigen Liebesdieners nicht überrascht sein. Sie wissen, dass sie nicht die Gnade des Lebens erhalten haben, um die Zeit zu vertreiben und dass sie die Gnade des Glaubens nicht erhalten haben, um ihre Nächsten zu verwirren. Sie sind mit der Verwirklichung der Himmlischen Vorsehung zu sehr beschäftigt. Die Gläubigen der Vetternwirtschaft, die sich mit den respektvollsten Titeln schmücken aber in den Netzen der alten Illusionen gefangen sind, werden von den Aussagen des barmherzigen Boten verblüfft und möglicherweise sogar unzufrieden sein.

Es ist aber natürlich, dass jeder die Luft einatmet, die auf dem Feld vorherrscht, das von ihm ausgesucht wurde.

Für alle jedoch, bitten wir um den Segen des Ewigen, sowohl für sie, als auch für uns.

Emmanuel

Pedro Leopoldo, den 25. März 1947

---

[1] Lukas 17,20

1
Zwischen zwei Ebenen

Der Mondschein strahlte hell und tauchte die Landschaft in ein zauberhaftes Licht. Wunderbare Quellwolken im Osten breiteten sich am Horizont aus und ähnelten Schlössern aus milchigem Schaum, welche sich im weitläufigen Blau verteilten. Die irdische Landschaft beschränkte die Weite und zeigte den Kontrast zur süßen Verzauberung des Himmels. Sie ließ eine weite Tiefebene erahnen, welche mit dunkelgrünen Bäumen bedeckt war. Im Süden beugten sich zarte Federwolken vom Himmel zur Erde herab, wie eine Verzierung aus fliegendem zartem Gewebe. In diesem Moment dachte ich an die Jugend der inkarnierten Menschheit und fragte mich selbst, ob jene weißen Ornamente am Firmament möglicherweise himmlische Schutzstreifen wären, welche die Erholungsstunden der irdischen Schulen behüten.

Der volle Mond, seine beeindruckende Einsamkeit und die Melancholie seiner majestätischen und unsagbaren Schönheit lösten eine andächtige Ehrfurcht in mir aus.

Die Vorstellung von Gott ergriff meinen Geist und erweckte in mir Gedanken von Respekt und Dankbarkeit, die ich jedoch nicht in Worte fassen konnte. Mitten in der Nacht pries ich den ewigen Gott, der durch diese erhabenen Momente von Ruhe und Frieden den inkarnierten Seelen eine Erholungszeit auf der Erdoberfläche gewährte.

Der strahlende Mondkreis inspirierte mich zu wunderbaren Gedanken. Unter seinen Strahlen begann die irdische Evolution. Unzählige Zivilisationen und der Verlauf von menschlichen Existenzen entwickelten sich unter dem beständigen Himmelskörper. Diese treue Lichtquelle erhellte den Weg von primitiven Wesen, führte die Schritte der Eroberer, leitete die Pilgerschaft der Heiligen. Als geduldiger Zeuge beobachtete er die Gründung von verschwenderischen Städten, begleitete ihr Aufblühen und ihren Untergang. Er betrachtete die unaufhörlichen Veränderungen in der politischen Landschaft der Welt. Er strahlte über die gekrönten Häupter der Fürsten und über die Hirtenstäbe der ärmsten Schafhüter. Er erlebte seit langen Jahrtausenden tagtäglich die Geburt und den Tod von Millionen von Wesen. Seine erlauchte Gelassenheit widerspiegelte den himmlischen Frieden. Hier unten führten wir Inkarnierten und Entkörperten Experimente durch, berichtigten Wege, gingen Schulden ein oder bauten Tugenden aus mit einer mehr oder weniger großen Intelligenz, in einer Mischung von Hoffnung und Sorge, immer lernend und die Lektionen wiederholend. Aber der Mond dort oben, einsam und strahlend weiß, flößte uns die Idee der unbezwingbaren Gelassenheit der Himmlischen Gesetze ein.

„Wir nähern uns dem Treffpunkt".

Assistent Calderaros Worte unterbrachen meine Gedanken.

Sie ließen mich die Arbeit und die Verantwortung spüren. Aber vor allem, erinnerten sie mich daran, dass ich nicht alleine war.

Unsere Reise beinhaltete eine bestimmte Aufgabe.

In wenigen Minuten würden wir uns an den Diensten des Ausbilders Eusébio beteiligen, der ein aufopfernder Vorkämpfer christlicher Liebe im Hilfsdienst an bedürftigen Gefährten war.

Seit langem widmete sich Eusébio dem spirituellen Hilfsdienst, er besaß ein großes Guthaben in unserer Ebene. Er verzichtete auf höhere Positionen, schob persönliche erhabene Verwirklichungen hinaus und setzte sich vollkommen für die Lichthungrigen ein. Er leitete eine angesehene Hilfsorganisation in einer Ebene zwischen den höheren und den niedrigen Sphären, betreute Geschwister, die soeben von der physischen Ebene befreit wurden, und entkörperte Lehrlinge, die auf dem Weg der Erleuchtung waren, sich aber immer noch mit den irdischen Kreisen verbunden fühlten.

Die große Institution, die von ihm begeistert geleitet wurde, war überfüllt mit Seelen, die sich zwischen den niedrigen und den höheren Sphären befanden, Menschen mit unzähligen Problemen und allerlei Fragen, welche ihm Geduld und Weisheit abverlangten. Trotz der wachsenden Anzahl von komplexen Diensten fand der unermüdliche Missionar immer Zeit, wöchentlich die Erdoberfläche zu besuchen. Bei diesen Besuchen richtete er seine erleuchteten Worte an die Anwärter, welche sich für die Lehre bewarben, aber keine Möglichkeit hatten, in die höhere Sphäre zu gelangen.

Ich kannte ihn nicht persönlich. Calderaro jedoch war ihm direkt unterstellt und erwähnte ihn immer mit der Begeisterung des Mitarbeiters, der sich seinem Leiter verbunden fühlt und ihn von Herzen wertschätzt.

Der Assistent seinerseits stand im aktiven Dienst auf der Erdoberfläche und betreute inkarnierte Geschwister. Er hatte sich in der Wissenschaft der spirituellen Unterstützung spezialisiert, welche bei den irdischen Gelehrten „erleuchtete Psychiatrie“ genannt werden könnte, ein Bereich, der mich schon lange begeisterte.

Eine Woche ohne bestimmte Verpflichtungen stand mir zur Verfügung und ich bat um Aufnahme in die Lehrgruppe, die unter Calderaros Betreuung stand. Mit der Liebenswürdigkeit der wahren Missionare des Guten ging er darauf ein und erklärte sich bereit, mich zu betreuen. Da seine Lehrgruppe in einer anderen Region mit erbauenden Aktivitäten beschäftigt war, konnte er mir seine volle Aufmerksamkeit schenken und mich entsprechend unterstützen.

Er erklärte mir, dass die Fälle, mit denen er betraut wurde, keinen dauernden Einsatz von ihm verlangten. Die Probleme entwickelten sich unterschiedlich, bedurften oft der Improvisation, manchmal musste er plötzlich abweichenden Dienstanweisungen folgen oder auf veränderte Situationen reagieren. Im Gegensatz hierzu, seien in anderen Arbeitsbereichen die festgelegten Vorgehensweisen sehr wichtig, da die Bedingungen und Zustände vorhersehbar sind. Im Verantwortungsbereich, der ihn berührte, herrschten jedoch andere Richtlinien: das Wichtigste war, den Problemen als unvorhergesehene Manifestationen des Lebens zu begegnen. Aufgrund solcher Unregelmäßigkeiten erstellte er keine Pläne für die einzelnen Einsätze. Er erfüllte die ihm auferlegten Pflichten wo und wie es die höheren Bestimmungen festlegten. Das grundlegende Ziel seiner Aufgabe beschränkte sich auf die sofortige Hilfe für Unglückliche, um möglichen Wahnsinn, Selbstmord und extreme moralische Desaster zu verhindern. Dafür musste der aktive Missionar das Spiel der psychischen Kräfte genau kennen und das Wohl des Nächsten musste für ihn allerhöchste Priorität haben. Calderaro ließ in dieser Hinsicht keine Zweifel aufkommen. Seine spontane Güte verriet diese Tugend und die unerschrockene Gelassenheit zeigte seine Weisheit.

Wir kannten uns noch nicht lange. Am Tag zuvor trafen wir uns zum ersten Mal. Es reichte jedoch eine Minute und eine gesunde Intimität entstand zwischen uns. Seine ausgewählte Ausdrucksweise ließ seine Überlegenheit erkennen, aber seit dem Zeitpunkt unserer ersten Begegnung fühlten wir uns wie alte Freunde.

Meine Seele war erbaut von Nächstenliebe und Vertrauen und ich folgte freudig seinen Schritten. Bald standen wir nahe einem weitläufigen Park, mitten in der irdischen Natur.

Um uns herum reihten sich große Bäume mit raschelndem Blattwerk, sie ähnelten absichtlich aufgestellten Wächtern, die zum Schutz unserer Arbeiten postiert wurden.

Der Wind säuselte ein leises Lied. Einige hundert Freunde versammelten sich auf einem Platz, der mit einem für die menschlichen Augen unsichtbaren Licht erleuchtet war. Durch die befreiende Kraft des Schlafes waren sie vorübergehend von ihrem physischen Körper getrennt.

Freunde aus unserer Sphäre betreuten sie hingebungsvoll, zeigten liebevolles Interesse, Freude am Dienst und unendliche Geduld. Ich stellte fest, dass viele aufrecht standen, andere jedoch machten es sich auf kleinen, mit sanftem Rasen bedeckten Hügeln bequem, sie alle unterhielten sich ernst und respektvoll.

Calderaro bereitete mich für jene Stunde höchster spiritueller Schönheit vor, indem er mir mitteilte:

„In der heutigen Versammlung wird Ausbilder Eusébio Lehrlinge des Spiritualismus aus verschiedenen spirituellen Strömen empfangen, die sich für den Frontdienst beworben haben."

„Oh!", erwiderte ich neugierig, „Es handelt sich in diesem Fall nicht um eine Versammlung für Einzelne, die von irgendeiner Glaubensschule abstammen?"

Der Assistent klärte sofort auf:

„Diese Maßnahme wäre in unserem Arbeitsgebiet nicht empfehlenswert. Der Ausbilder widmet sich insbesondere dem Apostolat der Unterstützung an inkarnierten Wesen und an Wesenheiten, die soeben von der physischen Sphäre befreit wurden. Er muss seine Lehrstunden optimal ausnutzen. Die Vielfalt der Prinzipien von hunderten von Einzelnen, jeder mit seiner eigenen Überzeugung, würde zu umständlichen Ausschweifungen führen und viele andere um ihre Chance bringen."

Er blickte lange auf die Menge und fügte hinzu:

„Wir haben hier ungefähr zwölfhundert Personen. Achtzig Prozent von ihnen sind Lehrlinge spiritualistischer[2] Tempel verschiedener Zweige, sie sind noch unfähig zu großen Flügen der Erkenntnis, obschon sie lebhaft nach Mitarbeit in der Himmlischen Ebene streben. Sie sind Gefährten mit einem hohen Potenzial an Tugenden. Sie zeigen guten Willen und üben sich durch lobenswerte Bemühung um die innere Erleuchtung. Sie haben den Kern des Vertrauens noch nicht entwickelt, aus dem sie schöpfen können. Sie zittern vor den natürlichen Stürmen auf ihren Wegen und zögern vor den notwendigen Prüfungen, die für die Bereicherung der Seele notwendig sind. Wir kümmern uns besonders um sie, da sie sich aufgrund ihres Fleißes in der spiritualisierenden Arbeit als zukünftige Werkzeuge für den bevorstehenden Dienst erweisen. Trotz der Klarheit ihrer Leitlinien leiden sie noch unter Disharmonie und Beklemmung, was ihr aufkeimendes Gleichgewicht gefährdet. Ihnen fehlt es jedoch nicht an der notwendigen Unterstützung. Institutionen, die ihre Kräfte erneuern, öffnen ihnen die Tore in unsere Wirkungssphären. Die Befreiung durch den Schlaf ist ein sofortiges Mittel unserer geschwisterlichen Hilfe. Anfangs erhalten sie unsere Beeinflussung unbewusst. Allmählich stärken sie ihren Geist und speichern unsere Hilfe in ihrem Gedächtnis, haben selbst gute und erlösende Ideen, Meinungen, Vorschläge, Ansichten und Eingebungen mittels ungefähren Erinnerungen."

Er machte eine kurze Pause und schloss ab:

[2] Spiritualistisch: diejenigen, die an die Existenz und die Einwirkung des Geistes glauben

„Die anderen sind Mitarbeiter aus unserer Ebene, die im Hilfsdienst tätig sind."

Die Organisation der Arbeitsabläufe war bewundernswert. Wir befanden uns in einem Gebiet, das stark irdisch geprägt war. Die Atmosphäre war erfüllt von Düften, die der Wind ausstreute und erinnerte mich an mein altes Haus auf der Erde, mit seinem Garten in einer heißen Nacht.

Was hätte ich auf der physischen Welt verwirklicht, wenn ich damals solch eine gesegnete Möglichkeit zur Erleuchtung erhalten hätte? Diese Handvoll Sterblichen unter dem Mondschein kam mir wie eine Versammlung von Privilegierten vor, die von himmlischen Göttern bevorzugt waren. Milliarden von Männern und Frauen schliefen in nahen Städten, gefesselt an momentane Interessen und brennend an Austausch von niedrigsten Reizen interessiert. Sie vermuteten nicht im Entferntesten die Existenz jener seltsamen Versammlung von Anwärtern auf das innere Licht, die zur intensiven Vorbereitung für längere und effiziente Ausflüge in die höhere Spiritualität zusammengerufen wurden. Waren sie sich dieses erhabenen Augenblicks bewusst, der sich ihnen bot? Nutzten sie das Geschenk mit genügend Verständnis für die ewigen Werte? Würden sie unerschrocken weiter schreiten oder würden sie in der Bemühung um Erleuchtung am ersten Hindernis stehen bleiben?

Calderaro nahm meine nicht ausgesprochenen Fragen wahr und fügte hinzu:

„Unsere Arbeitsgemeinschaft kümmert sich hauptsächlich darum, das Gleichgewicht der verschiedenen Kräfte zu bewahren. Es ist dir bekannt, dass die Gestaltung des geistigen Plans der Kreaturen es nie erzwingt, das Gleichgewicht ist ein Ergebnis der Zeit, der Bemühung und der Evolution. In der Gegenwart wird das Gebäude der menschlichen Gesellschaft im eigenen Fundament erschüttert und dies zwingt eine große Anzahl von Personen zu ungeahnten

Erneuerungen. Sicherlich wirst du nicht überrascht sein wenn ich dir sage dass, wenn der moderne Fortschritt mit der Gefühlslähmung zusammenprallt, die Vernunft gefährdet ist. Der materielle Fortschritt benebelt die Seele des unaufmerksamen Menschen. Seit Jahrhunderten bleiben große Massen dem spirituellen Licht fern. Die Zivilisation, die sich rein wissenschaftlich entwickelt, ist ein gefräßiger Saturn[3] und die Menschheit sieht sich jetzt mit den unerbittlichen Forderungen des beschleunigten geistigen Fortschritts konfrontiert. Deshalb nehmen unsere Pflichten im Bereich der Unterstützung verstärkt zu und die Notwendigkeit der geistigen Vorbereitung steigert sich in einem erschreckenden Maße."

In diesem Moment erreichten wir die friedfertige Ansammlung.

Mein Gesprächspartner lächelte und sagte:

„Der Zufall wirkt keine Wunder. Jede Verwirklichung muss geplant, durchgeführt und abgeschlossen werden. Damit sich der physische Mensch in einen spirituellen Menschen verwandeln kann, bedarf es der starken Mitwirkung unsererseits."

Er blickte mich bedeutungsvoll an und sprach:

„Die erhabenen Flügel der ewigen Seele können sich nicht in den beengten Nischen des Brutkastens ausbreiten. Dafür ist Arbeit, Reinigung und Leiden notwendig."

Jemand näherte sich und sprach uns an. Es handelte sich um einen hilfsbereiten Gefährten und er informierte uns, dass Eusébio den Platz soeben betreten hatte. Tatsächlich stand der Missionar auf einer nahen Erhebung, begleitet von sechs Assistenten. Jeder von ihnen war lichtumflutet und von einem Strahlenkranz umgeben.

Der aufopfernde Betreuer entsprach nicht dem Bild eines ehrwürdigen alten Mannes, so wie man sich in der Regel die Apostel der himmlischen Offenbarungen vorstellt. Er zeigte sich uns als

---

[3] Saturn: römischer Gott, der seine eigenen Kinder verschlang

starker Mann in seiner geistigen Reife. Die dunklen und gelassenen Augen schienen Quelle einer riesigen magnetischen Kraft zu sein. Dennoch betrachtete er uns lächelnd und kollegial.

Seine Anwesenheit verursachte jedoch ein respektvolles Schweigen. Alle Gespräche, die hier und dort stattfanden, wurden eingestellt. Arbeiter aus unserer Ebene webten Lichtfäden um uns herum und isolierten uns von jeglicher Belagerung niedriger Kräfte. Lediglich der sanfte Wind erhob seine Stimme und flüsterte dem Blattwerk etwas Schönes und Geheimnisvolles zu.

Der Ausbilder blieb vor uns stehen und wir setzten uns hin, um ihm zuzuhören. Nun konnte ich ihn genauer beobachten: seine majestätische Erscheinung vermittelte Sicherheit und Schönheit. Sein unerschütterliches Gesicht strahlte eine unübertreffliche Sympathie aus, mit Güte und Verständnis, Toleranz und Milde. Seine hellgrüne weite Tunika glänzte wie Smaragd. Seine starke Persönlichkeit flößte Verehrung und Zuneigung, Vertrauen und Frieden ein.

Als auf dem Platz vollkommene Stille eingekehrt war, hob er seine rechte Hand und bat mit bewegender Stimme:

Herr des Lebens,
segne unsere Absicht,
den Weg des Lichtes zu beschreiten!...

Wir sind Deine Kinder,
immer noch in beschränkten Kreisen gefangen,
aber der Durst nach dem Unendlichen
zerreißt unseren Schleier.

Wir sind Erben der Unsterblichkeit,
wir suchen Dich in den ewigen Quellen
und hoffen zuversichtlich auf Dein Erbarmen.

Herr, wir selbst vermögen nichts zu erreichen.

Ohne Dich sind wir wie verstümmelte Baumkronen,
welche das Feuer der Erfahrung
quält, verwandelt…

Jedoch vereint in Deiner Liebe
sind wir glorreiche Gestalter
Deiner endlosen Schöpfung.

Wir sind einige tausende
in diesem irdischen Feld;
und wir alle
loben Deine Größe,
die unsere Bedeutungslosigkeit nicht hervorhebt…

Erweitere unsere Wahrnehmung zum Leben,
öffne unsere Augen,
die vom Traum der Illusion benebelt sind,
damit wir Deinen unendlichen Ruhm betrachten dürfen!...
Wecke liebevoll unsere Ohren,
damit wir das Lied
Deiner erhabenen Ewigkeit hören.
Segne die Samen der Weisheit,
die auf den Feldern unserer Seelen
von Deinen Boten ausgestreut wurden.
Mache unseren inneren Boden fruchtbar,
damit die himmlischen Keime nicht sterben.

Wir wissen, Vater,
dass der Schweiß der Arbeit
und die Tränen der Erlösung
großzügige Nahrung
für das wachsen unserer Aussaat sind.
Ohne Deinen Segen jedoch
verliert der Schweiß seine Kraft

und die Tränen verzweifeln…
Ohne Deine mitfühlende Hand
können die Würmer der Leidenschaften
und die Stürme unserer Süchte
unsere Ernte zerstören.

Wecke uns, Herr des Lebens,
für das Licht der gegenwärtigen Möglichkeiten,
dass die Kämpfe sie nicht zunichtemachen.
Führe unsere Füße zu dem höchsten Gut,
fülle unser Herz
mit Deiner väterlichen Gelassenheit
und stärke unseren Widerstand!
Allmächtiger Herr,
stütze unsere Zerbrechlichkeit,
berichtige unsere Fehler,
kläre unsere Unwissenheit auf,
nimm uns auf in Deinen lieblichen Schoß.

Lieber Vater,
Deine höchsten Bestimmungen seien erfüllt,
jetzt und in Ewigkeit.
So sei es.

Am Ende des rührenden Gebets richtete der Betreuer den Blick zum Boden, seine Augen waren tränenüberströmt. Überwältigt von Freude, sah ich eine besonders starke Lichtflut, die sich als kristallklarer Strahl über uns ergoss.

Ätherische, silberähnliche Partikel regneten auf den Platz und drangen zu den Wurzeln der nahestehenden Bäume.

Eine unbekannte Verzauberung verzückte meine Seele. Ich stellte fest, dass sich meine Energien durch die Aufnahme der himmlischen Ströme allmählich beruhigten. Um mich herum herrschte die gleiche Freude und Harmonie. Ruhe und Glück spiegelten sich in den Gesichtern der Versammelten. Alle blickten begeistert zum Betreuer, der seinerseits von starken blauen Lichtwellen umgeben war.

Herrliches Glück überflutete mein ganzes Wesen, ich war eingetaucht in ein undefinierbares Bad erneuernder Energien.

Meine Augen waren nicht fähig, die Tränen des Glücks zurückzuhalten. Der ätherische Funkenregen ließ sie unaufhaltsam aus einer verborgenen Quelle meiner Seele hervorsprudeln. Bevor der edle Mentor wieder das Wort ergriff, dankte ich im Geiste für die Antwort des Himmels. Ich erkannte erneut, dass das Gebet nicht nur ein Zeichen von religiöser Ehrerbietung ist, sondern auch eine Möglichkeit, Zugang zu den unerschöpflichen Quellen der Himmlischen Macht zu erhalten.

2
Eusébios Vortrag

Der Betreuer stand aufrecht, sein Brustkorb strahlte ein sanftes Licht aus. Er hielt seinen Vortrag mit einer rührenden Ergriffenheit.

„Liebe Geschwister, wir wenden uns an euch, die ihr den Wunsch habt, zunächst in der gesegneten irdischen Schule zu lernen.

Durch den Durst nach Wissen oder durch die Qual der Liebe, welche Abgründe überwindet, wurdet ihr gezwungen, schwere Schwingungsbarrieren zu besiegen und ihr befindet euch am Anfang eines unbekannten Weges, der sich vor euch erstreckt. Der nächtliche Schlaf ist eine Vorbereitung auf den Tod. Während eure physischen Körper in euren Betten ruhen, nehmen eure fast befreiten Seelen an unserer Brüderlichkeit und Hoffnung teil. Wir schulen eure Fähigkeiten und Gefühle für das wahre Leben.

Selbstverständlich werdet ihr bei der Rückkehr zu euren physischen Hüllen keine vollkommenen Erinnerungen an diese Stunden bewahren können. Euer mangelhaftes Gehirn ist nicht fähig, die Last von zwei gleichzeitigen Leben zu ertragen. Die Erinnerung an unsere Lehrstunden wird jedoch in eurem tiefsten Inneren fortdauern, eure Neigungen im Bereich der Erhöhung steuern und eure Intuition öffnen, damit euch unsere geschwisterlichen Gedanken unterstützen können.“

Der Sprecher machte eine kurze Unterbrechung, betrachtete uns mit seinem ruhigen und klaren Blick und unter einem leichten und ständigen Regen von silbernen Strahlen fuhr er fort:

„Die wiederholten Empfindungen im groben Bereich der Existenz langweilen euch, ihr versucht andere Gebiete zu betreten. Ihr sucht das Neue, den unbekannten Trost, die Lösung von quälenden Rätseln. Wenn sich euer Herz in ein Heiligtum des himmlischen Lichts verwandelt hat, ist seine Flamme die einzige Lichtquelle auf der erlösenden und evolutiven Pilgerreise, welche die spirituellen Geheimnisse erleuchten kann. Trotz der Pflichten jedes Einzelnen bleibt Gottes Wille in jedem Mann und jeder Frau ständig wach. Jeder hat den für ihn vorgesehenen Dienst, genauso wie jeder Tag spezielle Möglichkeiten mit sich bringt, Gutes zu tun. Das Universum fügt sich der absoluten Ordnung. Wir sind freie Vögel am beschränkten Himmel, wir nehmen Einfluss in die himmlischen Pläne, erschaffen Gefängnisse und Bindungen, aber auch Befreiung und Fortschritt. Wir sollen uns nun dem himmlischen Gleichgewicht anpassen und unseren jeweiligen speziellen Auftrag im Getümmel des Lebens erfüllen.

Wie lange schon handeln wir, um anschließend wieder zu zerstören, beenden und beginnen wieder, starten die erlösende Reise und kehren überrascht wieder zum Anfang zurück? Wir sind auf der Bühne der Oberfläche unseres Planeten immer wieder dieselben Schauspieler des Evolutionsdramas. Jedes Jahrtausend ist ein kurzer Akt, jedes Jahrhundert eine flüchtige Szene. Uns stehen heilige physische Körper zur Verfügung. Jedoch gleich sorglosen Kindern, die sich ausschließlich mit einfältigen Spielen beschäftigen, verpassen wir den heiligenden Anlass der Existenz. Hierdurch bleiben wir den höchsten Gesetzen fern, wie schiffbrüchige Piraten, welche für lange Zeit für die Arbeit auf dem Meer verhindert sind. Während sich Millionen von Seelen in irdischen Städten um die Erneuerung bemühen und Gelegenheiten von Verbesserung und Anpassung genießen, bleiben Millionen andere verloren in dunklen Winkeln der Verzweiflung und der Schmerzen und beklagen die eigene Niederlage.

Wir spielen hier nicht auf heroische Missionare an, welche im Geiste von Entsagung und Liebe, Solidarität und Opfer, blutige Wunden von bedrückendem Zeugnis erdulden. Diese sind leuchtende Flammen, die vorübergehend vom Himmlischen Licht getrennt sind und nach Beendigung ihrer Aufgaben zur himmlischen Wohnstätte zurückkehren, wie der treue Arbeiter, der am Ende eines harten Arbeitstages nach Hause geht.

Wir beziehen uns auf die große Schar unentschlossener Seelen, gefangen von der Undankbarkeit und dem Zweifel, der Schwachheit und der Verschwendung. Es sind Seelen, die unter dem Licht der Vernunft erschaffen wurden, sich jedoch von der Tyrannei des Instinkts haben versklaven lassen."

In einem Hauch von christlicher Demut fuhr Eusébio fort:

„Ich rede über uns alle, Reisende, die sich in der Wüste der eigenen Verneinung verlieren. Wie Vögel mit gebrochenen Flügeln versuchen wir zu dem Nest der Freiheit und des Friedens zu fliegen, schlagen uns aber immer noch in dem Morast von niedrigen Genüssen herum. Warum zügeln wir den Verlauf der zerstörenden Leidenschaften nicht, die unsere Seelen peinigen? Warum halten wir den Impuls der Animalität nicht zurück, an dem wir seit jeher Gefallen finden? Der ewige Dualismus von Licht und Schatten, Mitleid und Grausamkeit, Intelligenz und bestialischem Impuls. Seit den Anfängen der Vernunft erforschen wir die Wissenschaft der tröstenden Spiritualität aber gleichzeitig widmen wir uns seit weit zurückliegenden Zeiten der Verworfenheit und dem Blutbad.

Unter den Schatten der prächtigen Bäume unterhalb des Gipfels des Himalaya Gebirges sangen wir Lobeshymnen mit Krishna und lernten dabei den Begriff der Unsterblichkeit der Seele, gleich danach gingen wir hinunter zum Ganges Tal, mordend und zerstörend, um zu genießen und zu besitzen. Wir buchstabierten die universelle Liebe mit Siddartha Gautama[4] und gleichzeitig verfolgten wir gemeinsam mit den Singhalesen und Indern unsere Mitmenschen. Wir waren Erben der Weisheit in den fernen Zeiten der Sphinx aber von der Verehrung des Geheimnisses der Gottheiten gingen wir über zu der blutrünstigen Feindseligkeit an den Ufern des Nils. Wir begleiteten die symbolische Arche der Hebräer, wiederholt lernten wir Jehovas Gebote, die in heiligen Schriften aufgelistet waren und vergaßen sie bei den ersten Klängen der Trompete im Krieg gegen die Philister. Die Religion in Athen rührte uns zu Tränen aber wir mordeten unsere Brüder in Sparta. Wir bewunderten den Philosophen Pythagoras und folgten Alexander dem Großen, dem Eroberer. In Rom brachten wir wertvolle Gaben zu wunderbaren heiligen Altären, lobpriesen die Tugend und Minuten später zückten wir unsere Waffen im Vorhof des Tempels, mordeten und erhoben das Verbrechen auf den Thron. Mit Mark Aurel[5] schrieben wir schöne Sätze über Ehrfurcht vor dem Leben und gleichzeitig verurteilten wir Menschen zum Tode, die reinen Gewissens und nützlich für die Gesellschaft waren. Unsere Haltung Jesus gegenüber, der Himmlische Gekreuzigte, ist nicht viel anders. Über den Leichen der Märtyrer, die im Zirkus geopfert wurden,

[4] Siddartha Gautama: der Buddha

[5] Mark Aurel: (121 – 180 n. C.) römischer Kaiser, Verfasser philosophischer Werke wie z.B. „Selbstbetrachtungen"

veranstalteten wir ein Blutbad in einem grausamen Rachenfeldzug, das religiöse Sektierertum brannte lichterloh. Wir duldeten willkürliche und grausame Verwalter, von Nero bis Diokletian[6], weil wir hungrig nach Macht waren und als Konstantin[7] die Türe der politischen Herrschaft öffnete, verwandelten wir uns von scheinbar treuen Dienern des Evangeliums zu verbrecherischen Richtern der Welt. Allmählich vergaßen wir die Blinden aus Jericho, die Lahmen aus Jerusalem, die Kinder aus Tiberias, die Fischer aus Kafarnaum, um den gekrönten Häuptern der Sieger zu dienen, obwohl wir wussten, dass sich die Sieger der Erde dem Weg zum Grab nicht entziehen können. Der Gedanke von Gottes Reich wurde zu einer Phantasie der Naiven, da wir, gierig nach irdischer Macht, nicht von der rechten Seite der Herrscher wichen. Noch heute, zwanzig Jahrhunderte nach der Kreuzigung des Erlösers, segnen wir Bajonette und Kanonen, Maschinengewehre und Panzerwagen im Namen des Allmächtigen Vaters, welcher die barmherzige Sonne über Bösen und Guten aufgehen lässt[8].

Aus diesem Grund bleiben unsere Lichtspeicher leer. Die Stürme der zerstörenden Leidenschaften der Menschen und Völker wüten heulend von einem Pol zum anderen und verbreiten Vernichtung.

Wann werden wir aufhören, zerstörerische und grausame Kobolde zu sein? Anstatt treue Diener des Herrn des Lebens, sind wir Soldaten der Armee der Täuschung und lassen Millionen von offenen Gräbern unter Aschenregen und Rauch zurück. Vergebens ermahnte uns Christus, Gottes Anzeichen in unserem eigenen Inneren zu suchen. Wir mästen und erweitern lediglich den Egoismus und die Gier, die Eitelkeit und die Täuschung auf

---

6 Diokletian: (244 – 311 n. C.) römischer Kaiser, der viele Verwaltungsreformen eingeführt hat

7 Konstantin der Große: (270 – 337 n. C.) römischer Kaiser, führte die Religionsfreiheit ein

8 „…über Bösen und Guten aufgehen lässt“: Mt 5,45

der Erde. Wir gehen schwere Schulden ein und versklaven uns an die traurigen Ergebnisse unserer Werke. Wir verbleiben auf unbestimmte Zeit im Dornenfeld.

So erreichten wir die moderne Epoche, wo sich der Wahnsinn verbreitet und sich das geistige Gleichgewicht kurz vor dem Scheitern befindet. Mit entwickeltem Verstand und unreifem Herz verfeinern wir gegenwärtig die Kunst, den spirituellen Fortschritt zu zerstören."

Der erhabene Betreuer machte eine längere Pause. Ich nutzte dies, um die nahestehenden Zuhörer zu beobachten. Einige Gesichter der anwesenden Männer und Frauen waren stark erblasst und erstarrt, manche hielten sich gegenseitig fest an den Händen. Sicherlich waren einige von ihnen wie ich zum ersten Mal dort, angesichts der verzückten Überraschung in ihren Gesichtszügen.

Der Ausbilder fixierte seinen durchdringenden Blick auf die Versammelten und fuhr fort:

„In den vergangenen Jahrhunderten verschwanden erblühende Städte dieser Welt unter Massaker, unter dem Schwert der Eroberer ohne Herzen, oder standen still unter der tödlichen Welle der Pest, damals unbekannt und deshalb nicht heilbar. Heute leidet die menschliche Gesellschaft immer noch unter mörderischen Degen und Bomben fallen weiterhin auf die wehrlose Bevölkerung. Das Gelbe Fieber, die Cholera und die Pocken wurden schon besiegt. Die Lepra, die Tuberkulose und der Krebs werden ohne Unterlass bekämpft. Es gibt jedoch eine neue Bedrohung auf der Erde: das tiefe Ungleichgewicht, die allgemeine Disharmonie, die Seelenkrankheiten, die sich leise einschleichen und euch die Stabilität rauben.

Es scheint nicht so, dass ihr als bewusste Wesen eure Wege beschreitet. Ihr ähnelt vielmehr besessenen Kobolden, die auf seltsamen Pfaden herumtollen. Wir beobachten, dass sich die

Erde in ein Feld von fast unendlicher Feindseligkeit verwandelt hat, als Ergebnis von dunklen Zeiten, welche von gegenseitiger Unterdrückung, Hass und Grausamkeit beherrscht waren. Menschen und Nationen verfolgen den Mythos von einfachem Gold. Sensible Kreaturen ergeben sich den Verwirrungen der Leidenschaften. Starke Köpfe verlieren die innere Sicht, erblindet durch den Irrtum der Persönlichkeit und der Gewaltherrschaft. Die Kinder der Erde nähern sich einem neuen Abgrund und durch ihren betrübten Blick können sie dies nicht erkennen. Sie sind verwickelt in unendliche Kämpfe, in besorgniserregende Meinungsverschiedenheiten und sind geführt von wahnwitzigen niedrigen Ambitionen. Meine Lieben, dieser hungrige Strudel der geistigen Verwirrung zerstört nicht nur eure physischen Zellen, sondern erreicht auch den subtilen Feinstoff der Seele, er überfällt den Kern eures perispirituellen Körpers[9]. Fast die gesamte moderne Zivilisation ist in ihrer grundlegenden Struktur bedroht. Wir müssen deshalb alle uns zur Verfügung stehenden Kräfte mobilisieren, im Dienst der Sache der Menschheit, die unsere eigene Sache ist.

Die Religion hat keine Exklusivität im Bereich der Erlösungsarbeit. Es handelt sich um einen Dienst, der jeden angeht, denn es wird der Tag kommen, an dem der Mensch die Himmlische Gegenwart überall erkennen wird. Unsere Arbeit ist keine Eigenbrötelei, sie ist ein allgemeines Werk für die Gesamtheit, die Bemühung des ehrlichen und aufrichtigen Dieners, der am Wohl aller interessiert ist.

Wenn ihr auf der Suche nach Anleitung für die erhabene Arbeit des Geistes zu uns kommt, vergesst euer eigenes Licht nicht. Rechnet nicht mit fremden Fackeln für euren Weg. Millionen von Männer und Frauen, welche die Hilfe des Guten miss-

---

[9] Perispiritueller Körper: Aura

braucht haben, leiden bitterlich nahe der irdischen Sphäre in elendigen Ebenen von erneuernden Schmerzen. Nachlässig und störrisch wichen sie allen Gelegenheiten aus, das eigene Licht anzuzünden. Verdrossen durch die Mühe der Kämpfe, wählten sie den körperlichen Genuss als das höchste Ziel ihres Bestrebens auf der Erde. Als sie mit dem physischen Tod die vorübergehenden Augen verloren haben, mit denen sie die Landschaft des Lebens unter dem Licht der Sonne betrachten konnten, fanden sie sich in der Schattenwelt wieder. Nachdem der Tod ihre gesättigten Augenlieder schloss, begann für sie eine lange und dichte Nacht, voll von Ängsten und Qualen."

In diesem Moment unterbrach Eusébio seine Ausführungen. Sein Blick schweifte in die Ferne, offensichtlich dachte er über bewegende Szenen nach, die seine Worte hervorriefen.

Einige Damen zeigten starke Betroffenheit in ihren verklärten Gesichtern und wir alle waren still und verwirrt angesichts der ehrlichen und bewegenden Ausführung. Ich spürte die Spannung der Versammlung, die auf die Fortsetzung der Ansprache wartete.

Nach einer langen Unterbrechung setzte der Redner seinen Vortrag mit energischer und patriarchalischer Stimme fort:

„Ihr sucht bei uns genaue Anweisungen für die Arbeiten, die euch gegenwärtig auf der Erdoberfläche beschäftigen. Geblendet vom Licht der Höheren Sphäre, fasziniert von den ersten Lektionen der universellen Liebe, erhofft ihr euch die Hilfe der Geisterwelt für die Aussaat der Zukunft. Ihr verlangt Flügel für den erhabenen Aufschwung, ihr habt vor, bei der Bemühung zur Erhöhung mitzuwirken.

Eure Absicht ist ohne Zweifel ehrenwert. Es ist jedoch unerlässlich, dass ihr eure täglichen Pflichten nicht vernachlässigt. Es ist unmöglich, die Jahrhunderte zu bewältigen, ohne den Pflichten im Hier und Jetzt nachzukommen. Es ist unbedingt notwendig, jetzt die Energien aufzufüllen, die Hoffnungen anzupassen und die Wünsche zu heiligen.

Es reicht nicht, an die Unsterblichkeit der Seele zu glauben. Die eigene Erleuchtung ist unaufschiebbar, damit wir uns selbst in erhabenes Licht verwandeln. Für das gewagte Unternehmen der Erlösung reicht die einfache Erkenntnis des Überlebens der Seele und des Austauschs zwischen den beiden Welten nicht aus. Die Leichtsinnigen und die Bösen, die Ignoranten und die Törichten aus unterschiedlichen Ländern können ebenfalls miteinander kommunizieren. Wir müssen vor allem das Herz erhöhen, die Mauern niederreißen, welche uns in den Schatten einsperren, wir müssen die Illusion des Besitzes vergessen, die dichten Schleier der Eitelkeit zerreißen, vom tödlichen Likör der entwürdigenden Eigenbrötlerei Abstand nehmen, damit der helle Schein des Berges in den tiefen Tälern glänzt, damit die ewige Sonne Gottes die vorübergehenden menschlichen Schatten auflösen kann.

Trotz der Hindernisse, die vor euch stehen, wünscht ihr euch, Vorkämpfer des lebendigen Glaubens zu werden. Dafür wird von euch ein schlagender Beweis verlangt, dass ihr euch der himmlischen Spiritualität sicher seid.

Gläubige, die sich nach einem glückseligen Paradies sehnen, werden von der Höheren Ebene nicht unbedingt bevorzugt. Glaubt ihr vielleicht, dass eure Existenz auf der Erdoberfläche ohne spezifisches Ziel stattfindet? Wenn das zarte Gras gemäß höheren Bestimmungen wächst und es seinen Teil im Leben erfüllt, was soll man von der wunderbaren Intelligenz des inkarnierten[10] Menschen sagen? Was kann man nicht alles von einer Vernunft, die vom Glauben erleuchtet ist, erwarten! Haben wir solch geheiligte Schätze von erbauenden Erkenntnissen vergebens erhalten? Wurde uns der wertvolle Segen zugeteilt, um

[10] Inkarniert: im physischen Körper

unser egoistisches Ziel zu stärken, den Himmel ohne vorbereitende Teilschritte, ohne läuternde Mühsal zu erreichen?

Der Himmel, meine Freunde, hat kein Mitleid mit der Ichbezogenheit. Die Himmlische Tür öffnet sich nur für diejenigen, welche durch die unaufhörliche Arbeit im Dienste des Höchsten Vaters geheiligt worden sind. Der Boden der Erde, an dem ihr vorübergehend haftet, bedeutet das gesegnete Arbeitsfeld, das Gott euch anvertraut hat. Sammelt das himmlische Tau in der Schatztruhe eures Herzens, das sich nach Frieden sehnt. Betrachtet die Sterne, die euch aus der Ferne zuwinken, wie erhabene Gipfel der Heiligkeit. Vernachlässigt jedoch das Feld der gegenwärtigen Kämpfe nicht.

Die Spiritualität der modernen Zeiten darf Gott nicht zwischen den Wänden eines Tempels einsperren, da es unsere besondere Mission ist, die ganze Erde in einen geweihten Tempel Gottes zu verwandeln.

Die Zeit der belanglosen Experimente, der wirren Untersuchungen, der nebensächlichen Gedankengänge ist für das Heer der wertvollen und entschiedenen Arbeiter vorbei. Wir erleben den Aufbau von neuen Gefühlen, wir tragen den Mörtel auf die Säule der zukünftigen Welt auf und sind dabei von einem hellen Licht in unserem Inneren erfüllt. Es ist normal, dass die Neuankömmlinge experimentieren, untersuchen, erkunden und brillante Theorien erstellen, wo die Hypothesen mit der persönlichen Zurschaustellung konkurrieren. Das ist alles verständlich und plausibel. Jede Schule zeichnet sich durch verschiedene Kurse aus, die einzelnen Fächer werden von den Lehrbüchern bestimmt und die Belegschaft wird entsprechend dafür ausgesucht. Wir wenden uns jedoch jetzt nicht an diejenigen, die noch in der Gefangenschaft des Ichs träumen, verworren in den tausend Hindernissen der Einbildung, welche ihre Eindrücke real werden lässt. Wir reden zu euch anderen, die den

Durst nach dem Universalismus[11] spüren, namenlosen Gefährten der Menschheit, die sich bemühen, von den Schatten zum Licht zu gelangen. Wie könnt ihr den Stillstand als Anfang und das alleinige und egoistische Glück als Ziel akzeptieren?

Lasst uns die erneuernde Hoffnung hegen. Bezieht euch nicht auf Jesus, um die Sehnsucht nach unverdienter Ruhe zu begründen. Er erreichte die Erhöhung der Auferstehung erst nachdem er den Leidensweg gegangen ist. Übrigens, seine Lehre erwähnt den Glauben, der Berge versetzt.

Bevor wir unsere eigene Welt nicht verbessert haben, dürfen wir den Zutritt in glückliche Welten nicht verlangen. Vergesst den alten Denkfehler, dass der Tod des Körpers ein wundersames Untertauchen in einen Fluss der Verzauberung sei. Lasst uns das ewige Leben und die perfekte Justiz verehren und beugen wir uns dem Gesetz, welches unsere Verdienste entsprechend unseren Werken würdigt.

Unsere Aufgabe ist die Erleuchtung und die Ewigkeit.

Die Universale Führung beschränkte unsere Aktivitäten keinesfalls auf die Bewachung von vergänglichen Altären. Wir wurden nicht dazu gerufen, in privaten Kreisen über die Interpretation des Ausschließlichkeitsanspruches zu Wachen, sondern in der Befreiung des inkarnierten Geistes mitzuarbeiten. Wir sind aufgefordert, die Horizonte für die menschliche Vernunft zu erweitern und den Bau des erlösenden Glaubens wiederherzustellen, den die Religionen, die sich ausschließlich an das geschriebene Wort halten, vernachlässigt haben.

Riesige Ausläufer der Evolutionswelle erreichen alle Winkel der Erde. Tagtäglich zerfallen konventionelle Prinzipien, welche für Jahrhunderte als unerschütterlich galten. Der menschliche Verstand ist überfordert und gezwungen zu schmerzhaften Veränderungen.

[11] Universalismus: weltweite Wertschätzung

Umsturz von Werten, soziale Erfahrungen und der Auswahlprozess, der durch das kollektive Leiden beschleunigt wird, verwirren die Zaghaften und die Unvorsichtigen, welche überall die absolute Mehrheit sind... Wie kann man den Millionen von geistig Bedürftigen helfen, ohne die Verantwortung der brüderlichen Liebe zu verinnerlichen? Wie kann man den beginnenden Wahnsinn heilen, ohne sich in ein Fundament zu verwandeln, welches das Gleichgewicht aufrechterhält? Wir wissen, dass innere Harmonie kein Supermarktartikel ist, sondern spirituelle Errungenschaft, die ausschließlich im Tempel des Geistes erhältlich ist.

Es ist deshalb notwendig, unser Herz in geschwisterlicher Liebe zu entzünden. In unserem Kampf reicht der wartende Glaube nicht aus. Die Liebe ist unerlässlich. Die Liebe, die vertraut und dient, verwandelt und erhöht, ist der wahre Träger der Himmlischen Weisheit.

Lasst uns als Werkzeuge des Guten handeln, anstatt auf die Gnade zu spekulieren. Die Aufgabe verlangt Mut und höchste Hingabe zu Gott. Da wo wir sind, müssen wir uns in Licht verwandeln, ansonsten werden wir vergebens versuchen, den Schatten um uns herum zu vertreiben. Zudem dürfen wir nicht vergessen, dass es eine natürliche und unaufschiebbare Aufgabe ist, so auf die Menschen und die Beziehungen zwischen den sichtbaren und unsichtbaren Sphären einzuwirken, dass sie mit dem Evangelium in Einklang sind.

Sucht nicht nach Wundern: der Durst danach kann sich in eine Sucht verwandeln und euch ins Verderben führen.

Verbindet euch mit den höheren Ebenen durch das Gebet und die konstruktive Arbeit und sie werden euch mit den Himmlischen Speichern verbinden, die jeden von uns entsprechend den einzelnen Bedürfnissen gerecht versorgen.

Die Gebote, die euch auf der Erde einschränken, so hart und unangenehm sie auch sind, stellen den Höchsten Willen dar.

Versucht die Hindernisse weder zu überspringen noch zu umgehen. Besiegt sie mittels Willen und Ausdauer und ermöglicht dabei das Wachstum eurer eigenen Werte.

Achtet darauf, die irdischen Wege mit angemessener Vernunft zu beschreiten und vermeidet, euch wie leichtsinnige Schmetterlinge zu verhalten. Erfüllt die Notwendigkeit jedes Tages und freut euch, die kleinsten Aufgaben zu erledigen.

Lernt zuerst das Laufen, bevor ihr versucht zu fliegen.

Aber vor allem fragt nicht nach den möglichen Begünstigungen, die euch im himmlischen Bankett zustehen mögen, bevor die irdischen Schulden getilgt sind.

Die Bezeichnung ‚Engel' könnt ihr erst erhalten, wenn ihr vernünftige Kreaturen seid.

Erhabene und unfehlbare Gesetze leiten unsere Schicksale. Überall sind wir bekannt und wir werden überall beobachtet.

Die Gefälligkeiten, welche die geheiligten Geister erhalten, werden auch uns von Gott geschenkt. Die richtige Anwendung liegt jedoch an jedem Einzelnen. Die irdischen Maschinen können eure physischen Körper in beachtliche Höhen befördern, aber den geistigen Flug, mit dem ihr euch von der Animalität befreit, könnt ihr nur mit den eigenen Flügeln unternehmen.

Der Trost und die Freundschaft von inkarnierten und entkörperten Wohltätern werden euch stärken, gleich sanften und gesegneten Blumen der Seele. Diese werden jedoch wie die Rosen verwelken, wenn ihr euer Herz nicht mit Glauben und Vernunft anreichert, mit unerschrockener Hoffnung und unsterblicher Liebe. Diese sind erhabene Nährstoffe für eure Entwicklung auf dem Boden eurer pausenlosen Bemühungen.

Begehrt nicht die Ruhe für Hände und Füße. Anstatt euch zur Ruhe zu setzen, sucht den inneren Frieden und das ruhige Gewissen.

Verlasst die Illusion, bevor die Illusion euch verlässt.

Übernehmt die Führung der eigenen Existenz und hinterlasst das Gute auf eurem Weg.

Nur die arbeitenden Diener prägen die Evolutionsstufen. Nur diejenigen, welche sich der Verantwortung verpflichten, schaffen es, neue Lebensformen und erneuernde Ideale zu prägen. Alle anderen, seien es Könige oder Fürsten, Minister oder Gesetzgeber, Priester oder Generäle, wenn sie sich dem Nichtstun widmen, werden sie unter die Klassifizierung ‚Schmarotzer der Erde' eingestuft. Ihre vorübergehende Anwesenheit auf der Erde wird nicht einmal registriert. Sie flattern wie bunte Insekten und kehren bald zu dem Staub zurück, von dem sie sich für einige Minuten erhoben hatten.

Greift für die notwendigen Entwicklungen auf das Licht zurück, wenn ihr in euren physischen Körper zurückkehrt.

Nehmen wir am glorreichen Geist Christi teil.

Verwandeln wir uns in erlösende Helligkeit.

Das allgemeine und wachsende Ungleichgewicht dringt in den menschlichen Verstand ein. Die Nationen und die Ideologien, die Systeme und die Prinzipien bekämpfen sich verzweifelt. Wenn die internationalen Kriege ruhen, erscheinen bedauernswerte Bürgerkriege, wo sich Bruder gegen Bruder aufrüstet. Indisziplin fördert Streiks, den Drang nach Befreiung stören die Nationen. Die Sphären bekriegen sich, Millionen von Inkarnierten und Entkörperten mit niedrigen Neigungen prallen aufeinander. Unzählige Häuser verwandeln sich in Räume von Disharmonie und Trotz. Im gegenwärtigen beschleunigten Prozess von Wandlung kämpft der Mensch mit sich selbst.

Sucht das Gleichgewicht in der notwendigen Erbauung, in der Sicherheit, dass man das Gesetz nie verleugnen und ihre universellen Regeln nie umgehen kann."

Als Abschluss seiner Rede sprach Eusébio ein schönes und einfühlsames Gebet und bat um himmlischen Segen für die versammelten Wesen. Anschließend fielen erhabene Lichterscheinungen über uns.

Am Ende der Arbeiten begannen sich die inkarnierten Gefährten leise und respektvoll zurückzuziehen.

Calderaro führte mich zum Ausbilder und stellte mich vor. Eusébio war freundlich und zuvorkommend, er überschüttete mich mit aufmunternden Worten. „Wir müssen dienen", sagte er und betonte die Notwendigkeit der spirituellen Hilfe, die überall aufopfernde und treue Mitarbeiter benötigt.

Als Calderaro meine Projekte erwähnte, lächelte Eusébio väterlich. Er erklärte verschiedene Maßnahmen, die zu ergreifen waren und empfahl uns, die Hilfsgruppe zu kontaktieren, welche der Betreuer aktiv unterstützte.

Bald darauf, als der noble Mentor im Begriff war, die Versammlung mit seiner Gefolgschaft zu verlassen, sprach er noch zu mir:

„Sei glücklich!"

Er blickte Calderaro bedeutungsvoll an und empfahl:

„Zu gegebener Zeit, bringe ihn zum Hilfsdienst in den Höhlen".

Höchst neugierig dankte ich gerührt und entschloss mich, geduldig auf diese Gelegenheit zu warten.

3
Das geistige Haus

An einem wunderbaren Morgen war ich erneut in Gesellschaft von Calderaro. Ich war gefesselt von der Idee, mehr über das Leben nahe der physischen Sphäre zu erfahren.

Ich wurde in der spirituellen Kolonie herzlich aufgenommen und kannte einige Betreuer und treue Arbeiter des Guten schon etwas näher.

Zweifellos widmeten wir uns intensiver Arbeit, selten fanden sich freie Stunden, welche für das Vergnügen reserviert waren. Zudem genossen wir eine wunderbare Umgebung, erfüllt mit Glück und Freude, die unseren Evolutionsweg erleichterte. Unsere Tempel waren gesegnete Zentren von Trost und Stärkung. Die künstlerischen und kulturellen Vereinigungen boten die Fortsetzung der irdischen Existenzen, bereichert jedoch von unzähligen erzieherischen Elementen. Der soziale Bereich war gefüllt mit wunderbaren Gelegenheiten, tiefgehende Freundschaften zu gewinnen. Die Häuser, in denen wir unermüdlich arbeiteten, standen zwischen zauberhaften Gärten, wie warme und glückliche Nester innerhalb duftender und gemütlicher Baumkronen.

Es mangelte nicht an Anweisungen und Pflichten, Ordnung und Disziplin. Gelassenheit beherrschte dennoch die Stimmung und Frieden war unser tägliches Geschenk.

Der Tod warf uns in eine Atmosphäre, in der kein physischer Kampf mehr stattfand. Der erste Eindruck war ein Schock. Das Unvorhergesehene begeisterte uns. Wir lebten weiterhin, lediglich ohne den physischen Körper. Die neuen Bedingungen der Existenz bedeuteten jedoch keineswegs, dass wir keine Möglichkeiten zur Entwicklung mehr hatten. Die Anlässe zu interessanten Auseinandersetzungen und die Gelegenheiten zum spirituellen Wachstum hatten sich unendlich vermehrt. Wir konnten uns an die höheren Mächte wenden, erbauende Beziehungen pflegen, Liebesträume und -hoffnungen hegen und höhere Existenzen im Reinkarnationsbereich entwerfen. Wir konnten bei der Arbeit und Bildung voranschreiten und unsere Fähigkeit zu dienen erweitern.

Mit einem Wort, der Übergang durch den Tod führte uns in ein besseres Leben, jedoch... Was geschah mit den Millionen von Wesen, welche die schmale Schwelle des Todes überquerten aber an der Erdoberfläche haften geblieben waren?

Unzählig viele solcher Wesenheiten hielten sich in der rudimentären Phase der Erkenntnis auf. Sie besaßen lediglich einige Grundinformationen über das Leben. Sie flehten um Unterstützung der Höheren Wesenheiten, wie primitive Völker die Hilfe der weiterentwickelten Menschen ersuchen. Sie mussten ihre Fähigkeiten entwickeln, wie die Kinder wachsen müssen. Sie blieben an der physischen Sphäre nicht aus Bosheit haften, sondern sie verweilten ratlos auf dem irdischen Boden wie sich die kleinen Babys an die mütterliche Brust anschmiegen. Die Erinnerungen an ihre Existenz beschränkten sich auf den sensitiven Bereich und sie verlangten die sofortige Reinkarnation, falls es ihnen nicht erlaubt war, sofort in unseren Grundschulen für Arbeit und Bildung aufgenommen zu werden. Andererseits, nicht weit von uns entfernt, blieben wahre Truppen von Verbrechern und Irregeführten in Aufruhr, nachdem sie die Tore des Todes durchschritten hatten. Sie verbrachten zum Teil unzählige Jahre zwischen Aufstand und Verzweiflung, sie personifizierten furchtbare Kobolde des Schattens, sie ähnelten hartnäckigen irdischen Verbrechern, welche von der gesunden Gesellschaft abgesondert werden. Dennoch beendeten sie ihren wahnsinnigen Lauf in den dunklen Umwegen der Reue und des Leidens und büßten letztendlich für ihre Bosheit. Die Reue ist aber der Weg zur Erneuerung und kein direkter Passierschein zum Himmel, deshalb bildeten diese Unglücklichen lebendige Armeen von Leiden und Grauen.

Unzählige Male sah ich diese Wesenheiten, sie waren verstört und verzweifelt und nahmen unschöne Formen an.

In den Fällen von Obsessionen[12] verwandelten sie sich in gegenseitige Henker oder in grausame Peiniger von inkarnierten Opfern. Falls sie zum Umherirren gezwungen wurden oder in die Täler der Bestrafung verbannt wurden, waren dies endlose und schreckliche Bilder von Schmerz und Verelendung.

Man muss aber zugeben, dass sie, die Unglücklichen und wir, die anderen, die weiterhin arbeiteten, die gleichen Türen benutzten. Möglicherweise haben viele von uns die materielle Hülle unter ähnlichen Zuständen verlassen. Unter Berücksichtigung dieser Tatsache fühlte ich mich beim Betrachten der riesigen Reihen von Unglücklichen sehr betroffen. Auch der Wunsch, dem Himmlischen Gesetz zu gehorchen, welches weder Gefälligkeitsparadiese gewährt noch ewige Höllen festlegt, brachte mich dazu, mich mit ihnen auseinanderzusetzen.

Ich hatte eine Menge von ihnen in berichtigenden Lagern der vielen Wohlfahrtsinstitutionen gesehen. Diese jedoch befan-

[12] Obsession: Umsessenheit, Phänomen, in dem niedrige Geistwesen Personen beherrschen

den sich im Bereich des brüderlichen Schutzes und zeigten zu ihren Gunsten die Symptome der Besserung in Bezug auf die Erkenntnis der eigenen Fehler oder des spirituellen Guthabens, über das sie dank bestimmter vermittelnder Kräfte verfügten.

Die Unglücklichen, die wir jetzt erwähnen, haben jedoch andere Ursprünge. Es waren die Ignoranten, die Widerspenstigen, die Störenfriede und die Reuelosen, dessen Seelen undurchlässig für erbauende Ermahnungen waren. Ebenfalls die Arroganten und die Stolzen der verschiedensten Abstufungen, beharrlich im Bösen, Verschwender der seelischen Energie und in grausamer Einstellung dem Leben gegenüber.

Ich hatte mich bis dahin mit ihnen nur bei zufälligen Gelegenheiten getroffen und dies war ohne größere Bedeutung für meinen spirituellen Fortschritt.

Aus welchem Grund verweilten sie so lange in den dunklen Sphären des Unverständnisses? Schoben sie absichtlich die Erleuchtung hinaus? Schmerzte sie der Zustand dieser langen Strafen nicht, die sie sich selbst auferlegt hatten? Schämten sie sich nicht wegen dieser freiwilligen Zeitverschwendung? Oft ertappte ich mich dabei, wie ich sie beobachtete... Die Gesichtszüge vieler dieser Unglücklichen sahen aus wie ungeheuerliche Karikaturen und erregten Spott und Mitleid. Welches Gesetz legt die Prägung ihrer Gesichtszüge fest? Hat vielleicht die Mutter Natur, die sonst so großzügig mit Gaben auf allen Ebenen ist, diese Geschwister vergessen oder erhielten sie diese Merkmale als Strafe, welche von höheren Bestimmungen auferlegt wurden?

Diese Fragen brodelten in meinem Kopf und ich konnte kaum erwarten, die Gelegenheit, die sich mir bot, zu nutzen.

An jenem Morgen näherte ich mich Calderaro. Durstig nach Wissen breitete ich meine inneren Fragen aus und berichtete seinen geduldigen Ohren alle meine Erwartungen, die lange zurückgehalten wurden. Ich hatte vor, diejenigen kennenzulernen, die in Bosheit, im Verbrechen und im Aufruhr verweilten.

Mein Freund hörte gelassen zu, lächelte gütig und begann zu erklären:

„André, zunächst berichtigen wir die Begriffe. Damit wir wahre Helfer der leidenden inkarnierten oder entkörperten Wesenheiten werden, ist es unverzichtbar, dass wir die Grausamkeit als Wahnsinn, Auffuhr als Ignoranz und Verzweiflung als Krankheit verstehen."

Angesichts meines Erstaunens fügte er liebevoll hinzu:

„Hast du verstanden? Diese Definitionen sind in der Tat nicht von mir. Wir haben sie von Christus gelernt, in seinem göttlichen Umgang mit uns niedrigen Wesen auf der Erdoberfläche."

Ich erwartete, dass der Ausbilder eine lange Ausführung über das Thema darbieten und wertvolle Beispiele und persönliche Erfahrungen einbringen würde. Nichts von alledem. Calderaro informierte schlicht:

„Die Blindheit des Geistes ist bei primitiven Wesen Ergebnis tiefer Ignoranz und in Fällen von Verworfenheit ist sie Folge der Trübung des Verstandes. Bei der Hilfe für die Wesen im Ungleichgewicht geht es uns darum, diese letzte Perspektive des Schattens, der über den Seelen hängt, zu analysieren. Deshalb musst du etwas über den Wahnsinn im Bereich der Zivilisation wissen. Die eingehende Untersuchung des Gehirns des inkarnierten und des entkörperten Menschen in Disharmonie ist dafür empfehlenswert, denn gerade dort befindet sich das Organ der spirituellen Aktivität."

Ich wünschte mir, noch weitere klare und überzeugende Erklärungen von ihm zu hören, aber Calderaro schwieg. Nach einigen Augenblicken sagte er:

„Ich möchte meine Zeit nicht mit Äußerungen zu einem Thema verschwenden, das nicht zu meinem Aufgabengebiet gehört. Wir werden jedoch zusammen arbeiten und können sicher sein, dass, wenn wir in guten Werken tätig sind, immer in der Wissenschaft der Erhöhung lernen."

Er lächelte freundlich und schloss ab:

„Das Wort, das im Dienst des Guten verwendet wird, ist eine himmlische Grundlage für ewige Errungenschaften. Wir werden nun das gute Wort zum Ausdruck bringen und unseren Nächsten wirksam dienen. So wird unser eigener Gewinn wachsen."

Ich schwieg, das war eine erbauende Lektion.

Ich begleitete ihn und nach einigen Minuten betraten wir ein großes Krankenhaus. Wir hielten vor dem Bett eines bestimmten Kranken, dem der Assistent helfen sollte. Niedergeschlagen und blass war der Kranke mit einer bedauernswerten Wesenheit aus unserer Ebene verbunden. Diese war in einem erbärmlichen niedrigen und leidvollen Zustand. Obwohl sich der Patient nicht bewegte, war er offensichtlich nervlich stark angespannt und konnte mit seinen physischen Augen die Anwesenheit seines düsteren Begleiters nicht erkennen. Sie schienen tief miteinander verbunden zu sein, es gab eine riesige Anzahl von dünnen Fäden, die sie vom Brustkorb bis zum Kopf zusammen hielten. Für mich waren die beiden zwei Gefangene in einem fluidischen Netz. Sicherlich würden die Gedanken des einen im Gehirn des anderen auftauchen, Gemüt und Gefühle würden mit akkurater Präzision zwischen den beiden ausgetauscht werden. Im Geiste schienen sie ununterbrochen vollkommen in Einklang zu sein. Verwundert betrachtete ich das Fließen von gemeinsamen geistigen Schwingungen.

Ich wollte gerade das Phänomen ansprechen, Calderaro erkannte jedoch meine Absichten und empfahl:

„Beobachte das Gehirn unseres inkarnierten Freundes."

Ich konzentrierte mich, um das empfindliche Organ betrachten zu können, ich musste meine ganze Sehfähigkeit schärfen, um es von innen zu untersuchen.

Mein verschärftes Sehvermögen erlaubte mir, durch den Schädel hindurch zu schauen. In dieser Region befand sich der Bereich der geistigen Produktion, er ähnelte einem komplexen und unübersichtlichen Labor. Dies konnte ich schon oft auch an anderen Patienten beobachten. Die einzelnen Windungen des Gehirns, die verschiedenen Lappen, ebenfalls durch Furchen voneinander getrennt, ähnelten einem elektrischen Gerät, das von den Menschen in vielen Bereichen noch unerforscht war. Ich verglich die zwei Gehirnhälften und erinnerte mich an die klassischen lateinischen Namen, lange verweilte ich bei der Beobachtung der speziellen Anordnung der Nerven und der Eigenschaften der grauen Masse.

Die Stimme meines Betreuers unterbrach die Stille, als er plötzlich rief:

„Beachte die Schwingungen."

Überrascht bemerkte ich zum ersten Mal, dass die Ausstrahlungen im Gehirn grundlegend unterschiedlich waren. Jeder Teilbereich zeichnete sich durch verschiedene Eigenschaften aus. Durch die unterschiedlichen Helligkeitsstufen stellte ich überrascht fest, dass sich das Gehirn in drei verschiedene Regionen teilte. Im Stirnlappen waren die Gedanken- und Antriebsfelder fast leuchtend, von der motorischen Rinde bis zum Ende des Rückenmarks ließ die Helligkeit nach und wurde in den Basalganglien[13] noch schwächer.

Nachdem ich einige Minuten beim Betrachten der Nervenzellen verbracht hatte, empfahl mir der Assistent:

„Du hast das Gehirn des Partners untersucht, der noch mit dem physischen Körper verbunden ist. Beobachte nun das gleiche Organ des entkörperten Freundes, der ihn direkt beeinflusst."

Die entkörperte Wesenheit bemerkte uns nicht, weil sie sich in einem Kreis von groben Schwingungen aufhielt. Sie kon-

[13] Basalganglien: Kerngebiet im Gehirn mit vielfältigen Funtionen

zentrierte sich auf den Kranken und erinnerte an den Scharfsinn einer Raubkatze, die seine Beute bewachte.

Ich beobachtete eine seltsame Wunde im Brustbereich und nahm mir vor, die Lunge zu untersuchen, um den Grund dafür zu finden. Calderaro jedoch korrigierte mich sachlich:

„Wir werden die Wunde später bei den Hilfsarbeiten behandeln. Konzentriere jetzt deine Sehfähigkeiten auf das Gehirn."

Nach einigen Augenblicken kam ich zu dem Schluss, dass sich vor meinen Augen zwei fast identische Gehirne befanden, abgesehen von dem Schwingungsmuster und der Anordnung der Teile. Das Gehirn des Inkarnierten war aus einer dichteren Materie, diese ist im perispirituellen Körper etwas leichter und heller. Es kam mir so vor, dass wenn wir das Gehirn des bettlägerigen Freundes von innen waschen und manche schweren Teilchen entfernen würden, es fast gleich wäre mit dem der Wesenheit, die ich gerade untersuchte. Die Leuchtkräfte der Einzelteile waren in allem identisch. Stärkeres Leuchten in den Stirnlappen, etwas schwächer in der motorischen Rinde und fast keine Ausstrahlung im Rückenmark, hier waren die Strahlen diffus und matt.

Nach der akkuraten Analyse unterbrach ich die Vergleichsuntersuchung und sah Calderaro mit einem stummen fragenden Blick an.

Der hilfsbereite Mentor sprach wohlgesonnen:

„Das Überraschendste nach dem physischen Tod ist die Wiederbegegnung mit dem Leben. Hier lernen wir, dass der perispiritische Organismus, der uns nach dem Tod in der leichten und plastischen Materie Form gibt, genauso ein Ergebnis des Evolutionsprozesses ist. Wir sind keine Wundergeschöpfe, die lediglich als Schmuckwerk eines Scheinparadieses dienen. Wir sind Kinder Gottes und Erben der Jahrhunderte. Im Verlauf der Jahrtausende erlangen wir Werte von Leben zu Leben. Es gibt keine Bevorzugung im universellen Tempel des Ewigen und alle

Kräfte der Schöpfung vervollkommnen sich in der Unendlichkeit. Das latente Bewusstsein des Kristalls, der vom Flussstrom mitgerissen wird, befindet sich in einem Befreiungsprozess. Die Bäume, welche die harten Schläge des Winters erdulden und das zarte Streicheln des Frühlings genießen und manchmal Jahrhunderte aufrecht stehen, sind dabei, ihre Erinnerungen zu erlangen. Das Tigerweibchen leckt ihre frischgeborenen Kinder und lernt dabei zu lieben. Das Kreischen der Affen sind die Vorboten der Sprache. Gott schuf die Welt, wir sind aber noch sehr weit von der Vollkommenheit entfernt. Die Bewohner des Universums werden sich für lange Zeit bemühen müssen, um es zu vervollkommnen. Das gleiche geschieht mit jedem Einzelnen. Wir sind Schöpfung des Himmlischen Urhebers und müssen uns ganzheitlich entwickeln. Der Ewige Vater hat als universelles Gesetz festgelegt, dass die Perfektion ein Ergebnis der Zusammenarbeit zwischen Ihm und seinen Kindern sein soll."

Der Mentor schwieg für einige Augenblicke und ich konnte keinen Kommentar zu seiner hohen Belehrung abgeben.

Dann zeigte er mir das Rückenmark und fuhr fort:

„Ich denke, dass jeglicher Hinweis auf die Anfänge des langen Dramas der Evolution überflüssig ist. Von der Amöbe im warmen Meerwasser bis zu den Menschen wird ständig gekämpft, gelernt und selektiert. Um Muskel und Bewegungsfähigkeit, Talente und Vernunft zu erwerben, leben wir tausende von Jahren. In Anbetracht der Jahrtausende, die wir auf dem Evolutionsweg zurückgelegt haben, sind die Schriftstücke der hinduistischen Weisheit Werke der Vergangenheit und die Gute Nachricht von Jesus Christus, Werk der Gegenwart."

Er machte eine bedeutsame Geste mit seiner rechten Hand und sprach weiter:

„Im Nervensystem befindet sich der Hirnstamm, er ist verantwortlich für die instinktiven Bewegungen und Sitz der unbewussten Aktivitäten. Stellen wir uns ihn als den Speicher der Persönlichkeit vor, in dem wir alle Erfahrungen und Einzelheiten des Lebens festhalten. Im Bereich der motorischen Rinde, der Region zwischen Frontallappen und Nerven, ist das Gehirn weiterentwickelt und es materialisiert die motorischen Energien, die unser Geist für die notwendigen Erscheinungsformen im gegenwärtigen Evolutionsstand jedes Einzelnen benutzt. Auf den Ebenen der Stirnlappen, dem nobelsten Teil unseres Organismus, liegt himmlisches Material, das für die wissenschaftliche Forschung der Erde noch verborgen bleibt. In der Bemühung der Erhöhung werden wir diese Schätze nach und nach bergen."

Die einfachen und bewundernswerten Erklärungen begeisterten mich. Calderaro war ein sehr guter Ausbilder. Er lehrte beharrlich, konnte den Schüler zu tiefer Erkenntnis führen, ohne ihn zu überfordern.

Ich bewunderte seinen Edelmut. Er beendete nun die kurze Unterbrechung und sprach weiter:

„Wir können nicht sagen, dass wir gleichzeitig drei Gehirne haben. Wir haben nur eins, das sich jedoch in drei verschiedene Regionen aufteilt. Nehmen wir es als ein Schloss mit drei Stockwerken. Das erste Stockwerk symbolisiert die lebendige Zusammenfassung der bewerkstelligten Aufgaben und dort befindet sich der ‚Wohnsitz der automatischen Impulse'. Im zweiten liegt die ‚Wohnung der gegenwärtigen Errungenschaften', dort errichten und konsolidieren sich die noblen Eigenschaften, die wir gegenwärtig aufbauen. Im dritten Stock befindet sich das ‚Haus der höheren Vorstellungen', es zeigt uns die Ziele, die wir noch erreichen müssen. Im ersten Stock ist der Sitz der Gewohnheit und des Automatismus, im zweiten, der Bemühung und des Willens und im dritten, des Ideals und des höheren Zieles, das zu erreichen ist. Wir verteilen somit in den drei Stockwerken das Unterbewusstsein, das Bewusstsein und das Superbewusstsein.

Wie wir sehen können, haben wir die Vergangenheit, die Gegenwart und die Zukunft in uns selbst."

Es gab eine längere Unterbrechung und ich gab meiner altbekannten Neigung nach, mich innerlich selbst zu fragen und nachzudenken.

Die wertvollen Erklärungen konnten nicht einfacher und logischer sein. Ich überlegte: Könnte das Gehirn eines entkörperten Menschen ebenfalls erkranken? Ich wusste, dass die graue Masse in der physischen Welt durch Tumore, Schwächung oder Blutung geschädigt werden konnte. Welche krankmachenden Phänomene befielen das Gehirn in dieser neuen Sphäre, in die der Tod mich geführt hatte?

Calderaro spürte meine inneren Fragen und klärte mich auf:

„Wir werden uns jetzt nicht mit den sogenannten physischen Krankheiten beschäftigen. Wir begleiten seit langem die Arbeit der Psychiater, die sich wahrhaftig dem Wohl des Nächsten widmen und wissen, dass alle Dankbarkeit der Welt bedeutungslos ist angesichts der Werke eines Paul Brocas[14], der die Störung im Bereich des Wortzentrums identifizierte oder eines Wagner Jaureggs[15] , der die fortschreitende Lähmung als Folge der Syphilis erforschte und die Syphiliserreger in der grauen Masse des Gehirns fand. Angesichts solcher Phänomene kann man den Ausfall der Harmonie im Gehirn durchaus verstehen: Die Prinzipien des perispirituellen Körpers weichen in solchen Fällen automatisch von den Zellgruppen des physischen Körpers zurück. Diese Zellgruppen verlieren ihre Struktur und können ihre normalen Aktivitäten nicht mehr ausführen, gleich einer Violine mit ein oder zwei verstimmten Saiten, die eine Melodie nicht ausführen kann. Wir sollen und dürfen die Gesetze, welche die Materie regieren, nicht vernach-

14 Paul Broca: (1824 – 1880) französischer Anthropologe und Arzt

15 Wagner Jauregg: (1857 – 1940) österreichischer Psychiater

lässigen... Deshalb gibt es bei den Menschen keine ausgeglichene Psyche ohne harmonischen Körper. Diese Tatsache ist allgemeingültig. Wir werden uns ausschließlich mit den geistigen Manifestationen an sich beschäftigen. Du fragst, ob das Gehirn eines entkörperten Menschen erkranken kann... Was für eine Frage! Glaubst du, dass die absichtliche Bosheit keine Krankheit der Seele ist? Dass der Hass kein pathologischer Zustand ist? Vermutest du vielleicht, dass es keine geistigen Krankheitserreger der Traurigkeit und des Aufruhrs gibt? Dank der Natur unserer Gedanken und Bestrebungen haben wir das Glück, in einem leichteren und subtileren Körper zu agieren. Weit entfernt von den groben Gebieten des irdischen Lebens, das wir schon verlassen haben, besitzen wir jedoch noch nicht das Gehirn der Engel. Auf dem Weg zu höheren Errungenschaften sind wir ständig damit beschäftigt, unsere gegenwärtige Form vor dem Verfall zu bewahren. Wir dürfen uns nicht auf den Prozessen der Erleuchtung ausruhen. Wir müssen immer wachsen und unsere Neigungen und Entwürfe selektieren, damit die Fahrt nicht unterbrochen wird. Millionen leben hier in unserer Position aber weitere Millionen verweilen im physischen Körper oder in den niedrigen Stufen der Evolution unter dem Joch des grausamen Wahnsinns. Für diese sollen wir die Heilkunde des Geistes in Anspruch nehmen. Wir sollen diese unglücklicheren Wesen stützen und zur Befreiung der furchtbaren Probleme, die sie gefangen halten, barmherzig beitragen. Sie sind verzweifelte Kobolde, Opfer von sich selbst, sie ernten furchtbare Dornen und Desillusionen. Der menschliche perispiritische Körper, der Behälter unserer Wesen, ist im Verlauf der Entwicklung der Formen vorerst unsere höchste Errungenschaft auf der Erde. Für die aufgeklärten Seelen, welche vom erlösenden Licht schon erleuchtet wurden, bedeutet der Perispirit eine Brücke für die höhere Ebene des ewigen Lebens, das auch für uns noch weit entfernt ist. Für die gewöhnlichen Geister ist die perispiritische Hülle eine notwendige und gerechte Einschränkung. Für die schuldigen Gewissen ist sie ein unsägliches Gefängnis, denn sie registriert zudem die begangenen Fehler und bewahrt sie mit allen lebendigen Einzelheiten auf. Die Art und Weise, wie man im physischen Körper lebt, bestimmt die Dichte der perispiritischen Hülle nach dem Tod. Also, das Gehirn ist das Instrument, das den Geist ausdrückt, es ist die Quelle unserer Gedanken. Durch dieses Organ verbinden wir uns nun mit dem Licht oder mit dem Schatten, mit dem Guten oder mit dem Bösen."

Calderaro bemerkte, dass ich seine wertvollen Erklärungen aufmerksam verfolgte, lächelte vielsagend und fragte:

„Hast du alles verstanden?"

Er zeigte auf die zwei Leidenden neben uns und fuhr fort:

„Betrachten wir diese zwei Kranken, einer im physischen Körper, der andere außerhalb. Beide haben ein vergiftetes Gehirn und ihre Schwingungen sind vollkommen miteinander im Einklang. Geistig stürzten sie vom dritten Stock herab, wo die höheren Eingebungen angesiedelt sind. Sie lieferten sich der Nachlässigkeit des Willens aus und verpassten somit die Gelegenheit, im zweiten Stock, dem Heim der eigenen Bemühung, Zuflucht zu finden. Sie verloren dadurch eine wertvolle Chance, sich wieder aufzurichten. Die zwei fielen in die Sphäre der instinktiven Impulse, wo alle Erfahrungen der vergangenen Animalität gespeichert sind. Beide hassen das Leben, hassen sich gegenseitig, sind verzweifelt, hegen störende, beklemmende und vergeltende Gedanken. Mit einem Wort, sie sind wahnsinnig, obwohl die Welt ihre große Verwirrung im Innersten der perispirituellen Körper nicht erkennt."

Ich wollte gerade eine lange Reihe von Fragen über die zwei Gestalten stellen, aber mein Gesprächspartner begann mit dem direkten Hilfsdienst. Er legte seine rechte Hand auf den linken Stirnlappen des inkarnierten Kranken und sagte freundlich:

„Bring deine erwartungsvollen Fragen zum Schweigen, mein Freund. Beruhige dich. Im Verlauf unserer Arbeiten werde ich dir alles erklären, was innerhalb meiner Kenntnisse steht.“

4
Das menschliche Gehirn

Calderaro hielt gütig seine Hand auf die Stirn des Kranken und spendete ihm mächtige lebensstärkende Fluida. Der Betreuer erklärte mir hilfsbereit:

„Vor etwa zwanzig Jahren tötete dieser Freund in einer schrecklichen Bluttat seinen gegenwärtigen Henker. Erst vor drei Tagen begann ich den Hilfsdienst an ihm, ich konnte jedoch schon seine bewegende Geschichte kennenlernen."

Mitfühlend blickte er den entkörperten Peiniger an und fuhr fort:

„Sie beide arbeiteten zusammen in einer großen Stadt, sie handelten mit Schnickschnack. Der Mörder war seit seiner Jugend bei dem Opfer beschäftigt und als er volljährig wurde, verlangte er von seinem Chef, der gleichzeitig sein Vormund war, die Bezahlung des langjährigen Arbeitsdienstes. Der Unternehmer weigerte sich strikt dieser Forderung nachzukommen, denn seiner Meinung nach hatte er sehr viel Mühen und Strapazen mit der Erziehung des Jungen. Er war bereit, ihm eine vorteilhafte Stelle in der Geschäftswelt zu geben, er würde ihn am Gewinn der Firma beteiligen, aber er würde keinen Cent bezüglich der Vergangenheit bezahlen. Bis dahin hatte er ihn wie einen eigenen Sohn behandelt, der ständig seine Unterstützung brauchte. Der Streit war ausgebrochen. Schroffe Worte wurden ausgetauscht, Hassschwingungen breiteten sich aus und erhitzten den Verstand des jungen Mannes. Auf dem Höhepunkt des Hasses ermordete er in einem wilden Wutanfall seinen Vormund. Bevor er sich jedoch vom Tatort entfernte, lief der Verbrecher zum Tresor, in dem sich große Bündel Geldscheine befanden. Er entnahm eine beachtliche Summe, die ihm seiner Meinung nach zustand, und hinterließ einen gewissen Anteil unangetastet, was die Polizei am nächsten Tag irreführen sollte. Tatsächlich kam er am nächsten Morgen in den Laden, wo das Opfer während der Ferienzeit übernachtete, solange die Familie auf dem Land verweilte. Wegen der verschlossenen Türen machte er sich scheinbar Sorgen und rief die Polizei, um gemeinsam das Türschloss aufzubrechen. Die Nachricht der Straftat verbreitete sich wie ein Lauffeuer. Durch die Geschicklichkeit des Straftäters konnte die menschliche Justiz den Fall nicht aufklären. Für die Außenwelt verhielt sich der Mörder vorbildlich und bewahrte die Interessen des Getöteten in vollem Umfang. Er veranlasste, die Geldschränke und Bücher zu versiegeln, ließ eine umfangreiche Auflistung des Vermögens erstellen und beantragte die Unterstützung von gesetzlichen Autoritäten, um die Situation korrekt abzuwickeln. Er handelte als wahrer Anwalt der Witwe und ihrer zwei kleinen Kinder, welche, dank seiner Fürsorge, eine beachtliche Erbschaft erhielten. Er beweinte das Geschehen, als ob der Entkörperte sein Vater gewesen wäre. Angesichts der Machtlosigkeit der Justiz wurde der Fall unaufgeklärt abgeschlossen. Danach zog der Mörder unauffällig in eine große Industriestadt um, wo er das entwendete Vermögen in gewinnbringende Anlagen investierte."

Die Augen des Mentors glänzten, als er nach einer kurzen Pause hinzufügte:

„Er konnte die Menschen täuschen, aber nicht sich selbst. Der Geist des Ermordeten hegte Rachegedanken und begann, ihn systematisch zu verfolgen. Er klammerte sich an die Psyche seines Mörders wie Efeu an eine rissige Mauer. Dieser versuchte jedoch alles, um die Beeinflussung zu mildern. Er widmete sich verstärkt materiellen Geschäften und versuchte sich selbst dabei zu vergessen. Verschiedene Geschäfte brachten ihm beachtliche Gewinne. Als er feststellte, dass das Geld seine geheime Unruhe und seine inneren Leiden nicht mindern konnte, versuchte er schnell zu heiraten. Somit wollte er das eigene Innere beruhigen. Er heiratete eine Frau mit einer weit entwickelten Seele, die ihm fünf zauberhafte Kinder schenkte. Durch die geistige Atmosphäre, die seine ausgewählte Frau mitbrachte, konnte er sich etwas beruhigen, obwohl sein Opfer immer bei ihm verharrte. Es gab Momente, in denen er in grausame Depressionen versank, überfallen von Albträumen, die für seine Familie unverständlich waren. Er konnte jedoch immer widerstehen, unterstützt von Wesenheiten aus unserer Ebene, die seiner Frau zugetan sind. Die irdischen Gesetze sind genauso fehlerhaft wie die inkarnierten Menschen selbst, aber die himmlischen Gesetze sind vollkommen. Seit der Nacht des Verbrechens bewahrte unser unglücklicher Freund alle dunklen Kräfte, die er in seinem Leben gesammelt hatte. Er behielt im Keller seiner Persönlichkeit alle zerstörenden Eindrücke des Mordes. Er lehnte jedoch ein öffentliches Geständnis ab, was sicherlich seine innere Unruhe vermindern und ihn von den unheilvollen Energien, die er gespeichert hatte, befreien würde."

Jetzt machte Calderaro wieder eine kurze Unterbrechung.

Er berührte den Cortex[16] und fuhr fort:

[16] Cortex: Großhirnrinde

„Die ständige Belagerung seines Opfers trübte sein Gedächtnis und der kriminelle Sinn fixierte sich im Mittelbereich des Gehirns, weil ihm die Reue den Zugang zur höheren Sphäre des Perispirits verwehrte, in dem die nobelsten Prinzipien der Menschen das Heiligtum der Manifestation des Himmlischen Bewusstseins erbauen. Seine Erinnerungen ließen ihn erschrecken und er fürchtete sich vor dem Urteil seines Gewissens. Auf der anderen Seite bemühte er sich zunehmend, der Familie das Glück zu garantieren, die seine einzige Oase in der brennenden Wüste seiner furchtbaren Erinnerungen war. Inzwischen genoss der Unglückliche aufgrund seines Vermögens ein beachtliches gesellschaftliches Ansehen. Er stürzte sich in eine fieberhafte und stetige geschäftliche Aktivität. Er lebte geistig fast ausschließlich in der mittleren Region des Gehirns, fühlte nur etwas Erleichterung wenn er arbeitete und irgendetwas machte, auch wenn es chaotisch zuging, und versuchte, mit allen Mitteln zu fliehen. Körperlich erschöpft legte er sich hin, um nach einem nächtlichen Kampf gegen den unsichtbaren Verfolger am nächsten Tag wieder erschöpft aufzustehen. Als Folge fiel sein Perispirit aus dem Gleichgewicht, was sich in seinem motorischen Zentrum widerspiegelte. Das organische Chaos war eingerichtet."

Der Mentor machte eine besondere Bewegung mit dem Zeigefinger und fuhr fort:

„Betrachte das Marklager[17] ."

Erstaunt schaute ich jene wunderbare mikroskopische Welt an. Die Pyramidenzellen zeichneten sich durch ihre Größe aus und verrieten die Wichtigkeit ihrer Funktion in der Steuerung der Energie des Nervensystems. Das lebendige Gewebe der grauen Substanz erschien mir bei genauer Untersuchung wie ein funktionierender starker Dynamo. Standen wir vielleicht vor einem hoch

---

[17] Marklager: weiße Substanz unterhalb der Großhirnrinde

komplizierten elektrischen Gerät? Trotz dieser ersten Eindrücke bemerkte ich, dass die Gehirnmasse zu erschlaffen drohte.

Ich war perplex und konnte keinen vernünftigen Kommentar abgeben, als mir der Assistent zu Hilfe kam und sagte:

„Wir stehen vor dem perispirituellen Körper des Menschen, der an seinen physischen Körper gebunden ist, genauso wie einige Teile des physischen Körpers direkten Kontakt mit der Bekleidung haben. Das gesamte Nervensystem stellt die perispiritischen Kräfte dar, welche das Wesen im Verlauf der Jahrtausende errungen hat. In unseren weniger dichten Sphären zeichnet sich der feinstoffliche Körper durch äußerste Leichtigkeit und außergewöhnliche Plastizität aus. Wenn wir auf der Erde wiedergeboren werden, unterwerfen wir uns den Gesetzen der Wiederholung, der Vererbung und der physiologischen Entwicklung, gemäß unserer Verdienste oder unserer Versagen, unserer Aufgabe oder notwendiger Lehre. Das physische Gehirn ist ein hoch komplizierter Apparat, in dem unser ‚Ich' das Leben widerspiegelt. Durch dieses Organ fühlen wir die äußeren Phänomene gemäß unserem Empfangsvermögen, welches von unserer Erfahrung geprägt wird. Aus diesem Grund ist das Gehirn von Kreatur zu Kreatur unterschiedlich, genauso wie die jeweiligen Plätze in der Evolutionsstufe. Weder bei den Pavianen noch bei den Schipanzen, die sich auf dem Weg zur Verbindung mit der menschlichen Gattung befinden, gibt es zwei identische Gehirnorgane. Das Gehirn jedes Individuums entspricht seinem tatsächlich erlangten Fortschritt. Der primitive Mensch zeigt ein perispirituelles Gehirn mit Schwingungen, das sich sehr von dem des zivilisierten Menschen unterscheidet. Unter diesem Gesichtspunkt sendet das Gehirn eines Heiligen andere Wellen als das Gehirn eines Wissenschaftlers. Auf der Erdoberfläche untersuchen die akademischen Kreise die greifbaren Formen, die sich durch Krankheit, Alter oder Tod verändern. Hier jedoch beschäftigen wir uns mit dem Organismus, welcher dem physischen Bereich Form gibt, und wir erkennen, dass das gesamte Nervensystem himmlischen Ursprungs ist. Die Nervenzelle ist ein Kern elektrischer Natur, welcher tagtäglich aus geeignetem Treibstoff genährt wird. Es gibt sensorische und motorische Neuronen und Interneuronen. Manche beziehen die Informationen aus der Außenwelt, während andere ihre Eindrücke aus dem Gewissen empfangen. Im ganzen zellularen Kosmos arbeiten Schalter und Leitungen, Sende- und Empfangseinheiten. Der Intellekt ist der Vorsteher dieses mikroskopischen Universums, wo Milliarden von Korpuskeln und vielfältige Energieformen für ihn arbeiten. Aus ihm stammen die Ströme des Willens, die ein großes Netz von Anreizen steuern. Der Wille reagiert angesichts von äußeren Bedürfnissen oder folgt den Empfehlungen der inneren Regionen. Der Intellekt befindet sich zwischen dem Objektiv und dem Subjektiv und muss gemäß dem Himmlischen Gesetz lernen, prüfen, wählen, zurückweisen, annehmen, sammeln, verwahren, sich bereichern, sich erleuchten, immer vorankommen. Er erhält die Konflikte und die Einflüsse des direkten Kampfes der objektiven Ebene. In größerer oder kleinerer Intensität nimmt der Intellekt aus der subjektiven Ebene die Eingebungen der inkarnierten oder entkörperten Wesenheiten auf, die in ähnlichen Bereichen schwingen. Ebenfalls werden die Ergebnisse der geistigen Schöpfungen, die mit ihnen einhergehen, durch ihn empfangen. Auch wenn er scheinbar stehen bleibt, folgt der Intellekt seinem Weg, ohne zurückzuschreiten, unter der unfehlbaren Einwirkung der sichtbaren oder unsichtbaren Kräfte."

Während der natürlichen Pause der Erläuterungen kamen mir unzählige Gedanken in den Sinn.

Wie sollte ich Calderaros Enthüllungen interpretieren? Hatten die physischen Zellen keine eigenen Eigenschaften? Waren sie keine winzigen Einheiten, die den jeweiligen organischen Abteilungen untergeordnet aber ansonsten weitgehend frei waren, oder waren sie vielleicht Kopien der spirituellen Zellen? Wie konnte man diese Theorie mit dem Aufkommen von zersetzenden Mikroorganismen nach dem Tod des physischen Körpers vereinbaren? Wenn das alles stimmte, wie kommt es, dass der inkarnierte Mensch seine Vergangenheit vorübergehend vergisst?

Der Ausbilder spürte meine unausgesprochenen Fragen, denn er fuhr gelassen fort und gab mir die Antworten:

„Ich kenne deine Einwände, auch ich hatte solche, als ich mit diesen Neuigkeiten konfrontiert wurde. Heute kann ich dir jedoch sagen, dass es sowohl die Chemie des physischen Körpers als auch spirituelle Chemie gibt. Wir kennen doch die organische und die anorganische Chemie, wobei es extrem schwierig ist, ihre Wirkungspunkte genauestens voneinander zu unterscheiden. Es ist fast unmöglich, eine Trennlinie zwischen diesen beiden festzulegen. Auch die weiseste Wesenheit würde nicht wagen, mit dogmatischen Behauptungen den Punkt zu nennen, wo die Materie endet und der Geist beginnt. Im physischen Körper sind die Zellen beeindruckend differenziert. In der Leber haben sie einen bestimmten Charakter, in den Nieren sehen sie anders aus, das gleiche gilt für die Blutzellen. Sie verändern sich unentwegt, tausende von ihnen entstehen und verschwinden in allen Bereichen der reinen organischen Chemie. Im Gehirn jedoch beginnt das Reich der spirituellen Chemie. Die Zelleinheiten können dort schwerlich ersetzt werden. In diesem zarten und hohen Bereich gibt es nicht so viele Veränderungen, denn die Seele braucht Ansatzpunkte, Erfahrung und Kontinuität. Der Magen mag ein Destillierapparat sein, wo die Mikrowelt sich als tobende Animalität zeigt, ähnlich den niedrigen Szenen des Lebens, da sich der Magen nicht unbedingt daran erinnern muss, welche Nahrung er gestern verarbeitet hat. Das Organ des schöpferischen Bereichs jedoch verlangt spirituelle Chemie, da es von Erfahrungen genährt wird, die wahrgenommen und gespeichert und bei Bedarf abgerufen werden. In diesem Fall wirkt nun die geistige Chemie, sie schenkt dem Gehirn unersetzbares Material in den verschiedenen Abteilungen des inneren Labors."

Der Assistent unterbrach seine Ausführungen und gab mir dadurch die Möglichkeit, die Informationen zu verarbeiten.

Dann fuhr er behutsam fort:

„In der Tat, gibt es hier keinerlei Geheimnisse. Kehren wir zu unseren Vorfahren in der Evolution zurück. Das spirituelle Prinzip ließ sich im lauwarmen Wasser als Einzeller nieder, die sich mittels Zweiteilung fortpflanzten. In tausenden von Jahren machte es eine lange Reise als Schwämme, wo es gelernt hat, die selbständigen Zellen zu leiten, ihnen den Geist der Gehorsamkeit und der Kollektivität innerhalb der Urorganisation der Muskeln einzuprägen. Es experimentierte lange Zeit, bevor es sich an das Fundament des Nervensystems in der Qualle, im Wurm und im Lurch wagte. Es kroch aus dem dunklen und moorigen Boden der Gewässer, um die ersten Erfahrungen unter der Mittagssonne in Angriff zu nehmen. Wie viele Jahrhunderte verbrauchte es unter monströsen Formen, machte hier und dort Fortschritte mit der indirekten Mitwirkung der Höheren Geister? Das können wir vorerst nicht beantworten. Es saugte an der üppigen Brust der Erde, entwickelte sich unaufhörlich im Verlauf der Jahrtausende, bis es geschafft hat, sich so weit zu entwickeln, dass es die eigene Nahrung herstellen konnte."

Calderaro schaute mich mit einem bedeutungsvollen Blick an und fragte:

„Hast du jetzt alles verstanden?"

Diese neuen Ideen überraschten mich zutiefst und ich konnte mir keine klaren Gedanken zu diesem Thema machen. Der kluge Ausbilder lächelte und fuhr fort:

„Auch wenn wir uns sehr bemühen, die Darlegung dieses delikaten Themas zu vereinfachen, verblüfft der Rückblick darüber jedes Mal. Ich möchte sagen, André, dass das spirituelle Prinzip seit dem geheimnisvollen Moment der Schöpfung unaufhörlich nach vorne schreitet. Es verließ den Boden des Ozeans, erreichte die Oberfläche der schützenden Gewässer, bewegte sich in Richtung des schlammigen Ufers, schlug sich im Moor herum, kam auf festen Boden, erlebte in den Wäldern vielfältige Formen, erhob sich vom Boden, betrachtete den Himmel und nach langen Jahrtausenden, in denen es gelernt hat sich fortzupflanzen, sich zu ernähren, auszuwählen, sich zu erinnern und zu fühlen, erlangte es die Intelligenz.... Es reiste vom einfachen Impuls zur Empfindlichkeit, von der Empfindlichkeit zur Sinneswahrnehmung, von der Sinneswahrnehmung zum Instinkt, vom Instinkt zur Vernunft. Auf dieser mühevollen Reise vergingen unzählige Jahrtausende. In allen Zeiten sind wir dabei, niedrige Sphären zu verlassen, um höhere zu erlangen. Das Gehirn ist das heilige Organ des Ausdrucks des Geistes, unterwegs von der primitiven Animalität zur menschlichen Spiritualität."

Der Betreuer machte eine kurze Unterbrechung und klopfte mir auf die Schulter, wie ein erfahrener Studienkollege, der den bescheidenen Lehrling anspornen möchte. Er fügte hinzu:

„In einem Wort, der Mensch der letzten Jahrtausende stellt die siegreiche Menschheit dar, die aus der Urbestialität heraustritt. Millionen von uns entkörperten Geistern gehören zu diesem Zustand von Schwere, da wir es bis jetzt nicht geschafft haben, uns von den niedrigen Eigenschaften zu befreien, die unser Perispirit noch beherbergt. Dieser Umstand zwingt uns nach dem physischen Tod in vergleichbaren Organisationen zu leben, welche sich zwar in weiterentwickelten Sphären befinden aber den irdischen Gruppierungen ähnlich sind. Wir pendeln zwischen Befreiung und Wiedergeburt, wir vervollkommnen uns, arbeiten an uns und schreiten voran, bis wir durch die eigene Verfeinerung den Zugang zu der erhabenen Atmosphäre des höheren Lebens erlangen, die wir bis jetzt noch nicht erahnen können. Auf den zwei Seiten der Existenz auf denen wir uns bewegen ist die konstruktive Arbeit ein Segen, der uns für die himmlische Zukunft vorbereitet. Die Geburt und der Tod sind lediglich zwei Türen zwischen diesen beiden Seiten. Die Aktivität in unserer Sphäre ist für diejenigen, die nach dem Gesetz leben, reicher an Schönheit und Glück, da die Materie hier leichter ist und sich entsprechend den Wünschen, die höherer Natur sind, anpasst. Nachdem wir jedoch den Fluss der Wiedergeburt überquert haben, werden wir von der harten Arbeit der Wiederholung für die notwendige Lehre überrascht. Dort werden wir säen, um hier zu ernten. Dort werden wir uns bilden, anpassen und verschönern, bis wir die perfekte Ernte erreichen, den gefüllten Speicher mit erhabenen Samen. Erst dann dürfen wir uns zu anderen ‚Erden des Himmels' begeben, vorbereitet und siegreich. Bezüglich Erlösung und Sühne dürfen wir aber nicht glauben, dass die physische Sphäre die einzige ist, welche die gesegnete Möglichkeit zu erlösenden Leiden bietet. Außerhalb dieser Sphäre, in dunklen Regionen, die du sicherlich kennst, gibt es Gelegenheiten von sühnenden Mitteln für die unglücklichen Schuldner, die bewusst gefährliche Übertritte gegen das Gesetz eingegangen sind."

Ich unterbrach die anschließende Pause nicht, da ich erkannte, dass Fragen meinerseits in dem Moment unangemessen waren.

Calderaro fuhr jedoch hilfsbereit fort:

„Du fragst warum der inkarnierte Mensch nicht die vollkommene Erinnerung der langen Vergangenheit behält. Das ergibt sich aus dem zu großen Einfluss des perispiritischen Körpers über den physischen Körper. Wenn sich die physische Form im Lauf der Zeiten perfektioniert hat, geschah das gleiche mit dem Perispirit. Wir selbst, die uns in einem mittleren Zustand von Spiritualität befinden, haben noch keine vollkommene Erinnerung an unsere durchlaufenen Wege. Vorerst haben wir noch nicht genug Licht, um in alle Winkel unseres Ursprungs nutzbringend hinabzusteigen. Wir werden diese Fähigkeit erst später erlangen, wenn unser Geist vollkommen von jeglichen Schatten befreit ist. Wenn wir unsere Situation mit der unserer inkarnierten Freunde vergleichen, die in einem weniger bewussten Zustand sind, dürfen wir nicht vergessen, dass die Nerven, die motorische Rinde und die Stirnlappen, die wir gerade beobachten, lediglich gewöhnliche Kontaktpunkte zwischen dem Perispirit und dem physischen Körper sind. Beide Körper sind notwendig zur Bereicherung und zum Wachstum des ewigen Wesens. Einfacher ausgedrückt, sie sind Lüftungslöcher der noblen Impulse, Erfahrungen und Vorstellungen der wahren Persönlichkeit, die der Tod nicht zerstört, aber die Last eines doppelten Lebens nicht aushalten würde. Aus diesem Grund und wegen der Pflichten, welche das wache Bewusstsein tagtäglich erledigen muss, wirken sie wie Dämpfer, die Stöße abfangen oder wie Lampenschirme, die grelles Licht mildern, damit die inkarnierte Seele arbeiten und fortschreiten kann. Zudem sind Geburt und Tod auf der physischen Sphäre für die meisten Menschen biologische Einschnitte, welche für die Erneuerung notwendig sind. In Wahrheit gibt es kein komplettes Vergessen wenn wir geboren werden und auch keine sofortige Wiederherstellung der Erinnerungen nach unserem Tod. Alle Menschen behalten Neigungen und Fähigkeiten und diese entsprechen nahezu den Erinnerungen der Vergangenheit. Außerdem kann nicht jeder das Vermögen seiner Erinnerungen nach dem Übergang plötzlich wiedergewinnen. Wer sich in der physischen Welt zu sehr materialisiert, wer in niedrigen Schwingungsmustern verharrt, dem geht das Licht der Erinnerung nicht schlagartig auf. Er wird eine Zeit brauchen, um sich von den schweren Hüllen zu befreien, an die er sich unvorsichtigerweise gebunden hat. Innerhalb des menschlichen

Kampfes müssen die Neuronen einen leichteren oder dichteren Schutz haben, damit der Strom der Erinnerungen die Bemühungen der inkarnierten Seele nicht behindert, die dem noblen Ziel von Evolution oder Erlösung, Vervollkommnung oder erhabenem Dienst verpflichtet sind. Wir müssen erkennen, dass der Geist vor der Geburt und nach dem Tod den Perispirit viel stärker beeinflusst. Das geschieht aufgrund der eigenartigen Natur und Plastizität der feinstofflichen Materie, die unsere Form prägt. In unseren Wirkungskreisen verhindert dies jedoch nicht die groben Erscheinungen, die beklagenswerten Ausfälle, die schweren Krankheiten, weil der Geist, Herr des Körpers, auch hier empfänglich ist für Sucht, Nachlässigkeit und zerstörerische Leidenschaften."

In der Pause wagte ich eine spontane Frage:

„Wie kann man auf eine einfache Art die drei Regionen des Gehirns interpretieren?

Der Mentor erklärte bereitwillig:

„Nerven, motorische Rinde und Stirnlappen repräsentieren Impulsivität, Erfahrung und höhere Vorstellungen der Seele im physischen Körper. Sie sind ebenfalls Befestigungspunkte des inkarnierten oder entkörperten Geistes. Wenn man zu lange mit den daraus folgenden Handlungen in der einen oder in der anderen Ebene verweilt, wird dies unsere Richtung im persönlichen Kosmos bestimmen. Der Mensch, der in der Region der Impulse verharrt, verliert sich in einem Labyrinth von Wirkung und Ursache und verschwendet Zeit und Energie. Wer sein Leben in gewohnheitsmäßigem Automatismus führt, ohne die Vergangenheit zu berücksichtigen und ohne Aufbau von Grundlagen für die Zukunft, setzt die eigene Existenz herab und raubt ihr das erbauende Licht. Wer sich ausschließlich in den Tempel der höheren Ideale flüchtet, läuft Gefahr, dass der Besinnlichkeit keine Werke folgen, die Meditation ohne Handlung geschieht, das Entsagen ohne Nutzen bleibt. Damit unser Geist weiter nach oben schreitet, ist das Gleichgewicht unverzichtbar. Er muss die vergangenen Errungenschaften nutzen, um die gegenwärtigen Aufgaben zu steuern und gleichzeitig muss er sich auf die schöne und kristallklare Hoffnung stützen, die aus der höheren Quelle des Idealismus fließt. Aus dieser Quelle kann er die wiederherstellenden Energien schöpfen und eine heiligende Zukunft aufbauen. Wir sind aufgrund unfehlbarer universeller Bestimmungen unauflöslich mit allem verbunden, was mit uns übereinstimmt. Wenn wir wegen übermäßiger geistiger Bindung zu einem der erwähnten Bereiche ins Ungleichgewicht geraten, verbinden wir uns mit inkarnierten oder entkörperten Wesenheiten, die sich in ähnlichen Situationen wie wir befinden."

Der Ausbilder fragte freundlich:

„Hast du es verstanden?"

Ich war froh, weil ich jetzt endlich die Lektion gelernt hatte. Meine Antwort war „Ja".

Calderaro spendete über dem Kopf des Kranken magnetische Energien und umhüllte ihn mit wohltuenden Fluida. Nach einer langen Unterbrechung sagte er:

„Vor uns stehen zwei Freunde. Beide verharren im Geiste im Bereich der niedrigen Instinkte. Auf der Flucht vor den Erinnerungen und der Reue blieb der Inkarnierte in niedrigen Schwingungen, schädigte die motorischen Zentren und das Hormonsystem und beeinträchtigte damit lebenswichtige Organe. Der Entkörperte verwandelte alle seine Energien in Futter für Rachegedanken und fand Zuflucht im Hass, wo er sich der Vernunft und der Selbstlosigkeit entzieht. Ganz anders wäre die Situation, wenn beide den Fehler vergessen hätten und sich durch konstruktive Arbeit und geschwisterliches Verständnis in das Heiligtum der wahren Vergebung erhoben hätten."

Die Augen des Assistenten glänzten und er fügte hinzu:

„Wie wir feststellen können, hatte Jesus Christus berechtigte Gründe, uns zu empfehlen: Liebe deinen Feind und bete für diejenigen, die dich verfolgen und verleumden. Das ist keine reine Tugend, sondern ein wissenschaftliches Prinzip der Befreiung, des Fortschritts der Seele, der geistigen Größe. In den Gedanken liegen die Ursachen. Es wird eine Zeit kommen, in der die Liebe, die Barmherzigkeit und das Verständnis Geisteszustände bestimmen werden, und für die inkarnierten Wesen so wichtig sein werden wie das Brot, das Wasser und das Heilmittel. Es ist nur eine Frage der Zeit. Es ist gerechtfertigt, immer mit himmlischem Optimismus auf das Gute zu warten. Im Allgemeinen steigt der menschliche Geist zur höheren Erkenntnis, obwohl es manchmal umgekehrt erscheint."

Anschließend spendete Calderaro einige Minuten lang starke magnetische Energie, welche den Kopf und die Wirbelsäule des Kranken umhüllte. Sie schien stark wohltuend zu wirken, denn bald schlief der vorhin äußerst aufgewühlte Patient beruhigt ein, als ob er ein leichtes Beruhigungsmittel eingenommen hätte. Vorübergehend von seinem physischen Körper getrennt, befand er sich kurz darauf in unserer Sphäre. Als er seinen grausamen Henker sah, der teilnahmslos auf der Bettkante saß, erschrak er zutiefst.

Ich stellte überrascht fest, dass der Kranke, genauso wie sein Peiniger, unsere Anwesenheit nicht wahrnahm.

Ich rechnete damit, dass der Assistent beide mit langen Predigten überschütten würde. Calderaro hielt sich jedoch zurück.

Ich konnte mich nicht zügeln und fragte, warum er ihnen nicht mit aufklärenden Worten helfe. Der Kranke schien mir jetzt aufgewühlt, während der Verfolger aggressiv aufstand. Warum konnten wir den grausamen Arm, der einen Unglücklichen bedrohte, nicht zurückhalten? Wäre es nicht richtig, die Auseinandersetzung zu verhindern, die unvorhersehbare Konsequenzen für den kranken Gefährten nach sich ziehen würde?

Der Betreuer hörte mir gelassen zu und antwortete:

„André, wir würden vergebens sprechen, weil wir sie noch nicht lieben können wie unsere Geschwister oder Kinder. Für uns beide, Geister mit etwas fortgeschrittenem Intellekt aber mit weniger erhabenen Gefühlen, sind sie lediglich zwei Unglückliche. Wir geben ihnen, was wir im Moment zur Verfügung haben, das heißt, eine förderliche Behandlung im Bereich ihrer äußeren Leiden. Unsere eingeschränkten Errungenschaften im Bereich des Sachverstandes erlauben uns nicht, weitere Maßnahmen zu ergreifen."

Er schaute zur naheliegenden Tür und betonte:

„Diese Maßnahmen wurden jedoch nicht vergessen. Schwester Cipriana, die Betreuerin der Hilfsgruppe bei der ich mitwirke, muss gleich hier ankommen."

Während der Peiniger und sein Opfer garstige Worte austauschten, fuhr der hilfsbereite Mentor fort:

„Erinnerst du dich an De Puysegur[18]?"

Ja, ich konnte mich vage erinnern. Einige Gedanken schwirrten durch meinen Kopf, ich erinnerte mich an Studien, die ich über Charcots[19] Forschungen gemacht hatte. Ich konnte mich jedoch nicht an Einzelheiten erinnern, da Psychiatrie nicht mein direktes Arbeitsgebiet in der Medizin war.

Calderaro sprach erneut:

„De Puysegur war einer der ersten ‚Magnetiseure' oder Heiler, der den offenbarenden Schlaf entdeckte, bei dem es möglich war, mit dem Patienten in einem veränderten Bewusstseinszustand zu sprechen. Seit dem beschäftigt diese Entdeckung die Psychologen. Durch sie entwickelte sich eine neue Therapie

---

[18] De Puysegur: (1751 – 1825) französischer Aristokrat, widmete sich den Studien den Hypnose

[19] Jean-Martin Charcot: (1825 – 1893) französischer Neurologe

für die Behandlung geistiger Störungen und Nervenkrankheiten. Für uns, auf dieser Seite des Lebens, ist es ein gewöhnliches Phänomen. Tagtäglich schlafen Millionen von Menschen unter der magnetischen Hilfe von geistigen Freunden ein, damit ihnen in unaufschiebbaren Entscheidungen geholfen wird."

„Aber warum versuchen wir nicht diesen beiden Freunden mit Worten zu helfen?", drängte ich, als ich die unglücklichen Streithähne beobachtete, die Beschimpfungen und Anschuldigungen austauschten.

„Weil das Wissen von außen wirkt, aber nur die Liebe von innen hilft", antwortete der Ausbilder gelassen. „Wenn überhaupt, berichtigen wir mit unserem Wissen lediglich die Konsequenzen. Nur diejenigen, die wahrhaftig lieben, erreichen die tiefen Ursachen. Unsere unglücklichen Freunde hier brauchen einen inneren Eingriff, um endgültig ihre geistigen Einstellungen zu verändern. Wir beide können vorerst nur unseren Verstand einbringen, wir haben noch nicht gelernt zu lieben..."

In diesem Moment erschien jemand an der Eingangstür.

Oh! Es war eine wunderbare Frau mittleren Alters. Ihre Augen strahlten einen lieblichen und zärtlichen Glanz aus. Ich verbeugte mich gerührt und respektvoll. Calderaro berührte sachte meine Schulter und flüsterte:

„Das ist Schwester Cipriana, sie besitzt die himmlische geschwisterliche Liebe, die wir noch nicht erlangt haben."

5
Die Macht der Liebe

Die Botin näherte sich und begrüßte uns. Der liebevolle Mentor Calderaro stellte mich der Dame vor.

Sie betrachtete das traurige Bild und sagte:

„Ich beglückwünsche dich zu der Unterstützung, die du unseren unseligen Brüdern in den vorangegangenen Tagen geleistet hast. Jetzt werden wir die letzte Phase der Arbeit beginnen, ich bin mir sicher, dass wir Erfolg haben werden."

Der Angesprochene erwiderte bescheiden:

„Meine Bemühungen waren sehr gering, ich habe nur die Vorbereitungen eingeleitet."

Schwester Cipriana lächelte freundlich und widersprach:

„Wie könnten wir das Ende erreichen, ohne den Anfang gemacht zu haben?"

„Oh, Schwester! Das Wissen kann so wenig bewirken, im Vergleich zur Liebe, die immer so viel vermag!"

Die Miene der bescheidenen Botin verriet, dass sie durch diese Bemerkungen in Verlegenheit gebracht wurde. Sie verbarg ihre Verdienste, indem sie zu bedenken gab:

„Der Himmlische Herr weiß, dass ich noch weit von der Verwirklichung entfernt bin, die du mir zuschreibst. Ich bin schwach und unvollkommen und muss noch unendlich viel lernen, um die stärkende und vervollkommnende Liebe zu erlangen."

Sie blickte meinen Begleiter fest an und fügte hinzu:

„Wir arbeiten gemeinsam am Werk des Höchsten. Ich hoffe, dass ihr auf eurem Posten bleiben werdet und die meiste Arbeit verrichten könnt, weil ich lediglich die schlichten Dienste durchführen werde, die ein Mutterherz erledigen kann."

Nach diesen Worten näherte sie sich den beiden Unglücklichen und begann zu beten.

Um was bat jene außergewöhnlich wichtige Frau? Verzaubert spürte ich ihre tiefe Ehrlichkeit und ihre treue Demut. Das Gebet, in dem sie für einige Minuten versank, war erfüllt mit himmlischer Macht, denn ein zartes Licht sank von oben auf ihr ehrwürdiges Haupt. Nach und nach wurde Cipriana noch schöner. Die himmlischen Strahlen, die aus unsichtbaren Quellen strömten, umhüllten und verklärten sie. Mir schien, dass ihr Perispirit die wunderbare Helligkeit absorbierte und in ihrem Wesen festhielt.

Nach einigen Augenblicken war sie von einem leuchtenden Hof umgeben. Ich fühlte mich verpflichtet, die Heiligkeit des Moments zu würdigen. Zarte und lockere Strahlen verließen ihre Augen, ihren Brustkorb und ihre Hände. Das Phänomen erschreckte mich keineswegs. Sie stand da, strahlend und schön, wie eine Materialisation der Madonna von Murillo[20] , es war eine wundersame Erscheinung.

---

[20] Bartolomé Esteban Murillo: (1618-1682) spanischer Maler

Diese unvergessliche Minute war derart bewegend, dass ich mich fast vor ihrer verklärten Gestalt niederwarf.

Sie vermied es, uns anzusehen, möglicherweise aus Bescheidenheit oder in dem Wunsch, ihre hohe Stellung zu verbergen.

Sie streckte den zwei Unglücklichen ihre Hände entgegen und erreichte sie mit ihrem liebevollen Magnetismus. Ich stellte erstaunt fest, dass die Kraft jener edlen Frau das Schwingungsfeld der beiden veränderte. Sie waren entkräftet und unterdrückt von einer Macht, die sie zur Ruhe zwang. Sie schauten sich überrascht an, fühlten plötzlich Respekt und Angst, gefangen in einer beherrschenden und unbekannten Rührung... Ihre Blicke verrieten schweigend eine beklemmende Frage, als sich die Botin den beiden näherte und sie leicht an den Augen berührte. Ich bemerkte, dass beide einen starken Schock erlitten.

Mir wurde die himmlische Macht der Botin bewusst und ich stellte fest, dass der vorübergehend von seinem physischen Körper getrennte Kranke und der grausame Verfolger uns plötzlich sehen konnten. Ihr Schreck war unbeschreiblich. Sie waren von der Überraschung überwältigt und schrien laut. Jeder von uns deutet das, was er sieht, ausschließlich unter dem Aspekt der eigenen Kenntnisse. Deshalb glaubten die beiden, vor der erhabenen Mutter Jesu zu stehen. Sie bewerteten die Umgebung entsprechend den Glaubensvorstellungen, die sie in der Welt erhalten hatten.

Der Kranke kniete plötzlich hin und begann aufgrund einer nicht unterdrückbaren Rührung ausgiebig zu weinen. Der andere jedoch, obwohl er überrascht und verunsichert war, stand weiterhin aufrecht, als ob die gesegnete Gnade jener Stunde für ihn nicht galt.

„Mutter des Himmels!", rief der Kranke schluchzend. „Warum besuchst du einen Verbrecher wie mich? Ich schäme mich für mich selbst, ich bin ein Sünder, ich wurde von meinem eigenen Elend erschlagen... Dein Licht offenbart mir das Ausmaß der Finsternis, in der ich mich herumschlage! Hab Mitleid mit mir, Herrin!..."

Diese reumütigen und bedrückten Worte waren gefüllt mit großer Ehrlichkeit und tiefem Schmerz. Erstickendes Schluchzen kam auf und unterbrach sein bewegendes Flehen.

Cipriana näherte sich ihm mit tränenerfüllten funkelnden Augen. Sie versuchte ihn aufzurichten, ohne ihn jedoch von seiner knienden Position abzuhalten.

Mit Sicherheit hatte sich die barmherzige Missionarin vorab genauestens über den Auftrag informiert, denn sie umarmte ihn mütterlich und rief ihn bei seinem Namen:

„Pedro, mein Sohn, ich bin nicht diejenige, für die du mich hältst. Ich bin lediglich deine Schwester in der Ewigkeit. Ich war jedoch auch eine Mutter auf der Erde und weiß, wie viel du leidest."

Der Angesprochene hob seine flehenden Augen und blickte sie durch den dichten Schleier seiner Tränen an. Er schien ermuntert durch die Aufklärungen, hielt sich dennoch demütig und ehrfürchtig zurück:

„Ich habe einen Mann getötet!...", beichtete er.

Die Botin streichelte seine tränenüberströmten Wangen und entgegnete:

„Ich weiß es."

Der Verfolger hielt respektvoll Distanz. Nach einigen Augenblicken, in denen sie ihre liebevolle Aufmerksamkeit zwischen dem Gesprächspartner und seinem Verfolger teilte, wandte sie sich dem Kranken mit der Absicht zu, von seinem vergeltenden Gefährten gehört zu werden:

„Warum hast du, Pedro, das Leben deines Bruders zerstört? Wie kamst du dazu, dir die Macht und das Recht zu nehmen, die himmlische Harmonie zu zerbrechen?"

Sie hörte seine innersten Gedanken, denn sie fuhr fort:

„Du hast versucht die Gerechtigkeit mit deinen eigenen Händen zu erzwingen, wobei du lediglich der zerstörerischen Wut freien Lauf gelassen hast. Warum, mein Sohn, hast du versucht das Leben ins Gleichgewicht zu bringen, indem du getötet hast? Wie können wir die Gerechtigkeit mit dem Verbrechen in Einklang bringen, wenn wir wissen, dass der wahre Gerechte derjenige ist, der arbeitet und auf den Vater vertraut, den höchsten Spender des Lebens? Vor langer Zeit hast du gemordet, hast versucht die hohe Geldschuld mit Blut zu tilgen... Du hast den physischen Körper deines Freundes, der sich als hart und gefühllos erwies, zerstört. Seit diesem tragischen Moment jedoch hörst du das himmlische Gewissen, das die alte Frage wiederholt: ‚Kain, was hast du deinem Bruder getan?'[21] Dein Leben war seitdem ziellos und unglücklich, deine Seele ist an deinen Gegner gefesselt. Du lernst, dass das Böse niemals mit dem Guten in Einklang kommen kann und dass das Gesetz von demjenigen seinen Zoll fordert, der sich seinen weisen und höchsten Regeln widersetzt. Du hast den Frieden deines Nächsten zerstört und dabei deinen eigenen verloren. Du hast ihm den physischen Körper genommen, aber irrst umher in deinem, empfindest deinen Körper als eine schwere Bürde... Du wolltest dir Recht verschaffen und hast das Schicksal verbogen, du hast eine gefährliche Kurve auf deinem Weg eingebaut, ohne die er sonst geradlinig und erleuchtet hätte sein können. Weil du dich überall als Straftäter gefühlt hast, hast du dich vor dir selbst gefürchtet und hast versucht, in die ratlose und versklavende Arbeit zu fliehen. Das Geld im Überfluss konnte dein Wesen nicht befriedigen. Du hast höchste gesellschaftliche Stellung zwischen den Menschen erreicht, bist jedoch immer trauriger

21 „...getan?“: Genesis 4,10

und schutzloser geworden… Wieso kamst du nicht zu dem erlösenden Gebet, Pedro? Warum hast du nicht gebeichtet, dein Mordopfer mit der ehrlichen und wahren Absicht von Erneuerung um Vergebung gebeten? Du hast das wilde Rennen nach äußerlichen Empfindungen vorgezogen, die Flucht auf den materiellen Bereich, den vorübergehenden Aufstieg in Positionen mit zweifelhafter Macht … Verzweifelt hast du versucht, dem inneren Gericht zu entfliehen, in dem die spirituelle Macht deinen verwerflichen Handel verurteilt!

Aber es ist nie zu spät, Herzen zu erhöhen und verletzte Gewissen zu heilen. Du bist erschöpft, bist es leid, Schmerzen zu ertragen und gabst dich nun der Krankheit hin. Du näherst dich dem Wahnsinn. Mit einer verletzten Seele und einem kranken Körper hast du dich an die Himmlische Barmherzigkeit gewendet. Deshalb stehen wir hier. Wir erheben unsere Stimme jedoch nicht, um deine Seele zu peinigen, denn sie ist schon gedemütigt und unglücklich genug! Wir kamen hierher, um dich für deine Erneuerung zu ermutigen. Wer kann den anderen verurteilen, nachdem jeder von uns die Rückschläge des Lebens erlebt hat? Wer fühlt sich nach dem Tod rein und heilig genug, um den ersten Stein zu werfen? Wer von uns hat die Ströme des Sumpfes unversehrt überquert? Nein, Pedro, das Fundament des himmlischen Werks ist die unermessliche Liebe. Wir sind hier, um dich zu lieben, wir versuchen dein Gewissen in die unendlichen Felder des ewigen Lebens zu erheben. Du hast gebetet und uns gerufen. Du hast deinen Geist für die erneuernde Kraft geöffnet und wir sind deine Geschwister. In vergangenen Zeiten betraten ebenfalls viele von uns die finsteren Täler des Mordes, der Ungerechtigkeit und des Todes. Wir hielten jedoch an, sagten uns vom Verbrechen los, schweißten mit unseren Tränen die gebrochenen Glieder zusammen, die durch unsere Rücksichtslosigkeit beschädigt waren. Durch die Übung der Vergebung und der Demut lernten wir, dass nur die Liebe auf ewig rettet und erbaut.

Erinnere dich an deine eigenen Bedürfnisse, verlasse den Pfad des Elends, überprüfe deine Haltung und gehe eine neue Verpflichtung mit der Himmlischen Gerechtigkeit ein."

Sie machte eine lange Pause. Dann öffnete Cipriana ihre mütterliche Arme und fügte hinzu:

„Steh auf und komm zu mir. Ich bin deine spirituelle Mutter, in Gottes Namen."

Was jetzt geschah berührte unsere Herzen: Wie ein kleiner Junge stand der Kranke mit tränenerfüllten Augen auf und sagte:

„Bin ich würdig solch eine Gnade zu erhalten?"

„Warum denn nicht, mein Sohn? Der Herr erwidert unser Flehen niemals mit verurteilenden Worten. Wir sind in Seinem Namen, unseres Höchsten Vaters, zu dir gekommen."

Nach diesen Worten drückte sie ihn an ihre Brust. Die unerwartete Handlung war mit so viel Zuneigung erfüllt, dass Außenstehende meinen konnten, das Wiedersehen einer liebenden Mutter mit dem weitgereisten Sohn zu beobachten, der nach einer langen und schmerzlichen Trennung zurückgekehrt ist.

Der Unglückliche neigte seinen Kopf an ihre Schulter, zeigte großes Vertrauen und murmelte naiv:

„Mutter des Himmels, niemand auf der Erde hat je so zu mir gesprochen…"

Sein glückliches Gesicht verriet unheimliche Erleichterung.

Cipriana ermunterte ihn warmherzig und fügte hinzu:

„Es ist unbedingt notwendig, dass du deinen hitzigen Geist beruhigst, lege deine früheren Ängste in die Hände des Herrn."

Ich blickte Calderaro an und bemerkte, dass nicht nur aus meinen Augen Tränen der Rührung quollen. Auch mein gelassener Begleiter weinte.

Er spürte meine unausgesprochene Frage und flüsterte mir zu:

„So Gott will, André, werden auch wir lieben lernen und die Fähigkeit erlangen, Herzen zu verändern."

Die Botin schien unsere Anwesenheit zu ignorieren. Sie hielt Pedro in ihren Armen, als ob er ein kranker Sohn wäre und ging auf den Verfolger zu. Dieser wartete aufrecht und stolz, unberührt von den Worten, die unsere Herzen so überwältigt hatten. Die Missionarin ließ sich von seiner Haltung nicht beeindrucken, sie sagte schlicht:

„Und was machst du, Camilo, bleibst du der Barmherzigkeit gegenüber immer noch verschlossen?"

Der Henker antwortete grausam:

„Was kann ein Opfer wie ich tun, außer erbarmungslos zu hassen?"

Wir konnten seine Kälte nicht verstehen.

„Hassen?", erwiderte Cipriana, ohne aus der Ruhe zu kommen. „Weißt du, was diese Haltung bedeutet? Die Geschädigten, welche sich der Vergebung und der Verständigung verschließen, übertreffen für gewöhnlich die schlimmsten Verbrecher in Härte und Bosheit, sie verursachen größte Abscheu und tiefes Mitleid. Wie viele nutzen diesen Zustand, um die eigene Scheußlichkeit zu Tage zu bringen! Wie viele nutzen die unüberlegte Stunde eines unwissenden oder unglücklichen Freundes, um eine jahrhundertelange Verfolgung in die Hölle des Zorns aufzunehmen! Wenn jemand Ziel eines Verbrechens wurde, ist er noch lange kein Heiliger. Du nützt dieses Ereignis, um auf deinem eigenen Weg Zerstörung und Elend, Finsternis und Trümmer zu säen. Ohne Zweifel tötete dich Pedro in einem Moment des Wahnsinns, er war betrübt von Illusionen seiner turbulenten Jugend. Du als Familienvater, scheinbar ein besonnener und vorsichtiger Mensch, konntest jedoch in deinem Geist keinerlei Spuren von geschwisterlichem Mitleid finden, um ihm zu vergeben. Seit zwanzig Jahren hast du um dich herum das Gift der Vipern versprüht, wie ein hungriger Schakal. Du hättest die Lorbeeren der Sieger in Christus gewinnen können, hast jedoch den vergeltenden Dolch vorgezogen, du hast dich mit den verhärteten Übeltätern verbündet. Wo wirst du, mein Sohn, mit deinen schändlichen Gefühlen landen? An welchen Pfahl der Beklemmung wirst du von Gottes Gerechtigkeit angekettet werden?“

Aus Ciprianas Augen flossen ausgiebige Tränen.

Camilo zögerte zwischen Sturheit und Kapitulation. Sein Gesicht war äußerst blass. Als er gerade irgendeine sinnlose Antwort geben wollte, wandte sich die Missionarin an meinen Betreuer und bat:

„Calderaro, mein Freund, hilf mir die beiden zu Pedros Haus zu bringen. Dort wird Camilo unserer Bitte nachgeben.“

Mein Freund zögerte nicht. Er wandte sich zu mir und erklärte:

„Cipriana wird Pedro allein tragen können. Aber Camilo bleibt versklavt in niedrigen Gedanken und verbrecherischen Absichten und ist deshalb zu schwer. Wir müssen ihn zu zweit tragen.“

Calderaro stellte sich rechts neben ihn, ich links. Wir boten unsere Arme an und der Patient wehrte sich nicht. Möglicherweise begriff er, dass jeglicher Widerstand zwecklos war und ließ sich ohne Protest führen.

So begannen wir die kurze Reise.

Bald danach betraten wir das Wohnzimmer eines großzügigen Hauses. Eine Dame war mit Handarbeit beschäftigt und zwei kleine Kinder spielten neben ihr.

Sie unterhielten sich liebevoll.

„Mama“, sagte der Kleinste, „wo ist Neneco?“

„Er ist zur Arbeit gegangen.“

„Und Celita?“

„Sie ist in der Schule.“

„Und Marquinhos?“

„Er auch."

„Ich wollte alle hier zu Hause haben..."

„Warum?", fragte die Mutter mit einem Lächeln.

„Weiß du, Mama? Damit wir für Papa beten. Hast du auch gemerkt, dass er gestern Abend sehr aufgeregt war?"

Die Augen der Dame verrieten eine gewisse Traurigkeit, sie erwiderte jedoch mit fester Stimme:

„Vertrauen wir auf Gott, mein Sohn. Der Arzt empfahl uns, Ruhe zu bewahren und ich bin sicher, dass unsere Gebete erhört werden."

Sie blickte das Kind liebevoll an und fügte hinzu:

„Geh jetzt spielen, Guilherme."

Der kleine Guilherme legte jedoch seinen rechten Arm auf das ABC-Buch und träumte vor sich hin. Es könnte gut sein, dass er unsere Anwesenheit spürte. Die Mutter verließ plötzlich das Zimmer, um ihre Tränen vor den Kindern zu verstecken.

Andächtig beobachteten wir die Szene, als sich Cipriana an den enttäuschten Camilo wandte:

„Schau genau hin. In der Tat hat dir Pedro in einer anderen Zeit das Leben geraubt. Aber kann die Stimme dieses gläubigen Kindes deinen verhärteten Geist nicht beeindrucken? Das ist die Familie, die der Verbrecher Pedro aufgebaut hat, um den erneuerten Pedro hervorzubringen... Hier arbeitet er angestrengt, um sich vor dem Gesetz zu berichtigen... Er begriff die furchtbare Verantwortung, die er mit der unüberlegten Tat übernahm und begann eine zügellose und ununterbrochene Aktivität. Damit zerstörte er seine physischen Organe. Sein irdischer Körper zeigt noch vor dem fünfzigsten Geburtstag offensichtliche Zeichen von Gebrechen. Er hat einen ernsten Fehler begangen, tut jedoch sein Möglichstes, um sich aufzurichten und ein nützliches und nobles Leben zu führen. Er heiratete eine ergebene Frau, gab fünf Kindern ein Zuhause, versuchte sie durch ehrliche Arbeit und erbauliche Bildung zum Guten zu führen. Pedro wuchs im Ansehen bei seinen Freunden und häufte finanzielles Vermögen an. Jetzt weiß er jedoch aus eigener Erfahrung, dass das Geld keine Lösung für die grundlegenden Probleme des Schicksals ist und dass das hohe Ansehen, das wir bei anderen genießen, nicht immer der Wahrheit entspricht. Trotz aller materieller Vorteile, die er erreicht hat, lebt er krank, unglücklich, befangen... Zu seinen Gunsten jedoch zählen die Arbeit, die er mit guten Absichten verrichtet, die Verbundenheit seiner Weggefährtin und die Gebete seiner fünf dankbaren Kinder.

Und du? Was hast du in dieser Zeit gemacht? Seit genau zwanzig Jahren hegst du keinen anderen Wunsch, als zu vernichten. Diese abscheuliche Bemühung war das einzige Ziel deiner zerstörenden Absichten. Dein Leiden wächst jetzt aus der Wollust der Rache. Lohnt es sich ein Opfer zu sein, die heiligmachenden Lorbeeren der Schmerzen zu erhalten, um am Ende so tief in der Lebensskala anzukommen?"

Die Wohltäterin machte eine kurze Pause, blickte ihn mitleidend an und fuhr fort:

„Jedoch sollen unsere strengen Worte keineswegs wie ein unanfechtbares Urteil klingen, Camilo. Du bist vor allem unser Bruder, verdienst unsere Liebe und unsere treue Wertschätzung. Das Ziel unseres Besuches ist, dir zu helfen. Möglicherweise wirst du unsere geschwisterliche Unterstützung abweisen, aber wir vertrauen auf deine Erneuerung. Auch wir haben in vergangenen Zeiten in den verhängnisvollen Abgründen verweilt, in die du dich begeben hast. Wir verbrachten lange Zeit in der Haltung der giftigen Schlange, mit sich selbst beschäftigt und wartend auf eine Gelegenheit zu verletzen oder zu zerstören. Der Barmherzige Herr hat uns jedoch gelehrt, dass die wahre Freiheit aus dem vollkommenen Gehorsam Seinen Gesetzen gegenüber entspringt, dass nur die Liebe genug Macht hat, zu retten, zu erhöhen und zu erlösen. Wir sind alle Geschwister, wir alle sind anfällig für die gleichen Fehler, wir sind alle Kinder desselben Vaters… Wir sprechen zu dir nicht als Engel, sondern als menschliche Wesen, die sich erneuert haben und auf dem Weg zu höheren Kreisen sind."

Diese weisen Überlegungen wurden so zärtlich ausgesprochen, dass der Verfolger, anfangs eiskalt und unnachgiebig, zu weinen anfing. Trotz dieser Gemütsveränderung zeigte er auf Pedro und rief:

„Ich möchte mich zum Guten verändern, ich leide jedoch sehr! Schreckliche Qualen peinigen mich. Wenn Gott barmherzig ist, warum hat er mich verlassen?"

Das Klagen, das aus seiner gequälten Brust explodierte, tat mir zutiefst leid. Wie konnte ich vor dieser magischen Szene keine Tränen vergießen? Wie im Theater des Lebens repräsentierten Camilo und Pedro uns alle, die fehlbaren Menschen, beide waren in Verbrechen und Erlösung verwickelt. Die duldsame und mütterliche Cipriana repräsentierte ihrerseits die Himmlische Barmherzigkeit, welche vergebend lehrt und durch die Liebe berichtigt.

Als sie die Worte des Verfolgers hörte, bemerkte die Missionarin:

„Mein Freund, wer von uns wird je verstehen, was das Leiden zu bedeuten hat? Du fragst nach den Gründen, warum Gott es erlaubt hat, dass du so eine schwere Prüfung durchlebst… Man könnte genauso fragen, warum der Töpfer das zarte Gefäß im heißen Feuer brennt, warum der Künstler den rohen Stein hämmert, bis das Kunstwerk in Form einer Statue vollendet ist. Camilo, der Schmerz erweitert das Leben, das Opfer befreit es. Das Martyrium ist ein Thema himmlischen Ursprungs. Bei dem Versuch es zu lösen kann sich der Geist entweder in strahlende Gipfel erhöhen oder in finstere Abgründe stürzen. Viele entnehmen aus dem Leiden das Öl der Geduld und zünden damit das Licht an, um die eigene Finsternis zu überwinden, während andere lediglich Steine und Stacheln aus solchen Erfahrungen mitnehmen und sich mit ihnen in den Schatten des Abgrunds stürzen."

Cipriana bemerkte, dass der Unglückliche bitterlich weinte und unterbrach die Belehrung für eine kurze Zeit. Danach fuhr sie fort:

„Weine, erleichtere dein Herz. Das Weinen aus Reue wirkt Wunder an der verletzten Seele."

Die Botin schwieg einige Minuten. Ihr wacher Blick schien in ferne Landschaften abzuschweifen…

Sie umarmte Camilo fast automatisch und hielt die beiden Gegner an ihrer Brust fest, als ob sie ihre Mutter wäre.

Nach einiger Zeit richtete sie einen liebevollen Blick auf Pedros Peiniger und nahm ihre Ausführungen wieder auf:

„Oh, mein Sohn! Du redest über das Böse, das dir widerfahren ist und rufst nach der Vorsehung mit respektlosen Worten… Schweig lieber, solange du nicht dem Guten dienen kannst. Ich habe ebenfalls auf der Erde gelebt und, wenn man den großen Schatz der spirituellen Erleuchtung betrachtet, den ich im Himmel durch den Schmerz erhalten habe, weiß ich jetzt, dass ich leider nicht alles erlitten habe, was ich hätte erleiden müssen. Ich habe meine Träume verloren, mein Haus, meinen Ehemann, meine Kinder! Der Herr gab sie mir, der Herr nahm sie mir. Meine zwei Söhne wurden in einem Bürgerkrieg im Namen des Gesetzes ermordet, meine zwei Töchter, verführt durch die Faszination des Genusses und des Goldes, verspotteten meine Hoffnungen und verharrten in der dunklen Sphäre, gefangen in gefährlichen Illusionen. Mein Ehemann war der einzige Freund, der mir blieb. Als jedoch die Lepra mein Fleisch zerfraß, verließ auch er mich, ergriffen von sichtbarem Ekel. Alle meine Lieben lehnten mich ab, alle Vorrechte der Welt verschwanden.

Als sich meine Glieder vom verfaulenden Körper lösten, als ich von meinen Liebsten völlig verlassen wurde, stärkte sich jedoch in meinem Inneren das Lied der Hoffnung. Meine Seele pries den Herrn des Siegreichen Lebens. Er hatte mir eines Tages alle Gnade der Gesundheit und der Jugend geschenkt, um mir anschließend diese Güter zu nehmen, die ich als Leihgabe bewahren sollte. Er entzog mir meine geliebten Angehörigen, zerstörte mein organisches Gleichgewicht, überließ mich dem Hunger und dem Schmerz. Dennoch, als meine Einsamkeit noch bitterer und vollkommener wurde, verfestigte und verstärkte sich mein Glaube... War es nicht das Leiden, was ich brauchte, um die Hoffnung zu heiligen? Was werde ich arme Frau wohl noch brauchen, um den Zugang zu den höheren Quellen zu erhalten? Wir sind lediglich eitle Kreaturen, die unsere Intelligenz schlecht gebrauchen und denen sich die Unendliche Barmherzigkeit tausendfach vergeblich offenbart hat."

Jetzt war es Camilo, der sich hinkniete.

Ein starkes Licht strahlte aus Ciprianas Brustkorb und durchdrang sein Herz wie eine Lanze aus kristallklarem Mondschein.

In einem ergreifenden Ausbruch von Dankbarkeit küsste der kniende Unglückliche ihre rechte Hand.

„Ja", sagte er unter Tränen, „wenn du mich nicht lieben würdest, würdest du nicht so mit mir sprechen. Es sind jedoch nicht deine Worte, die mich überzeugen, sondern deine Gefühle, die mich verwandeln!"

Und genauso wie Pedro, rief er:

„Mutter des Himmels, befreie mich von meinen eigenen Leidenschaften! Öffne die Ketten, die ich mir selbst geschmiedet habe. Ich möchte vor meinen finsteren Erinnerungen fliehen. Ich möchte aufbrechen, vergessen, mich in den erneuernden Kampf einbringen, ich möchte wieder an der Erlösung arbeiten!"

Cipriana übergab uns den Kranken, dessen Körper in dem nahen Krankenhaus lag. Mit einem siegreichen Lächeln und mit mütterlicher Zärtlichkeit umarmte sie den früheren Verfolger und flüsterte ihm zu:

„Gesegnet seist du, der den Aufruf des befreienden Vergebens gehört hast. Der Allmächtige Vater segne dich für immer! Lass uns gehen! Die Himmlische Vorsehung bietet erlösende Arbeit für jeden von uns…“

Sie umarmte die ekelerregende Figur des ehemaligen Henkers, drückte ihn an ihr Herz, näherte sich uns und sprach uns freundlich an:

„Liebe Brüder, ich danke euch für eure Hilfe. Unser leidender Freund wird mich begleiten. Ich hoffe, dass ich ihn in einem Aufgabenbereich von stärkenden Aktivitäten unterbringen kann.“

Bevor sie sich verabschiedete, wandte sie sich an meinen Betreuer:

„Bruder Calderaro, ich bitte heute Abend um deine Unterstützung im Fall Cândida, die morgen endgültig auf ‚unsere Seite‘ zurückkehren wird. Wir müssen ihre Tochter vor dem kompletten Wahnsinn retten.“

Die Botin entfernte sich und nahm ihren Schützling wie ein wertvolles Pfand mit. Ein helles Licht weckte meinen Geist.

Der Assistent berührte meine Schulter und sprach:

„Das liebende Herz hat große erneuernde Macht. Jesus hat einmal gesagt, dass manche Dämonen nur durch ‚Fasten und Beten‘[22] zur Umkehr gebracht werden können. Manchmal, André, reicht Kenntnis nicht aus. Die himmlische Kraft fließt durch das bewusste Fasten und das Licht des Gebets entspringt aus der universellen Liebe. Der Mensch muss von dieser Kraft und von diesem Licht belebt sein.“

[22] „er antwortete ihnen: Diese Art kann nur durch Gebet ausgetrieben werden“: Mk 9,29

Wir wollten den Kranken gerade zur Klinik zurückbringen, als die Hausherrin an der Zimmertür erschien und zu den Kindern sagte:

„Macht euch bereit, Kinder! Wir wollen den Papa besuchen."

Wir brachten Pedro behutsam zu seinem Bett im Krankenhaus zurück.

Bald wachte er erholt auf, er fühlte sich erleichtert. Mit munterem Blick rief er die Krankenschwester. Der andauernde Schmerz in seiner Brust war verschwunden. Er hatte das Gefühl, dass sein Kopf von den dunklen Gedanken befreit war, wie der bleierne Himmel nach einem reinigenden Regen.

Nach einer Stunde betraten seine Ehefrau und die Kinder das Zimmer. Sie freuten sich sehr über seine Besserung.

Unter Freudentränen erzählte Pedro, dass er einen erleuchtenden Traum gehabt hatte. Er versicherte ihnen, dass die Heilige Mutter ihn besucht und ihm ihre strahlenden himmlischen Hände entgegengestreckt hatte.

Als seine Frau das hörte, weinte sie vor Freude und Dankbarkeit. Guilherme, der Junge mit dem festen und lebendigen Glauben, nahm die rechte Hand seines Vaters, küsste sie liebevoll und dankte Gott.

Stark ergriffen begleitete ich die intime Szene, in der die Familie den Frieden wiederfand und erinnerte mich an Cipriana und ihre wundersame rettende Beteiligung. Ich begriff, dass sich eine Frau, die durch Opfer und Leiden geheiligt wird, in eine Überbringerin der Himmlischen Mütterlichen Liebe verwandelt. Sie greift in die Welt ein, um die Gefühle der Menschen zu veredeln.

6
Brüderliche Unterstützung

Mitten in der Nacht befanden wir uns an der Tür eines Zimmers in einem bescheidenen Krankenhaus.

Eine freundliche Dame aus unserer Sphäre erwartete uns an der Türschwelle und begrüßte uns zuvorkommend.

Calderaro ergriff die Initiative und fragte:

„Wie geht es Cândida?"

„Sehr gut. Sie wird mit Sicherheit morgen Abend entkörpern. Schwester Cipriana bat mich, bei ihr zu wachen, damit das Hinscheiden ruhig verläuft. Ich glaube, dass unsere liebevolle Freundin schon länger hätte sterben können aber es scheint mir, dass für die Tochter, die sie auf der Erde verlässt, noch bestimmte Vorkehrungen durchgeführt werden müssen."

Wir gingen hinein.

Eine frühzeitig gealterte Dame lag auf einem Bett und wartete auf den Tod. Ihre Gesichtszüge waren vom Verlust der Lebenskraft gezeichnet.

Cândida, die Schwester, die so viel Zuneigung verdiente, war noch durch zarte Bande mit ihrem Körper verbunden. Durch das süße Licht, welches von ihrem eigenen Geist ausgestrahlt wurde und ihre Stirn umhüllte, erkannte ich ihre Seelengröße und ihren gelassenen Heldenmut.

Eine blasse und geschwächte junge Frau stand neben ihr und streichelte ihre grauen Haare. Ab und an wischte sie sich die kontinuierlich fließenden Tränen aus dem Gesicht.

Der Assistent zeigte auf sie und erklärte:

„Das ist ihre Tochter, die gerade Abschied nimmt. Lass uns hören."

Cândida munterte ihre Tochter auf, sie sprach erschöpft und erregt:

„Julieta, meine Liebe, pass auf dich auf. Du weißt, dass ich höchstwahrscheinlich nicht mehr aufstehen werde. Es fällt mir schwer, dich ganz allein, ohne helfende Hände zurückzulassen..."

Der Hals der jungen Dame war zugeschnürt. Ihr ausgiebiger Weinkrampf verriet ihre innere Unruhe.

Die Mutter hielt ihre Ergriffenheit mühsam zurück und fuhr fort:

„Deine Brüder haben uns verlassen. Wir sind allein und müssen jetzt überlegen. Ich stelle fest, dass du in der letzten Zeit nervös und verstört wirkst und ich habe den Eindruck, dass das Geld für unsere Ausgaben nicht reicht. Was ist los? Wie belastend bin ich für dich gewesen... Ich vertraue jedoch weiterhin auf Jesus. Ich bete jeden Tag zum Herrn, dass er uns hilft. Ich befürchte, dass du wegen mir vom rechten Weg abweichst... Manchmal, meine Liebste, habe ich Angst um deinen Geisteszustand..."

Sie drückte die rechte Hand ihrer Tochter, diese schien nicht älter als zwanzig Jahre alt zu sein. Dann fuhr sie fort:

„Hör zu: Unsere Ausgaben haben sich in den letzten Monaten stark erhöht. Die medizinischen Eingriffe waren heikel und aufwendig. Die Rechnungen sind enorm. Haben wir genug Geld? Sag es mir, mein Schatz!"

Die junge Frau trocknete ihre Tränen und antwortete:

„Mach dir keine Sorgen, Mama! Wir haben genug. Ich arbeite ja."

„Aber die Näharbeiten werden so schlecht bezahlt!", entgegnete die Kranke mutlos.

„Quäle dich nicht damit! Wir haben unsere Ersparnisse und außerdem habe ich einen kleinen Kredit aufgenommen. In wenigen Monaten wird sich alles wieder normalisieren."

„So Gott will!"

Nach einer längeren Unterbrechung fragte die Kranke:

„Wo bleibt Paulino?"

Die Tochter errötete und antwortete beschämt:

„Ich weiß es nicht, Mama."

„Habt ihr euch schon lange nicht mehr gesehen?"

„Ja", antwortete die junge Frau schüchtern.

„Ich würde ihn gerne sehen. Ich befürchte, dass ich von einem Moment zum anderen gehen muss… Und ich wüsste nicht wen ich sonst um Hilfe für dich bitten kann. Was wird aus dir, allein und den Launen der Umstände ausgeliefert? Die Welt ist voll böser Männer, die auf die Möglichkeit warten, junge Mädchen auszunutzen…"

In diesem Moment weinte Cândida einige bitteren Tränen, die mein Herz berührten.

„Wenn ich sterbe, meine Liebe, lass dich nicht von den Verführungen hinreißen. Bleibe bei ehrlicher Arbeit und lass dich nicht von Versprechungen blenden, welche dir ein einfaches Leben verheißen. Du weißt, dass wir seit dem Tod deines Vaters sehr große Schwierigkeiten zu meistern haben. Aber dein Vater hat uns eine ehrliche Armut hinterlassen, die mit Gnaden gesegnet war. Es stimmt, dass uns deine Brüder, fasziniert von materiellem Wohlstand, verlassen und vergessen haben, aber ich habe mich nie für Bescheidenheit und Arbeit geschämt. Ich habe früh meine Gesundheit verloren und Enttäuschungen haben bald mein Herz verletzt. Auf dieser Pritsche von Stille und Schmerz ist jedoch der Frieden die Krone meiner Seele und ich erkenne, dass es kein größeres Vermögen gibt, als ein ruhiges Gewissen. Nur Gott kennt die Ursache unserer Leiden und Entbehrungen und uns gebührt es, Ihn zu loben. Aus allen meinen Nöten blieb mir ein Schatz: deine Hingabe, meine Tochter. Deine Zuneigung ehrt mich. Ich werde glücklich sterben, weil ich weiß, dass sich dein Herz an mich erinnern wird, mit Gebeten aus unsterblicher Liebe... Aber Julieta, ich wünsche mir, dass du nicht nur mir gegenüber gehorsam bist. Füge dich Gottes Willen und bringe dem Herrn Liebe und Vertrauen entgegen. Er ist unser Gütiger Vater und verlangt von uns lediglich ein einfaches Herz und ein reines Leben. Füge dich in die himmlischen Bestimmungen und verliere im Strudel der irdischen Prüfungen nicht den Mut!"

„Oh Mama! Hör auf!", schluchzte die junge Frau und legte los. „Hör auf! Wir werden immer zusammen sein! Du wirst nicht sterben! Wir werden füreinander da sein, wir werden uns nie trennen... Beruhige dich! Ich mag dich nicht so sehen... Alles wird gut. Der Arzt hat mir versprochen, dir stärkere Medikamente zu geben. Vertrauen wir darauf!"

Cândida lächelte traurig, streichelte die Hände ihrer Tochter und sagte:

„Danke, Liebling. Ich bin jetzt beruhigt und glücklich..."

Sie blickte auf die Zeiger der nahestehenden Uhr und fügte hinzu:

„Die Besuchszeit ist vorbei, geh ruhig."

Sie küssten sich herzlich. Nach dem liebevollen Abschied verließ Julieta das Krankenzimmer und Calderaro sagte:

„Wir begleiten sie. Wir müssen sie mit magnetischen Mitteln unterstützen. Cipriana hat mir entsprechende Anweisungen gegeben."

Auf dem Weg erzählte mir der Ausbilder die Geschichte der Sterbenden:

„Cândida wurde sehr früh Witwe und sie musste drei Kinder versorgen: zwei Söhne und Julieta. Die Ausbildung der Kinder zog bittere Entsagung zu irdischen Gütern nach sich. Sie hatte mutig und fügsam gekämpft, gearbeitet und gelitten. Die Söhne bäumten sich gegen die Armut der Familie auf und verließen sie. Sie zogen in weit entfernte Städte und befriedigten die wenig erbauenden Impulse der Jugend. Die Witwe verharrte im einfachen Leben und widmete sich der Zukunft ihrer Tochter. Sie brachte ihr Handarbeiten bei und die Tochter zeigte sich als außergewöhnlich gute Näherin. Nach einigen Jahren bitterer Entbehrungen erkrankte Cândida aufgrund übermäßiger Erschöpfung. Sie musste ins Krankenhaus, wo sie verschiedenen Eingriffen unterzogen wurde, jedoch ohne nennenswerte Ergebnisse. Ihr Zustand war so kritisch, dass sie nun seit zehn langen Monaten in der Klinik ist. Anfangs konnte Julieta die finanziellen Verpflichtungen allein schultern. Im Verlauf der Zeit jedoch stand die Arme zwischen der Notwendigkeit und der Erschöpfung. Als ihr die finanziellen Mittel ausgingen, wandte sie sich an Verwandte, die ihr die Hilfe verweigerten. Dann bat sie Freunde um Unterstützung, sie verhielten sich ebenfalls abweisend.

Die Ausgaben wuchsen jedoch unerbittlich. Die Näharbeiten brachten ihr aber nicht die notwendigen Mittel. Täglich ging sie gegen Abend ins Krankenhaus und konnte die Verschlechterung des Gesundheitszustands ihrer Mutter beobachten. Verzweifelt klopfte sie an alle Türen und alle Türen blieben verschlossen. Sie konnte den Ernst der Situation nicht mit der Mutter besprechen, denn diese wollte ihrer Tochter selbstverständlich keine Opfer zumuten. Letztendlich gab Julieta einem dubiosen Angebot nach. Sie wollte auch die Nacht nutzen, um mehr Geld zu verdienen und nahm deshalb eine Stelle in einem Vergnügungshaus an. Sie sang und tanzte und konnte somit ihre Einnahmen erhöhen.

Seitdem war sie wie ein Lamm, das von Wölfen belagert wurde. Anfangs konnte sie den Sinnen noch widerstehen, irgendwann jedoch gab sie nach. Sie konnte die Angebote Paulinos nicht zurückweisen, er war der Mann, den die Mutter bereits erwähnt hatte. Sie nahm seinen Schutz an. Sie verließ die Nähmaschine und zog aus dem einfachen Zimmer aus, in dem sie unter erbärmlichen Bedingungen lebte. Sie wohnte von da an in dem Nachtlokal und, wenn sie woanders hinging, dann immer in seiner Begleitung. Wie ein stolzer Kavalier, der ein Juwel präsentiert, versuchte er, aus ihrer Jugend und Schönheit Profit zu schlagen.

Julieta verbarg die Realität vor den Augen ihrer Mutter. Sie zog für die täglichen Besuche immer einfache Kleider an und als Paulino sie zum ersten Mal ins Krankenhaus begleitete, stellte sie ihn als einen Freund vor.

Ihre Gesundheit litt jedoch unter den andauernden Sorgen. Sie wurde erschöpft und krank. Sie erinnerte sich an das Beispiel ihrer Mutter und hatte schreckliche Gewissensbisse. Die leichtsinnigen Genüsse besänftigten ihr empfindliches und zärtliches Herz keineswegs. Das reichliche Geld konnte ihre Mutlosigkeit nicht mildern. Im dem Maße, in dem sie fremde Bewunderung für ihre Schönheit erhielt, verlor sie den inneren Frieden. Gefangen in einer Niedergeschlagenheit, die sie nicht unterdrücken konnte, verbrachte sie Tage und Nächte in innerem Konflikt. Warum hatte sie nicht bis zum Schluss in einem bescheidenen Leben verharrt? Warum öffnete sie sich nicht ihrer Mutter und bat um ihren Rat? Auf der anderen Seite rechtfertigte sie sich: Sie brauchte Paulinos finanzielle Unterstützung, um ihrer Mutter zu helfen. Sie hatte versucht, bei allen Quellen, die ihr ehrlich und zugänglich schienen, Mittel zu erhalten, doch alle Ohren blieben taub für ihr Flehen. Aber, war ihr Verhalten korrekt? Sie fand nicht den Mut zu beten, wie sie es früher immer getan hat. Ihr Geist war hin und her gerissen zwischen den Anforderungen der materiellen Welt und den zwingenden Forderungen des Geistes.

Die mütterlichen Gebete begleiteten Julieta dennoch auf ihrem heiklen Weg. Zudem ist Cândida eine treue Mitarbeiterin und verdient viele Gnaden, sie leidet nicht vergebens…"

Nachdem ich durch Calderaro über das Drama aufgeklärt wurde, das vielen jungen Frauen unserer Tage widerfährt, begleitete ich ihn nun zu dem Raum, in dem Julieta die Hilfe für ihre psychisch gestörten Bereiche erhalten sollte.

Die Tochter erinnerte sich an die Worte ihrer Mutter und warf sich mit einem Weinkrampf auf eine Couch. Quälende Gedanken bestürmten ihren kranken Geist. Dunkle schwere Schwingungen flossen aus ihrer Stirn und setzten sich in ihren Atmungsorganen fest. Sie sammelten sich im Rippenfell, belagerten die Lungenbläschen und wanderten von dort aus zum Herzen. Hier beeinträchtigten sie die Funktion dieses Organes. Die fluidischen Substanzen der geistigen Ausstrahlungen wurden in dieser Gegend von den Arterien absorbiert. Ich beobachtete, dass dieses Material des verstörten Geistes in den physischen Körper eindrang, vom Blut aufgenommen wurde und von diesem wieder zum physischen Gehirn transportiert wurde. Dort sammelte sich diese dunkle Substanz überall an, vor allem nahe der grauen Masse.

Ich konnte bei der jungen Frau nicht nur die erröteten und geschwollenen Augen bemerken, sondern auch die Vorzeichen einer ernsten organischen Störung.

Ich erkannte deutliche Anzeichen von krankhaften Veränderungen im Gehirn und im Hirnstamm, insbesondere in der Verlängerung des Rückenmarks, und fragte meinen Ausbilder:

„Leidet sie unter der Europäischen Schlafkrankheit[23]? "

„Es ist viel ernster als das", antwortete Calderaro. „Ihr verstörtes Gehirn sendet destruktive Kräfte aus, welche ihre Nächsten treffen können, aber zuerst beeinträchtigen sie den eigenen physischen Körper. Als sich Julieta für einen Lebensstill entschieden hat, der ständige und heftige Konflikte in ihrem Kopf verursachte, begann sie tödliche Energien gegen sich selbst auszusenden. Durch den mütterlichen Einfluss hatte sie eine ausgezeichnete Erziehung genossen, welche ihr Weltbild und ihre Gefühle prägten. Aus diesem Grund war sie nicht geeignet für eine Existenz in einem niedrigen Niveau auf der Erdoberfläche. Wenn sich ein Geist weiterbildet, führt dies unweigerlich zur Erleuchtung. Als Besitzerin einer solch inneren Vorbereitung für die menschliche Existenz würde Julieta selbstverständlich Friede, Freude und Erbauung in ihrem weiblichen Leben ernten, sofern sich ein Arbeitsfeld bietet, in dem sie die gesunde Macht ihrer Seele entfalten könnte. Die ehrbare Ehe ist ein empfehlenswertes Arbeitsgebiet für eine Frau, die tugendhaft und weise ist. Seit sie den Verführungen nachgegeben hat, fühlt sie sich, als ob sie von der Treppe hinunter gestoßen wurde. Jeden Tag muss sie an das Beispiel ihrer Mutter denken und muss ihre eigene Haltung dem Leben gegenüber überprüfen und erkennt, dass sie aus dem Gleichgewicht geraten ist. In diesem ununterbrochenen Konflikt, der noch durch die schlechten fluidischen Ausstrahlungen des Ambientes, in dem sie sich nun für gewöhnlich aufhält, verstärkt wird, sinkt ihr Geist in die Region der instinktiven Impulse. Es ist für sie sehr schwierig, in das Haus der höheren Vorstellungen aufzusteigen, aus dem das Licht des Gewissens deutlich ermahnt,

[23] Europäische Schlafkrankheit: Encephalitis lethargica, eine atypische Form von Gehirnentzündung

wieder zur Schlichtheit und Harmonie zurückzukehren. Diese Situation verhindert das eifrige, heiligende und erneuernde Gebet und erzeugt das Chaos, in dem sich die Arme befindet. Sie ist zu gut erzogen, um aus dem Milieu, in dem sie leichtsinnigerweise verkehrt, Vorteile anzunehmen. Beherrscht von permanenter Beklemmung, übt sie übermäßigen Druck auf die graue Masse aus, was zu bedauernswerten organischen Störungen führt."

Calderaro hielt kurz an und gab mir die Möglichkeit, über das Gesagte nachzudenken. Dann fügte er gelassen hinzu:

„Julieta droht nicht nur eine Gehirnentzündung, sondern sie bewegt sich auf einen fortschreitenden Wahnsinn zu, aufgrund verschiedener Störungen, welche von Fehlfunktionen der Zellen verursacht wurden. Zudem können in diesem Zustand bei ihr andere Vitalzentren beeinträchtigt werden. Als Vorstufe zu einer Tuberkulose kann sie eine Rippenfellentzündung bekommen. Verschiedene Giftstoffe können in ihr Blut eindringen, was undefinierbare Krankheiten in den Venen oder auf der Haut verursachen kann. Wir dürfen auch verhängnisvolle Leberstörungen nicht ausschließen, die möglicherweise den Tod des physischen Körpers verursachen können."

Nun erhob der Ausbilder seinen Blick und sagte:

„Jedoch… die Himmlische Gerechtigkeit ist immer barmherzig. Manchmal ist unser gedankenloser Sturz lediglich ein kleines Desaster, in das uns die Verzweiflung getrieben hat. Die Ewige Weisheit untersucht den Grund unserer Handlungen und richtet uns, sofern dies möglich ist, immer wieder auf. Wenn wir uns aber in die Dunkelheit stürzen, die ohne Liebe und Vernunft ist, wenn wir bewusst aus der himmlischen Unterstützung fliehen und uns in die vollkommene Finsternis des Hasses und der Verneinung stürzen, dann kann uns die rettende Hand nicht erreichen. Dann bleibt uns nur übrig, auf die grausamen Konflikte der Zeiten und auf die zwingenden Kräfte der universellen

Gesetze zu hoffen. Wie ein Vogel, der von einem erbarmungslosen Schützen getroffen wurde, kann die junge Frau nicht in die höhere Ebene hinaufsteigen. Ihre Mutter betet jedoch unaufhörlich um ihre Veränderung. Die Tochter stürzte, um den physischen Körper der Mutter zu retten, aber Cândida bemühte sich umso mehr, die Seele der Tochter zu retten. Die liebevolle Macht Ciprianas wird heute Abend wirken."

Mein Mentor schwieg und spendete der weinerlichen Julieta magnetische Unterstützung aus unserer Ebene. Er entnahm eine gewisse Menge dunkles Material, das von ihrem Geist abgesondert wurde und im Gehirn gestaut war. Diese Tätigkeit erledigte er ohne nennenswerte Schwierigkeiten. Weil er die dunkle Substanz jedoch nicht vollkommen entfernt hatte, fragte ich ihn nach dem Grund dieser Entscheidung.

Mein Freund machte eine bedeutungsvolle Miene und erklärte:

„Ich habe entsprechende Anweisungen erhalten. Julieta soll heute nicht unsere vollständige Hilfe erhalten. Sie muss körperlich krank bleiben, damit sie sich vom Nachtleben fernhält. Die Stunden der teilweisen Befreiung durch den Schlaf werden genutzt, um Paulino und Juliana im Geiste zu Cândidas Zimmer zu führen. Dort wird Schwester Cipriana den jungen Mann ansprechen."

Ich verstand die Vorgehensweise und erneut bewunderte ich die Ordnung, die in der spirituellen Sphäre herrscht.

Danach führte mich Calderaro zum Hilfsdienst an einen anderen Leidenden, aber wir werden seine Geschichte im nächsten Kapitel behandeln, damit wir den Faden von Julietas Fall nicht verlieren.

Es war etwa zwei Uhr morgens, als mich der Ausbilder wieder zu Cândidas bescheidenem Zimmer führte. Durch den Schlaf war sie von ihrem ausgemergelten Körper befreit und lag in Ciprianas Armen. Diese streichelte ihren Kopf wie eine liebevolle Mutter.

Die Kranke, nun außerhalb ihrer physischen Hülle, zeigte lebhafte Wachsamkeit und erwiderte unsere Begrüßung gelassen und glücklich. Auch andere Freunde standen neben ihr und munterten sie für den heutigen definitiven Übergang auf.

Wir tauschten uns fröhlich aus, als zwei Geschwister aus unserer Ebene das Zimmer betraten. Sie führten Julieta und einen Herrn herein, den ich intuitiv identifizieren konnte.

Calderaro bestätigte meine Vermutung und erklärte:

„Das ist Paulino. Er ist gekommen, um uns zu hören."

Mit Tränen in den Augen knieten beide instinktiv vor Cipriana nieder, die Cândida liebevoll in den Armen hielt. Dank des magnetischen Einflusses der beiden Boten, die sie zu uns geführt hatten, konnten Julieta und Paulino uns alle sehen und sie waren äußerst beeindruckt. Die Leuchtkraft unserer wohlverdienten Ausbilderin zog allerdings ihre höchste Aufmerksamkeit an. Sie fühlten sich gedemütigt und betrübt. Sie erkannten die Anwesenheit einer Vertretung der himmlischen Macht.

Sie waren verstört und ihr Blick war von Tränen verschleiert. Cipriana wandte sich speziell an den jungen Mann:

„Paulino, ich spreche zu dir im Namen der Himmlischen Gerechtigkeit. Gott segne dich, damit du mit den Ohren der Vernunft zuhören kannst. Pass auf! Findest du nicht, dass Julieta deinen starken und arbeitsamen Arm für die irdische Pilgerfahrt verdient hat? Was machst du aus deiner Jugend? Vergeudest du sie in einem einfachen Abenteuer der Sinne? Deutest du das irdische Leben nicht als vorbereitenden Weg für die Ewigkeit? Was denkst du über das Leben und ihre erhabenen Gaben? Nimm bitte nicht an der undankbaren Bemühung unserer weniger aufgeklärten Geschwister teil, welche Frauen in unglückliche Spielbälle der Sinne verwandeln wollen. Erhöhe deine Existenz als

Mann, indem du die Mission der Frauen ehrst. Du wurdest von einer Frau auf der Erde geboren und bist unter ihrer Fürsorge aufgewachsen. Auch bei einer Frau wirst du einen lieblichen Schoß für deine Vaterschaftsträume finden. Warum lässt du dich von reinem Egoismus und alberner Prahlerei wie ein kleines Kind beherrschen? Bedenke Cândidas lange Leiden, sie macht sich große Sorgen über Julietas Zukunft. Wach auf für deine höheren Verpflichtungen! Du bist nicht auf die Welt gekommen, um nur zu genießen. Die irdische Existenz, mein Freund, ist eine gesegnete Schule für erneuernde Erleuchtung. Welche Gründe zwingen dich zu solch einem verwerflichen Verhalten? Du bist gut und nützlich, intelligent und edel. Warum entziehst du dich der heiligenden Verantwortung?"

Paulino war stark gerührt und weinte. Er schwieg, aber wir konnten seine Gedanken klar sehen.

Er würde nicht zögern zu heiraten – dachte er – Julieta hatte er allerdings in einem zwielichtigen Milieu kennengelernt. Er hatte sie innerhalb eines Kreises unverantwortlicher Personen getroffen, in einer Atmosphäre, die nicht zur spirituellen Erhöhung förderlich war. Wäre es nicht angebracht, sich zu schützen? Wäre es nicht seine Pflicht, die Ehe auf einer solideren Basis zu gründen? Er hatte sich der jungen Frau in einem Nachtklub genähert. Sie hatte kein Zuhause.

Schwester Cipriana erkannte seine Gedanken und erwiderte fest:

„Deine Überlegungen als anständiger Mann sind berechtigt, aber gerade deshalb verdient Julieta aufgrund ihrer Sorgen den größten Schutz. Die Arme hat das Vergnügungshaus nicht mit Hintergedanken aufgesucht. Du kennst doch ihre verzehrenden Sorgen als ergebene Tochter! Weißt du nicht, dass sie dort Arbeit und Halt, Schutz und Mittel gesucht hat? Während du lediglich das Vergnügen für deinen müßigen Geist gesucht hast, wurde sie dort gedemütigt, indem sie die notwendigen Mittel für die kranke Mutter zu verdienen versuchte. Wie kannst du dich freisprechen und sie verurteilen? Mit welchem Recht verspottest du die Verantwortung einer jungen Frau, die solch heilige Ziele hat? Ist die Sonne vielleicht böse, weil ihre Strahlen den Sumpf erleuchten? Ist die Lilie, die einen Toten schmückt, schuldig? Paulino, wecke dein Gewissen auf, das von den menschlichen Gefälligkeiten betäubt ist. Du hast nicht genug gelitten, um das Leben zu heiligen und zu würdigen. Verachte nicht die Gelegenheit, die sich dir bietet! Diese Frau ist dir auf deinem Weg nicht zufällig begegnet, nehme teil an ihrer Rettung. Die Liebe und das Vertrauen sind Werke, die nicht unvorbereitet erbaut werden. Sie entstehen unter himmlischem Segen, wachsen mit dem Kampf und verfestigen sich im Verlauf der Jahrhunderte. Die Zuneigung ist in den meisten Fällen ein Ergebnis von Jahrtausenden. Du würdest keine solche Zuneigung für Julieta empfinden, wenn sie in deiner spirituellen Vergangenheit keine Rolle gespielt hätte. Schenke ihr deine Liebe, rette sie vor dem Wahnsinn und der Nutzlosigkeit. Biete ihr deinen Arm als Ehemann und ehre das Leben, bevor der Tod deinen Körper zerstört. Geben ist nobler als nehmen, lieben ist nobler als geliebt zu werden, sich opfern ist heiliger, als fremde Hilfe zu fordern. Kümmere dich nicht um die Meinung anderer. Die menschliche Gesellschaft ist ehrbar in ihren Fundamenten, aber ungerecht wenn sie, unter dem Vorwand der Selbsterhaltung, die Keime der spirituellen Erneuerung für das höhere Leben zerstört. Auf, Paulino! Der Herr wird deine ehrenwerte Geste segnen. Morgen wird Cândida ihre letzten Stunden in ihrem gegenwärtigen Leben verbringen. Schenke ihr den Frieden, stelle ihr Wohlgefühl wieder her. Sie hat so viel getan, damit aus ihrer Tochter eine ehrbare Frau wird. Lass es nicht zu, dass die Liebe in deiner Seele verkümmert. Heilige dieses Gefühl mit Verantwortung, stärke es mit den Gaben, welche dir von der Vorsehung geschenkt wurden. Dann wird diese immer an deiner Seite stehen."

Die Ausbilderin schwieg, aber ihr Herz sandte saphirblaue Strahlen aus, die den jungen Mann vollkommen umhüllten.

Paulino blickte sie mit tränenerfüllten Augen an und sagte dankbar:

„Ich nehme deine Worte an, als ob sie die meiner Himmlischen Mutter wären. Mir geschehe, was du für richtig hältst. Ich bin bereit…"

Cipriana legte Cândida liebevoll in ihren physischen Körper zurück, wandte sich zu dem jungen Paar und fügte hinzu:

„Gott segne uns alle".

Julieta und Paulino wurden in den Raum zurückgebracht, aus dem sie kamen und wir verlängerten unseren Aufenthalt im Zimmer der Kranken, um den „Entkörperungsprozess" zu unterstützen.

Um acht Uhr morgens entnahm Cipriana den größten Teil von Cândidas Kräften. Die wachsame Krankenschwester rief den Arzt und dieser prognostizierte den nahen Tod.

Die Tochter wurde gerufen und sie kam um die Mittagszeit. Paulino folgte ihr und war sichtlich gerührt.

Wie schön es ist, die indirekte Beeinflussung der höheren Ebene an den irdischen Freunden zu beobachten!

Genauso wie vorher, als sie im physischen Schlaf dorthin gebracht wurden, kniete das Paar vor der im Sterben liegenden Dame nieder. Tränenüberströmt wiederholten sie fast die Haltung der vorausgegangenen Stunden.

Cândida blickte den jungen Mann bittend an und sprach mühevoll. Cipriana sorgte jedoch dafür, dass sie genug Energie hatte, denn sie hielt ihre rechte leuchtende Hand auf den Kopf der Kranken. Die Sterbende erklärte rührend ihre Sorgen. Sie wollte ihre unerfahrene Tochter nicht als Spielball der Versuchungen allein in der Welt zurücklassen. Sie appellierte an Paulinos Anstand, der sie jedoch nicht zu Ende sprechen ließ. Er legte seinen Zeigefinger auf die Lippen der Sterbenden und tröstete sie:

„Liebe Cândida, reden Sie nicht weiter. Heute stand ich mit einer festen Absicht auf: Julieta und ich werden in wenigen Tagen heiraten. Morgen werden wir die Papiere für die Hochzeit besorgen, bevor irgendetwas unseren Wunsch behindern kann. Seien Sie beruhigt. Ab jetzt bin ich auch Ihr Sohn."

Die Schwerkranke weinte und gab ein Zeichen, dass auch Julieta ans Bett treten sollte.

Paulino lehnte sein Gesicht an Cândidas frühzeitig ergrautes Haar. Mit Ciprianas Hilfe legte Cândida die Hände der beiden in einer symbolischen Geste ineinander. Liebevoll küsste sie die Hände des jungen Paares.

Das war ihr letzter Augenblick in ihrem erschöpften physischen Körper. Bald schlossen sich ihre physischen Augen für immer, während sich ihre spirituellen Augen für uns öffneten, für die Betrachtung des leuchtenden Pfades der Ewigkeit.

7
Erlösender Prozess

In der Nacht vor Cândidas Entkörperung, als wir das Krankenhaus verließen, sagte der Assistent:

„Wir dürfen keine Zeit verlieren."

Die Arbeit der Unterstützung an der geschätzten Kranken hatte tatsächlich einige Stunden in Anspruch genommen.

„Unsere Hauptaufgabe ist es, die Prozesse, die zum Wahnsinn führen, zu verhindern. In diesem Bereich ist das Netz für spirituelle Unterstützung sehr groß. Die definitive Diagnose von geistiger Verwirrung ist immer das Ende eines langen Kampfes. Selbstverständlich schließen wir hier die rein physiologischen Fälle aus, vor allem die Fälle, in denen die Syphiliserreger die Hirnmasse befallen. Wir sprechen jetzt die inneren Dramen der introvertierten und der unausgeglichenen Persönlichkeiten an, die Phänomene der Regression, die Tragödien aus Leidenschaft, Episoden, die in einer Woche zu tausenden in der Welt geschehen. In der Sphäre nahe der Erdoberfläche, in der wir uns momentan befinden, sind Hilfsorganisationen für solche Störungen sehr zahlreich. Die Unterstützung der Menschen bei ihren natürlichen Verschiebungen ist eine unerlässliche Aufgabe. Die große irdische Schule verlangt kontinuierliche und komplexe spirituelle Hilfe. Die Himmlische Weisheit hat jedoch in der Planung dieses Dienstes diesbezüglich Vorsorge getroffen. Die Wissenschaft kümmert sich um die harmonische Aufklärung der physischen Phänomene, die Philosophie begleitet die Wissenschaft und bereichert diese mit intellektuellen Werten und die Religion kümmert sich um die Entwicklung der Seele und bietet ihr gesegnete Lichter für den Weg der Erhöhung. Aber die Religion, vor allem in den letzten Jahren, zeigt sich oft unfähig, ihre Aufgabe zu bewältigen, denn es fehlt ihr geeignetes Personal. Die Wissenschaft auf der Erde ist wie ein riesiger Baum und gewährt den inkarnierten Wissenschaftlern Schutz in ihren mit Theorien und Schlussfolgerungen gefüllten Baumkronen. Im Gegensatz dazu, scheint die in viele Zweige geteilte Religion ein zartes Pflänzchen, das auf dem Boden dahinsiecht. Die Himmlische Liebe kennt aber die Hindernisse, welche die Religionskreise überfordern. Für die Untersuchungen des Wissens reichen intellektuelle Werte aus, die religiösen Fragen verlangen jedoch hohe Gefühle. Die ersten erfordern Beobachtung und Beharrlichkeit, die letzten setzen Berufung zum Verzicht voraus. Unter diesen Voraussetzungen bemühen sich unzählige Legionen von unsichtbaren Helfern, zusammen mit den beherzten irdischen Arbeitern, sie helfen überall denjenigen, die leiden und spornen diejenigen an, die fest im Guten verharren. Unsere Bemühungen im Bereich des inkarnierten Sinnes sind deshalb umfassend und vielfältig. Wir müssen jedoch zugeben dass, wenn das Programm auch Sorgen bereitet, es ebenfalls Freude gibt. Wir freuen uns wie ältere Geschwister, die den jüngeren helfen können. Zweifellos ist die Menschheit eine einzige Familie.“

Calderaro machte in seinen Ausführungen eine natürliche Pause und ich fragte neugierig:

„Wie werden diese Unterstützungen ausgeführt? Nach dem Gießkannenprinzip?"

„Nein", antwortete er. „Der Ordnungssinn regelt unsere Aktivitäten überall. Fast immer legen vermittelnde Kräfte die Hilfsprozesse fest. Das Gebet kann in Form von nicht ausgedrückter Bitte, innerem Wunsch und auch als ausgesprochenes Gesuch wirken, mit Ursprung aus der höheren Ebene oder aus dem tiefen Tal der menschlichen Leidenschaften. Es ist aber im Grunde immer der Ursprung unserer Aktivitäten."

Alte Begriffe der religiösen Spaltung brachten mir eine bestimmte Frage in den Sinn. Bevor ich sie aussprechen konnte, nahm Calderaro meine Gedanken wahr und erklärte:

„Wir sprechen nicht über Gebete oder Bitten von bestimmten idealistischen Strömen, das heruntergeleierte Gebet interessiert uns nicht. Wir helfen dem ewigen Geist in seiner Erhöhung in die himmlische Sphäre und führen dem Guten neue Kräfte zu, unabhängig von dogmatischen Formeln, mit denen es sich den menschlichen Kreisen offenbart. Es geht hier nicht um Vetternwirtschaft sondern um höhere Spiritualität, dank der Vereinigung von wirksamen Werten zu Gunsten eines besseren Lebens."

Während diesem leichten Gespräch, das wertvolle Lektionen enthielt, gingen wir zu unserem nächsten Einsatz. Bald erreichten wir ein einfaches Haus mit einem schön gepflegten Garten.

„Hier wohnt ein unermüdlicher Freund aus vergangenen Zeiten, der in schmerzhaften Bedingungen wiedergeboren ist. Seit einigen Wochen unterstütze ich seine Mutter mit stärkendem Passe[24]. Der Sohn ist seit einigen Jahrhunderten an sie gebunden. Aufgrund seines furchtbaren organischen Leidens ist

[24] Passe: Übertragung feinstofflicher Heilfluida

der Geisteszustand der Frau momentan gefährdet, sie bleiben jedoch wegen ernsthafter Verpflichtungen aneinander gekettet. Allerdings pflegt sie die noble Gewohnheit, regelmäßig und zu einer vorbestimmten Zeit zu beten und wir nutzen diese Gelegenheiten, um ihr zu helfen."

Ich bewunderte die Ordnung für die Aufgaben unserer Ebene, die in den kleinsten Handlungen zu erkennen war. Schweigend begleitete ich Calderaro ins Innere des Hauses.

In wenigen Minuten befanden wir uns in einem kleinen Zimmer, in dem das magere kranke Kind lag. Es wimmerte. Zwei Wesenheiten standen neben ihm und nach ihrem seltsamen Aussehen waren sie genauso unglücklich wie das Kind selbst. Der kranke Junge tat einem Leid.

„Er ist von Geburt an gelähmt, er ist das erste Kind eines scheinbar glücklichen Ehepaares und ist seit acht Jahren in diesem Leben." Calderaro zeigte auf ihn und redete weiter: „Er kann nicht sprechen, nicht laufen, nicht sitzen, er sieht sehr schlecht und hört fast nichts. Psychisch jedoch lebt er das Leben eines Verurteilten, der eine lange Strafe absitzen muss, die er sich aber in Wahrheit selbst auferlegt hat. Vor fast zweihundert Jahren hat er einige Landsleute in einem Volksaufstand zum Tode verurteilt. Er nutzte die politischen Unruhen, um sich an persönlichen Gegnern zu rächen und säte somit Hass und Verderben. Nach seinem Tod litt er in den niedrigen Regionen unsägliche Qualen. Viele Geschädigte verziehen ihm, viele andere jedoch verfolgten ihn jahrein, jahraus. Die früher große Horde verkleinerte sich allmählich und jetzt sind nur noch zwei letzte Feinde übrig, in einem endgültigen Prozess der Erneuerung. Nachdem der Unglückliche bittere Kämpfe in dunklen Leidenshöhlen durchlebt hatte, welche Dantes[25] Beschreibungen

[25] Dante Alighieri: (1265 – 1321) italienischer Dichter, Autor der Göttlichen Komödie, in der eine Reise durch die drei Reiche der Toten beschrieben wird: die Hölle, das Fegefeuer und das Paradies

vollkommen entsprechen, rüstete er sich für die abschließende Phase der Einlösung. Mit dem Ziel, die vollkommene Heilung des Prozesses, in dem er sich seit vielen Jahren befindet, zu Ende zu führen, errang er nun die gegenwärtige Inkarnation."

Das Bild war traurig und rührend. Der Kranke hatte unterentwickelte Knochen und die Muskulatur war sehr kümmerlich. In seinem Alter sollte er ein schönes und glückliches Kind sein. In diesem Körper konnte er sich jedoch nicht bewegen und stoß kehlige Geräusche und Schreie aus, die ansonsten typisch für die Sphäre unterhalb der Menschheit sind.

Mit allem Respekt dem Schmerz gegenüber, jedoch als Wissenschaftler, welcher der Beobachtung verpflichtet ist, stellte ich fest, dass der kleine Gelähmte wie ein primitiver Vorfahre des Menschen aussah.

„Ja, der Geist kann niemals zurückschreiten", erklärte Calderaro. „Er kann jedoch in einem geschädigten Körper erscheinen, um den Erneuerungsprozess zu erleichtern. Jegliches Böse und jegliches Gute, das im Leben praktiziert wird, verursacht Veränderungen in unseren Möglichkeiten der Erscheinung, in unserem physischen Körper. Unser unglücklicher Freund vergiftete für lange Zeit die aktiven Zentren seines Perispirits. Aufgrund der kriminellen Aktivitäten, die er freiwillig ausgeübt hatte, ist er umgeben von Feinden und Gegnern und bleibt geschwächt durch den Schatten der eigenen furchtbaren Fehler. Im Bereich des Gewissens weint er und wehrt sich gegen die quälenden Erinnerungen, welche ihm als unendlich erscheinen. Aber seine Sinne, inklusive die der physischen Natur, bleiben getrübt, wie ein steuerloses Schiff ohne Ziel... Die Gedanken von Vergeltung und Aufruhr, die von all denjenigen ausgestoßen werden, die er willkürlich verletzt hatte, peitschten seinen perispirituellen Körper für mehr als hundert aufeinanderfolgende Jahre. Diese wirkten wie Stöße, die seine Persönlichkeit schädigten. Der Unglückliche befand sich weit entfernt von den höheren Gebieten des Wesens, wo das sogenannte ‚Schloss der höheren Gedanken' liegt, und schlug sich vergebens im ‚Bereich der gegenwärtigen Bemühung' herum, d.h. in der Region der motorischen Energien. Das geschah, weil sich die unnachgiebigen Gegner an ihn klammerten und ihn mittels direkter Beeinflussung zwangen, seinen Geist an die automatischen Impulse im Bereich der Instinkte zu haften. Das Gesetz hat dies erlaubt, weil das Verhalten unseres unglücklichen Bruders dem einer Raubkatze ähnelte, der sich der Kraft bedient, um zu überwältigen und zu verletzen. Der Missbrauch von Verstand und Autorität stellt eine ernste Verfehlung beim Hohen Gericht unseres Schicksals dar."

Der geschätzte Assistent blickte mich mit seinen klaren Augen an und fragte:

„Hast du es verstanden?"

Er wollte sicher gehen und fügte hinzu:

„Im Geiste ist dieser arme Kranke nicht zurückgefallen. Aber der Evolutionsprozess ist die Aufgabe des himmlischen Geistes und muss im Laufe der Jahrtausende auf dem Weg zum glorreichen Ziel bewältigt werden. Der Kranke hat diesen Prozess zertrampelt, verspottet und verzögert. Er hat das Böse gesät und jetzt muss er ernten. Er nutzte die Autorität, die der Vater ihm gewährt hatte, und entwarf einen gewagten Plan der Zerstörung, er verwirklichte das bedauerliche Projekt und erleidet jetzt die natürlichen Konsequenzen daraus, um sich zu berichtigen. Die schlimmste Phase ist aber vorbei. Gegenwärtig hat er sich von den meisten Feinden entfernt und nähert sich seiner liebenden Mutter, die ihm am Ende des langen Weges hilft, sich zu erneuern."

Ich beobachtete die seltsame Haltung der unglücklichen Entkörperten, die ihn verfolgten und wollte gerade etwas über sie fragen, als Calderaro meine Gedanken spürte und weiter sprach:

„Auch die elendigen Verfolger sind Kobolde des Hasses und der Vergeltung, genauso wie unser Kranker ein Überbleibsel des Verbrechens ist. Sie sind Schiffbrüchige in der letzten Phase der Rettung, nach einem großen Unglück im Meer des Lebens, in dem sie sich für viele Jahre verloren haben, weil sie nicht fähig waren, den Kompass der Vergebung und der Liebe zu nutzen. Sie nähern sich aber dem rettenden Hafen. Sie werden zur Sonne des irdischen Lebens zurückkehren, weil ein Mutterherz den Wert vom Opfer Jesu gelernt hat. Entsprechend dem schon vorgefertigten erlösenden Plan werden sie sehr bald in einer einzigen Familie als Geschwister der alten Widersacher wiedergeboren. Dann werden sie ihre Hände helfend über dem Unglücklichen zusammentun und mit der Unterstützung der liebenden, gerechten und aufopfernden Mutter werden sie den alten Feind mit höchster Zuneigung küssen. Die dunklen Ketten aus Hass werden sich in helle Bande aus Licht verwandeln, aus denen die ewige Liebe strahlen wird. Wenn es soweit ist, wird die Kraft der Vergebung unseren Kranken befreien. Wie ein glücklicher Vogel wird er diesen abgemagerten Körper verlassen, den erstickenden Kerker seines Verbrechens und der Konsequenzen, in dem er sich über zwei Jahrzehnte herumgeschlagen hat. Bis dahin müssen wir uns um diese tapfere Frau kümmern, wackere Herrin dieses Hauses, deren Berufung zum Martyrium von den Himmlischen Kräften geachtet wird, denn ihr Opfer erleuchtet das Leben und bereichert das Werk Gottes."

Calderaro hatte gerade seine Erläuterungen beendet, als einer der entkörperten Henker das Gehirn des Kranken mit seiner rechten Hand berührte. Der Assistent empfahl mir, die Auswirkungen der Berührung zu beobachten.

Das Gesicht des kranken Jungen wurde extrem blass und verriet eine große Beklemmung. Aus der Hand der grausamen

Wesenheit strömten dunklen Streifen, die wie Teer aussahen. Diese erreichten das Gehirn des Kindes und flößten ihm Angst ein.

Ich blickte den Assistenten fragend an und er erklärte:

„Die Liebe sendet Lichtstrahlen aber der Hass sendet Pfeile der Finsternis aus. Die Stirnlappen erhalten die ‚Anregungen der Zukunft', in den motorischen Rinden lagern sich die ‚Einfälle der Gegenwart' und im Nervensystem werden die ‚Erinnerungen der Vergangenheit' gespeichert. Unser armer Freund wird gerade von zerstörerischen Hassenergien im Bereich der ‚Abteilung der Gegenwart' bombardiert, d.h. in seiner momentanen Fähigkeit zum Wachstum, zur Errungenschaft und zur Arbeit. Diese Situation entspringt der eingegangenen Schuld und zwingt ihn, in den Bereich der ‚Erinnerungen der Vergangenheit' geistig zurückzufallen. Dort ist sein Verhalten niedriger Natur und zeichnet sich durch das Halbbewusstsein der niedrigen Evolutionsstadien aus. Seine unausgeglichene Seele verbreitet eine riesige Anzahl psychischer Verwirrungen. Beachte seinen physischen Körper."

Der kleine Kranke ging von der Beklemmung in Verrenkungen über und zeigte alle Charaktere der klassischen geistigen Behinderung. Die Organe waren seltsam verändert. Das Hormonsystem litt unter undefinierbaren Störungen.

Der Ausbilder beugte sich mitleidend über den Kranken und erklärte:

„Die zerstörenden Strahlen erreichen den motorischen Bereich und lähmen das Sprach-, Hör-, Seh- und Bewegungszentrum. Auch das Drüsensystem wird dadurch beeinträchtigt. In der Tat wurde diese schmerzhafte Situation, aufgrund der abertausenden Wiederholungen in fast zweihundert Jahren, chronisch."

Er machte eine bedeutungsvolle Unterbrechung und sagte:

„Beachte das Verhalten des Kranken. Sein Geist ist in der ‚Region der automatischen Impulse' gefangen und sein Verhalten ist definitiv ‚unmenschlich'. Er erlebt wieder primitive Stadien, welche die Individuen schon vor vielen Jahrhunderten verlassen haben. In weniger ernsten Fällen nutzt die gegenwärtige Medizin die Schocktherapie. In diesem Fall ähnelt sie einem Wissenschaftler, der im Dunkeln forscht und die Auswirkungen untersucht, die Ursachen aber nicht kennt. Wir müssen jedoch einsehen, dass die Bemühung der modernen Psychiatrie die höchste Anerkennung unserer spirituellen Autoritäten verdient. In verschiedenen kulturellen Zentren unterstützen sie gleichzeitig die strebsamen und hingebenden Ärzte und leiten sie zum allgemeinen Wohl an. Vorerst können diese die Wahrheit nicht so annehmen, wie es wünschenswert wäre, weil die irdische Medizin in konservativen Bereichen verharrt, sie ist dem Neuen gegenüber weniger offen. Später werden die Priester der menschlichen Gesundheit verstehen, dass der elektrische Schock oder die Hypoglykämie[26] , verursacht durch sehr starke Insulinausschüttungen, wahre Appelle an die Zentren des Perispirits sind, d. h. eine Aufforderung zur Anpassung und eine Instruktion an die Neuronen sich umzustellen, zugunsten des Geistes im Erneuerungsprozess. Sozusagen müssen wir bedenken, dass diese Mittel, tief verborgen im psychischen Kosmos, nicht neu sind. Früher wurden die Irren in Schächte gesteckt, die voll mit Schlangen waren, in der Hoffnung, dass die furchtbare Angst eine plötzliche Veränderung im gestörten Geist bewirken würde. Seit der frühsten Antike hat der Mensch intuitiv begriffen, dass die meisten Fälle von geistigem Wahnsinn daher kommen, dass sich der Geist bewusst oder unbewusst der Realität entzieht. Aus unserer aufgeklärten Sichtweise können wir hinzufügen, dass jedes Ungleichgewicht daraus entsteht, dass man sich vom Gesetz entfernt."

Calderaro schwieg für einige Momente, zeigte auf den kleinen Jungen und betonte:

[26] Hypoglykämie: ein zu niedriger Blutzuckerspiegel

„In seinem Fall würde der Schock aber keine Besserung bringen. Aufgrund der Tatsache, dass er sich in seinem Verhalten gänzlich dem Gesetz entzogen hat, ist sein Geist völlig verfallen. Die Berichtigung braucht hier Zeit. Die lange im Herzen aufgestauten sumpfigen Gewässer des Bösen fließen sehr zäh. Die geistige Ebene jedes Einzelnen ist kein Behälter mit imaginärem Inhalt. Auf unserem Pilgerweg auf der Erdoberfläche ist sie, genauso wie unser physischer Körper, ein Archiv lebendiger Kräfte."

„Handelt es sich wissenschaftlich gesehen nicht um einen Fall von Down-Syndrom[27]?", fragte ich.

Der Assistent antwortete ohne zu zögern:

„Hier handelt es sich um ein Phänomen von absoluter spiritueller Störung. Solche Störungen sind selten rein physiologischen Ursprungs. Auf der irdischen Sphäre kann man die Übereinstimmung von Psyche und Körper unmöglich leugnen. Wer auf der Erdoberfläche lebt, wird immer zuerst dem physischen Körper gegenüberstehen. Deshalb können wir bei Krankheiten des Geistes nie den physischen Körper ausschließen. Wir dürfen auch die Hilfe der aufopfernden Physiologen[28] nicht geringschätzen, die sich fleißig der Untersuchung der mikroskopischen Fauna, der Wiederanpassung des Körpers und der Beschreibung von Zuständen widmen. Vergiss aber nicht, dass wir jetzt das Feld der Ursachen untersuchen..."

Der besorgte Freund war offensichtlich bereit, weiter zu erklären und meine Kenntnisse bezüglich dieses Themas zu erweitern, als wir Schritte hörten. Sicherlich war es die Mutter, die das Kinderzimmer betrat, um im Gebet Zuflucht und Hilfe zu finden.

Calderaro schloss eilig ab:

„Unsere Freunde der menschlichen Medizin benennen die Geisteskrankheiten wie es ihnen passt, sie halten sich bei Rand-

---

[27] Down-Syndrom: genetische Veränderung, die zu bestimmten Körpermerkmalen und größeren oder geringeren geistigen Beeinträchtigungen führt

[28] Physiologe: Erforscher der funktionellen Vorgänge im physischen Körper

fragen auf, denn sie kennen die grundlegenden Probleme des Geistes nicht. Wir werden morgen über die wissenschaftlichen Aspekte sprechen, wenn wir den jungen Freund unterstützen."

Ohne unsere geistige Anwesenheit zu spüren, näherte sich die noch nicht dreißigjährige Mutter dem Kranken. Sie blieb neben dem Bett stehen und streichelte die nassgeschwitzte Stirn des Sohnes, am Ende des Anfalls. Sie entfernte die gehäkelte Decke, hob ihn vorsichtig auf und umarmte ihn zärtlich.

Der Junge beruhigte sich.

Bald darauf begann die Mutter tränenüberströmt zu beten. Ich erinnerte mich an einen Schwan der spirituellen Ebene, der eine wunderbare Melodie sang.

Calderaro arbeitete fleißig und erneuerte ihre Kräfte. In einer wahren Transfusion spendete der ergebene Mentor gesunde Fluida aus sich selbst. Ich, meinerseits, beobachtete sehr interessiert das Gebet der Mutter.

Die junge Frau brachte menschliche Gedanken in das Gebet mit ein.

Warum erhörte der Vater im Himmel ihre Gebete nicht? Warum erlaubt er nicht, dass ihr Sohn durch ein Wunder das notwendige Gleichgewicht erhält? Sie hatte vor neun Jahren geheiratet und träumte von einer Familie mit glücklichen Sprösslingen. Allerdings, die erste Blüte ihrer weiblichen Bestrebung öffnete sich in einem furchtbaren Zustand von Missbildung und Leiden... Warum, fragte die Flehende, werden auf der Erde Kinder mit solch bitterem Schicksal geboren? Was ist der Grund des Martyriums der kleinen Wesen? Vergebens hatte sie Ärzte besucht und Spezialisten befragt. Immer die gleichen Enttäuschungen, die gleichen Ernüchterungen. Ihr Sohn schien unzugänglich für jede Behandlung. Sie fühlte sich schwach und erschöpft... Sie weinte und bat um himmlische Unterstützung, damit ihr die Energie für den Kampf nicht fehlte.

Am Ende seiner Aufgabe näherte sich Calderaro und fragte mich:

„Möchtest du im Namen der Höheren Eingebung antworten?"

Oh, nein! Ich schlug das Angebot aus. Nachdem ich Schwester Cipriana beobachtet hatte, wie sie mit Worten, die von Liebe entzündet waren, Herzen erneuerte, fühlte ich mich nicht dazu fähig.

Der Betreuer gab gütig zu bedenken:

„Wir sprechen hier nicht zu hassenden Herzen, sondern zu einer gequälten Mutter, die eine spirituelle Ermunterung braucht. Wissen und guter Wille können viel bewirken."

Er lächelte freundlich und fügte hinzu:

„Zudem müssen wir auch die Wissenschaft der Liebe erlernen. Dafür müssen wir anfangen, einander Geschwister zu sein und ehrlich und mit treuer Bereitschaft zu dienen."

Ich bedankte mich für die Ehre, schlug sie aber aus. Calderaro sollte sprechen. Ich war lediglich ein Lehrling. Meine Aufgabe dort war es, seine hohen Lektionen zu hören.

Der aufopfernde Freund legte seine Hände auf die Frontallappen der Frau. Er zog den mütterlichen Sinn in höhere Regionen und sprach ihr wie ein liebender Vater Trost zu. Äußerst gerührt vernahm ich die aufmunternden und stärkenden Worte, welche die liebevolle Mutter in Form von höheren Eingebungen und Anregungen erhielt.

Ich stellte fest, dass sich die innere Stimmung der jungen Dame nach und nach stärkte. Ihre Epiphyse[29] verwandelte sich in eine zarte Quelle strahlender Lichtflut und aus ihren Augen flossen zwar weiterhin Tränen, diese verrieten jedoch ihre veränderte Gesinnung. Das weiße Licht strömte aus dem Gehirn und sank

[29] Epiphyse: Zirbeldrüse des Gehirns, Glandula pinealis

zum Brustkorb. Von dort aus verflüchtigten sich zarte Lichtstrahlen, die sie mit dem unglücklichen Sohn verbanden. Durch einen dichten Tränenschleier betrachtete sie den Kleinen, der sich jetzt beruhigt hatte. Dann hörte ich ihre erhabenen Gedanken.

„Ja, Gott wird mich nicht verlassen. Er wird mir Kräfte schenken, um die Aufgabe bis zum Schluss zu schultern, die ich aufgenommen habe, mit der Schönheit der ersten Träume und mit dem Glück der ersten Stunde. Ich werde den Sprössling meines Fleisches wie ein himmlisches Pfand schützen. Mit den Leiden meines geliebten Kindes wird meine Liebe zunehmen. Immer wenn er von stärkeren Schmerzen gepeinigt wird, wird mein Opfer noch süßer werden. Durch seinen schmerzlichen angeborenen Zustand verdient er doch umso mehr meine Ergebenheit und meinen Verzicht. Die Kinder meiner Freundinnen sind schön und intelligent, wie duftende Knospen des Lebens und versprechen unendliche Freude in den Gärten der Zukunft. Auch mein kleines krankes Kind ist schön, braucht jedoch mehr Fürsorge und Stütze. Nur Gott weiß, warum er ohne die Gabe der Sprache und ohne Anzeichen von Intelligenz auf die Welt kam. Soll ich nicht auf den Höchsten Vater vertrauen? Ich werde dem Herrn ohne zu fragen dienen und meinen Sohn ewig lieben. Wenn nötig, werde ich sterben, damit er lebt."

In einer Geste unbeschreiblicher Zuneigung beugte sich die junge Mutter vor und küsste den Kranken auf die Lippen. Sie hatte das Gefühl, einen himmlischen Engel zu küssen. Erstaunt sah ich zahlreiche Lichtfunken, die aus der liebevollen Berührung ausströmten und sich auf die zwei Kobolde ergossen. Die niedrigen Wesenheiten neigten sich ebenfalls, sie standen vor jener noblen Frau, die später ihre Mutter sein sollte, und schienen etwas getröstet zu sein.

Calderaro berührte mich leicht an der Schulter und sagte: „Unser Unterstützungsdienst ist beendet. Gehen wir."

Er zeigte auf die Mutter mit ihrem Sohn und schloss ab:

„Einige unvernünftige Ärzte der Erde betrachten dieses leidende Kind möglicherweise als ein Rätsel ohne Lösung und denken vielleicht an Euthanasie. Sie wissen nicht, dass innerhalb der Wände dieses bescheidenen Hauses der Himmlische Arzt einen unheilbaren Körper und die unendliche Liebe einer Mutter nutzt, um das Gleichgewicht von ewigen Wesen herzustellen, damit sich diese, über die Trümmer der Vergangenheit hinaus, für glorreiche Ziele verbrüdern können.“

8
Im Heiligtum der Seele

Mitten in der Nacht betraten Calderaro und ich ein nobles und komfortables Haus. Der Ausbilder hatte mir versprochen, diese Gelegenheit zu nutzen und mir einige neue Erkenntnisse über die Störungen der Seele zu vermitteln.

„Dieser Fall ist nicht so ernst wie der des gelähmten Kindes, das wir zuvor besucht haben“, sagte der hilfsbereite Mentor. „Genau genommen ist dieser Fall fast gelöst. Seit langer Zeit unterstütze ich Marcelo mit stärkenden Fluida und dies mit großem Erfolg. Er fügt sich unserer Beeinflussung und fand im Gebet und in spirituellen Aktivitäten die von ihm benötigte Energiequelle. Gestern haben wir einen Fall von totalem Chaos der perispiritischen Einheiten mit der darauffolgenden Auflösung des Nervensystems gesehen und dieses schmerzhafte Bild kann nur die Zeit verändern. Hier ist die Situation jedoch vollkommen anders. Das grundlegende Problem ist schon gelöst, die Wiederanpassung des Lebens ist voll neuer Hoffnungen und der Frieden kehrte in den physischen Körper zurück. Die Erinnerungen bleiben jedoch und die Überbleibsel der vergangenen Dramen erscheinen als epileptische Anfälle. Es sind unbewusste Handlungen der Seele, die aus dunklen und verwinkelten Tunnels auftauchen und zutage kommen. Das Böse braucht Zeit, um sich zu verbreiten und es ist selbstverständlich, dass die Wiederherstellung des Guten auch nicht plötzlich geschehen kann. Genauso ist es mit der Krankheit und der Gesundheit, mit der Verfehlung und der Wiederherstellung des Gleichgewichts."

Nachdem wir die Türschwelle überquert hatten, steuerten wir mit der entsprechenden Erlaubnis das Hausinnere an, in dem mich eine zauberhafte heimische Szene in Erstaunen versetzte: Ein Herr, eine Dame und ein junger Mann waren in himmlische Schwingungen des Gebets versunken und umgeben von einer großen Anzahl von Freunden aus unserer Ebene.

Wir wurden liebevoll empfangen.

Der Betreuer bat mich, bei den Arbeiten mitzuwirken. Mit der wertvollen Unterstützung der drei inkarnierten Freunde wurde konkrete Hilfe verschiedenster Arten an Geschwistern geleistet, die soeben von der Erdoberfläche entkörpert waren.

Die ehrwürdige Schönheit jener kleinen Versammlung, die sich dem Guten und der Erleuchtung des Geistes widmete, ist erwähnenswert.

Der Assistent betrachtete die Harmonie der Szene: drei mit gleichen noblen Gedanken und Zielrichtungen vereinte Herzen, umschlungen mit wunderbaren Lichtbanden. Er betonte weise:

„Die Familie ist eine geistige Versammlung im Verlauf der Zeit und gerade deshalb ist das Heim ein Heiligtum. Vor allem auf der Erde entfernen sich oft viele Familienmitglieder vom Einklang mit den hohen Zielen des Lebens. Wenn zwei oder drei der Angehörigen die Größe ihrer Erhöhungsmöglichkeiten erkennen und sich für die Errungenschaften des ewigen Geistes vereinigen, kann man mit wunderbaren Ergebnissen rechnen."

Der Ausbilder wollte mich sicherlich weiter aufklären und die Auffassung des Begriffs „Familie“ heiligen und erweitern, aber die dringende Arbeit erlaubte keine längeren Gespräche.

Der Hilfsdienst an leidenden Geschwistern wurde von „unserer Seite“ aktiv fortgeführt.

Als Abschluss der Arbeit der Familie wurde ein ausdruckstarkes und rührendes Gebet gesprochen. Danach begannen sich die Gefährten aus unserer Ebene zu entfernen, während die inkarnierten Freunde ein munteres Gespräch führten.

Mit dem glücklichen Lächeln eines Arbeiters, der seine Aufgabe gut ausgeführt hat, sprach der ältere Herr zu den anderen:

„Gott sei Dank, es ist alles in Ordnung.“

Er blickte liebevoll auf den jungen Mann und fragte väterlich:

„Und du, Marcelo, geht es dir immer noch gut?“

„Aber ja!“, antwortete der Sohn glücklich. „Papa, ich bin begeistert von den Auswirkungen unserer wöchentlichen Treffen am Donnerstag: Ich profitiere sehr davon.“

„Haben sich die nächtlichen Anfälle wiederholt?“

„Nein. In dem Maße, in dem ich mich in der Lehre der himmlischen Wahrheiten anstrenge und mit meinem eigenen Willen im Bereich der praktischen Anwendung der Lektionen mitwirke, fühle ich mich besser, ich spüre, dass ich innerlich stärker werde und die verlorene Gesundheit wieder erlange. Ich muss aber zugeben, dass, wenn ich meine spirituelle Erbauung vernachlässige, meine Störungen wieder zurückkehren. In diesen Phasen wache ich mitten in der Nacht mit müden und schmerzenden Gliedern auf, bekomme einen Krampfanfall und bin dann für lange Zeit bewusstlos...“

Der junge Mann lächelte verlegen über seine ehrliche Beichte und fuhr fort:

„Aber seit ich mich eifrig und strebsam der spiritualisierenden Aufgabe widme, erkenne ich, dass Mamas Passe sehr wirksam sind. Ich bin offener geworden und erkenne, dass der gute Wille ein entscheidender Faktor für mein Wohlbefinden ist."

Die beiden Älteren schauten sich zufrieden an. Das familiäre Gespräch wurde besinnlich und mit schönen Gedanken fortgeführt.

Der Assistent lenkte meine Gedankengänge, indem er sagte:

„Mit Sicherheit muss ich nicht erklären, dass Marcelo mit seinen Eltern am Tisch sitzt. Er hat weitere Geschwister, die jedoch noch nicht mit der heiligen Aufgabe des Ehepaares in Einklang sind, er aber besitzt hohe und edle Gefühle. Wie bei fast allen von uns war seine Vergangenheit von Leidenschaft geprägt und oft hat er seine Autorität missbraucht. Er übte in der Vergangenheit große Macht aus, allerdings konnte er sie nicht in konstruktivem Sinn anwenden. Er war sehr intelligent, schwebte in hohen intellektuellen Ebenen, ließ sich aber selten herab, um zu trösten oder zu helfen. Er besaß verschiedene Ehrentitel aber oft vergaß er diese und stürzte sich in die Abgründe der kriminellen Launen. Durch seine Alleinherrschaft erweiterte er das Feld der Dornen, die ihn später quälen sollten. Als die Zeit der Ernte kam, litt er furchtbare Qualen. Nach seinem Tod warteten unzählige Geschädigte auf ihn und griffen ihn an. Jedoch, auch wenn er kläglich scheiterte, versuchte Marcelo sehr oft, gut zu sein und gewann viele spirituelle Freunde. Diese Freunde mussten aber auf die Gelegenheit warten, um ihm zu helfen. Die Gegner bildeten eine kompakte Masse und verlangten wütend Gerechtigkeit. Sie hielten ihn für lange Zeit in niedrigen Regionen zurück, sie sättigten alte Vergeltungswünsche, indem sie seinen Perispirit misshandelten. Marcelo, der von Gewissensbissen gepeinigt war, flehte an, weinte und büßte lange Jahre. So sehr er auch flehte und wie sehr seine Freunde auch vermittelten, die erhoffte Befreiung ließ sehr lange auf sich warten. Die Reue ist immer ein Kontaktpunkt zwischen Schuldner und Gläubiger und unser Freund war gepeinigt durch grausame Gewissensbisse. Als sein physischer Körper starb, quälte ihn das perispirituelle Ungleichgewicht und dieser Zustand verharrte jahrelang…“

Ich nutzte die kleine Unterbrechung und fragte neugierig:

„Das bedeutet, dass die Epilepsie…“

„… in den seltensten Fällen aufgrund reiner Veränderungen im Gehirn auftritt, wie solche nach einem Schlag im Kopf“, ergänzte der Assistent meinen Satz. „Meistens ist sie eine Krankheit der Seele. Sie ist unabhängig vom physischen Körper, dieser zeigt lediglich die Auswirkungen. Es ist sehr lange her, als die Vernunft das Paradies und das Fegefeuer als einen Ort akzeptierte, der außerhalb des eigenen ‚Ichs‘ lag: Himmel und Hölle sind im Grunde Gewissenszustände. Wenn jemand gegen das Gesetz verstößt, wird er innerhalb sich selbst den berichtigenden Prozess erleben, so lange wie es notwendig ist. Wir müssen erkennen, dass, wenn es zahlreiche Krankheiten für den Körper gibt, es auch viele andere für die Verwirrungen der Seele gibt.“

Der Ausbilder machte eine kurze Pause, zeigte auf den jungen Mann und fuhr fort:

„Kehren wir aber zu Marcelos Fall zurück: Nach und nach gelang es ihm, den Kelch seiner Prüfungen zu reinigen und die dunklen Substanzen zu entfernen. Die langen Jahre in Ungleichgewicht, in denen die Geschädigten ihn nun als Henker peinigten und mittels Stößen und unaussprechlichen Qualen mit starken Krämpfen erschütterten, klärten seine inneren Horizonte. Letztendlich schaffte es unser Freund, sich mit einem geliebten und weisen spirituellen Betreuer zu verständigen. Beide waren seit weit zurückliegender Vergangenheit miteinander verbunden und Marcelo wurde von ihm kräftig unterstützt. Er fragte nach Seelen, die ihm besonders lieb waren. Er musste jedoch erfahren, dass diese wieder inkarniert waren, um erbauendes Zeugnis abzulegen und ehrenwerte

Dienste zu verrichten. Er flehte darum, auch wiedergeboren zu werden und versprach, spirituelle Verpflichtungen auf der Erde anzunehmen, um die großen Schulden einzulösen: Er würde zum Guten beitragen und zur Entwicklung der früheren Feinde beisteuern. Mit der Unterstützung des aufopfernden Mentors, der ihn seit Jahrhunderten schätzt, wurde seinem Wunsch entsprochen. Mit der Wiedergeburt in einem physischen Körper begann er die Lehrzeit erneut. Zuletzt wurde er innerhalb einer liebevollen Familie geboren, mit der er seit verschiedenen gemeinsamen Leben verbunden ist. Seit seiner früheren Jugend nutzt er die erhaltenen Gaben und bemüht sich, wertvolle moralische Qualitäten zu entwickeln. Schon als kleiner Junge zeichnete er sich für seine natürliche Güte und Gehorsamkeit, Gelehrigkeit und Milde aus. Seine Kindheit war friedlich, trotz der andauernden Beobachtung der alten unsichtbaren Feinde. Aufgrund der Erneuerung, der er sich unterzogen hatte, fühlte er sich von ihnen nicht angezogen. Aber als er in den Minuten der teilweisen Befreiung durch den physischen Schlaf auf die Gegner stieß, quälten ihn die Erinnerungen. Es verlief alles ohne nennenswerte Vorkommnisse. Unter der Fürsorge der Eltern und mit der Hilfe der unsichtbaren Wohltäter bereitete sich der Junge auf die zukünftigen Dienste vor. Im Alter von vierzehn Jahren, in dem sich die Inbesitznahme seines physischen Körpers gefestigt und sich sein Perispirit vollkommen mit der physischen Hülle identifiziert hatte, begann er sich an die erlebten Ereignisse zu erinnern und bekam die sogenannten epileptischen Anfälle mittlerer Intensität. Der junge Mann entdeckte jedoch sofort die notwendigen Gegenmittel und fand Zuflucht im ‚Haus der höheren Vorstellungen', d. h. in der höchsten Region der Persönlichkeit. Die Gewohnheit des Gebets und der Brüderlichkeit, die Ausübung des Guten und die höhere Spiritualität halfen ihm, stabil zu bleiben. Somit konnte er das neuropsychische Ungleichgewicht und die zellulare Fehlfunktion beschränken, er erlangte sein eigenes Gleichgewicht, indem er Tag für Tag die Waffen des Willens mobilisierte. Dieser Eifer trug enorm dazu bei, dass er in unserer Sphäre sehr geschätzt wird und von uns große Unterstützung erhält. Er nutzt diese Hilfe in vollem Umfang aus, da er sie vernünftig zur erbauenden Bemühung des Guten anwendet. Er nimmt den Kampf gelassen und geduldig auf und errichtet somit wertvolle Empfangseigenschaften in sich selbst, was unsere Unterstützung erleichtert. Die Behandlung mit Hypnose oder Elektroschocks waren in seinem Fall nicht notwendig, zumal diese Maßnahmen meistens anormale Zustände im Perispirit verursachen und nicht viel mehr erreichen, als den Schaden zu verlagern, ohne die Ursachen zu bekämpfen. Marcelos Fall ist demzufolge beispielhaft. Er folgt den Anregungen seiner Wohltäter und passt sich der Realität an, er ist deshalb sein eigener Arzt. Das ist der einzige Weg, auf dem der Kranke die eigene Heilung finden kann."

In diesem Moment verabschiedete sich der Junge liebevoll von den Eltern und ging in sein Zimmer. Mit Gedanken von Frieden und Dankbarkeit an Gott klärte er seinen Geist und legte sich ins Bett.

Innerhalb weniger Minuten entfernte er sich von seinem physischen Körper und kam zu uns, er begrüßte Calderaro besonders herzlich.

Der Assistent stellte mich ihm vor.

Der junge Mann zeigte äußerste Geistesklarheit. Glücklich umarmte er uns beide und sprach über seine Hoffnungen für die Zukunft. Er berichtete über seinen sehnlichsten Wunsch, für die Verbreitung des evangelisierenden Spiritismus zu arbeiten. Er war bereit, zum erbauenden Werk beizutragen, das seine Eltern begonnen hatten. Zu meiner Überraschung erwähnte er die Aktivitäten unserer spirituellen Kolonie, fragte mich nach meinen Eindrücken von „Nosso Lar“[30] und ich war bezaubert von seinen intelligenten und spontanen Einschätzungen.

Im Verlauf des Gespräches näherten sich vorsichtig zwei dunkle Gestalten. Ich kümmerte mich nicht weiter um sie, es waren wohl lediglich zwei unglückliche entkörperte Passanten, aber der geschätzte Gesprächspartner verlor zusehends die Ruhe. Marcelo erbleichte, als ob er in seinem Inneren von störenden Kräften getroffen wäre, er legte seine rechte Hand auf die Brust und seine Augen weiteten sich erschrocken. Ich bemerkte, dass die Gedanken in seinem perispirituellen Gehirn durcheinander gerieten. Er konnte uns nicht mehr gelassen zuhören, befreite sich geschwind aus unserer Umarmung und floh überstürzt zu seinem physischen Körper zurück.

Er tat mir leid und ich wollte ihn daran hindern, denn seine Schwingungen stimmten ganz und gar mit unseren überein. Sehr viel mehr als eine freundliche Bekanntschaft verband mich mit dem neuen Freund, das hatte ich beim ersten Kontakt erkannt. Ich konnte ihn aber nicht davon abhalten.

Calderaro hielt mich energisch zurück:

„Lass ihn, André, wir werden ihn begleiten. Wir dürfen nicht vergessen, dass Marcelo noch nicht vollständig genesen ist.“

---

30 Unser Heim: Nosso Lar-Unser Heim - Francisco Cândido Xavier -Geistwesen: André Luiz - "Nosso Lar" ist der Name der spirituellen Kolonie, die von dem Geistwesen André Luiz vorgestellt wird. Fesselnd und reich an Einzelheiten, erzählt der Autor von den Begebenheiten der Kolonie. "Nosso Lar" ist nicht der Himmel, vielmehr ist es ein Krankenhaus, eine Schule und eine Übergangsstation. Wir erhalten einen Einblick davon, wie das Leben nach dem Tod aussehen könnte… André Luiz bekommt die Erlaubnis, seine Erfahrungen den Menschen auf der Erde zugänglich zu machen. Dieses Werk und alle darauffolgenden 15 Bücher hat er dem Medium Francisco Cândido Xavier mittels der Psychographie (mediales Schreiben) durchgegeben. Das Original "Nosso Lar" in portugiesischer Sprache hat bereits seine 56. Auflage erreicht und ist weiterhin ein Bestseller in seiner Kategorie. Dieses Buch ist auch in Deutsch unter dem Titel „Unser Heim – Eine spirituelle Heimat" erhältlich. 20th Century Fox verfilmte diesen Bestseller im Jahr 2010, der Film kam als DVD auf dem Markt.

Er zeigte auf die nahestehenden provozierenden Wesenheiten und erklärte weiter:

„Die bloße Wiederannäherung der Feinde aus zurückliegenden Zeiten stört seinen geistigen Zustand. Er fürchtet sich davor, in die schmerzhafte Situation zurückzukehren, in der er sich vor vielen Jahren in den niedrigen Sphären befunden hat. Er floh eilig in seinen physischen Körper zurück, der einzige Zufluchtsort, der ihm zur Verfügung stand, wie der rettende Hafen bei einem herankommenden Sturm."

Die umherirrenden Wesenheiten zogen sich zurück und wir gingen in sein Zimmer. Dort fanden wir den jungen Mann mitten in einem Krampfanfall.

Ich umarmte ihn wie einen geliebten Sohn.

Der Anfall schwächte ab, war aber nicht vollständig verschwunden. Ich blickte meinen Betreuer fragend an: „Warum solch ein Anfall? Bezüglich des Kontakts mit niedrigen Wesenheiten war Marcelos Zimmer isoliert. Wir waren vorhin mit erbaulichen Gesprächen beschäftigt. Warum die Störung, wenn wir uns in einer gesunden Atmosphäre von heiligenden Gedanken aufhielten?"

Der Ausbilder betrachtete mich freundlich und empfahl:

„Beobachte den organischen Bereich und betrachte insbesondere das Gehirn."

Ich bemerkte, dass die normale Ausstrahlung der Hormondrüsen abgeschwächt war, lediglich die Epiphyse sandte ungewöhnliche Strahlen aus. Das Gehirn war aus dem Gleichgewicht geraten. Die höheren Bereiche des Gehirns sandten geistige Lichtstrahlen, welche die Zellen der Hirnrinde bombardierten. Die verschiedenen motorischen Zentren, die Bereiche, die für das Gedächtnis zuständig sind, und das Sprachzentrum waren gestört und befallen. Diese abnormen Strahlen drangen in die tief gelegenen Schichten des Kleinhirns ein und störten somit den Gleichgewichtssinn und die Spannung der Muskulatur, sie verursachten seltsame Veränderungen der Neuronen, drangen in die graue Substanz ein und hemmten die Fasernaktivitäten. Das empfindliche Gehirn war vollkommen gehemmt. Die motorischen Zentren wurden von den geistigen Funken gepeitscht und verloren die Ordnung, die Disziplin und die Selbstbeherrschung. Schlussendlich gaben sie erschöpft nach. Währenddessen verkrampfte sich Marcelos gepeinigter Geist, gefesselt an seinen physischen Körper, gefangen in der organischen Form und bedrängt durch Qualen. Es war ein trauriges Bild, das meine Seele peinigte.

Nach eingehender Untersuchung fragte ich Calderaro:

„Wie kann man das erklären? Letztendlich befindet sich unser Freund hier in unserer Gesellschaft und nicht unter der Herrschaft von entkörperten Verfolgern!"

Der Betreuer bat mich, etwas zu warten, denn er war gerade dabei, magnetische Hilfe zu leisten und das Gleichgewicht wieder herzustellen. Bald bezwang er die Spannung. Er umhüllte den geistigen Bereich mit lindernden Fluida und verhinderte somit das komplette Unglück. Marcelo beruhigte sich. Seine Hirnaktivitäten kehrten zur Normalität zurück, wie ein leergefegter Platz nach Demonstrationen oder Krawallen. Die Nervenzellen übernahmen wieder ihre Aufgaben, die Nervenbahnen normalisierten sich, das Hormonsystem war wieder ausgeglichen und die Nervenfasern leisteten ihre normalen Dienste.

Enttäuscht und niedergeschlagen versank Marcelo in einen tiefen Schlaf, denn Calderaro fand es angemessen, ihm eine erholsame Ruhe zu gewähren. In den ersten Minuten des Friedens nach dem starken Anfall sollte er seinen physischen Körper nicht verlassen.

Der Ausbilder betrachtete den jungen Mann, der in seinem Bett lag, schaute mich an und fragte mich:

„Erinnerst du dich an die konditionierten Reflexe von Pawlow[31]?“

Natürlich, ich konnte mich sehr gut an das berühmte Experiment mit Hunden erinnern, das auf andere Phänomene übertragen wurde.

„Nun ja“, fuhr Calderaro freundlich fort, „Marcelos Fall entspricht den gleichen Prinzipien. In vergangenen Leben hat er auf verschiedene Weise verfehlt und die Reue, eine zwingende Kraft im Dienste des Himmlischen Gesetzes, blieb in seinem Bewusstsein, welches alles wie ein aufmerksamer Wächter bewahrt. Nach einer intensiven Phase des spirituellen Sturzes lieferte seine Reue ihn gleich nach dem Tod des physischen Körpers an seine Feinde der niedrigen Ebenen aus und führte ihn zur Ernte der Dornen, die er gesät hatte. Als Konsequenz seiner Verfehlungen streifte er unausgeglichen umher, sein Geist war krank und dem Einfluss der ehemaligen Geschädigten ausgeliefert. Seine perispirituellen Zentren waren gestört und für längere Zeit beeinträchtigt. Mit der Unterstützung eines großen Mentors, der für ihn vermittelte, ist er nun in einem ruhigen Zustand und für eine wichtige Erlösungsarbeit wiedergeboren. Die wertvolle Hilfe von außen konnte jedoch seinen inneren Zustand nicht vollkommen verändern. Er wurde zwar von den erbarmungslosen Gegnern befreit, denen er nun helfen sollte, sein Perispirit behielt jedoch die genaue Erinnerung der Konflikte, die er außerhalb seines physischen Körpers ausgetragen hatte. Deswegen sind Marcelos motorische Zentren, der Ort der ‚bewussten Kräfte' in seinem gegenwärtigen Arbeitsfeld, eine ‚genesende perispirituelle Region'. Sie gleichen schmerzhaften Narben im physischen Körper. Da sein Gleichgewicht noch nicht gefestigt ist, empfindet der junge Mann starke psychische Stöße, wenn er sich

[31] Iwan Pawlow: (1849 – 1936) russischer Wissenschaftler und Verhaltensforscher

den ehemaligen Gegnern nähert. Seine Gefühle geraten durcheinander und das notwendige Gleichgewicht geht verloren. Der verwirrte Verstand, der nun in einem abnormalen Zustand ist, verlässt die Steuerung des Perispirits und des physischen Körpers und verschwendet die Energien in wilden Bewegungen. Diese Energien geraten nun in Konflikt. Sie senden Strahlungen mit niedriger Frequenz aus, die mit den Schwingungen der wirren Gedanken seiner Geschädigten übereinstimmen. Diese zerstörerischen Energien befallen die zarte Substanz der Großhirnrinde, schränken die Tätigkeiten der Kerngebiete ein und beeinträchtigen die Hauptsitze des Gedächtnisses, der Sprache, der Sinneswahrnehmung und unzähliger anderer Gebiete. Hierdurch entsteht ‚das große Übel' mit vielfältigen Symptomen, welches die Krampfanfälle verursacht. Der erschöpfte physische Körper gibt nach, wie ein ziellos treibendes Schiff."

Calderaros Ausführungen flößten mir großen Respekt für die moralischen Fundamente des Lebens ein. Ich begriff nun, warum die Psychiatrie ohne Einbeziehung des Geistes nicht möglich ist. Ich erinnerte mich an den jahrhundertlangen Streit zwischen Medizinern und Psychologen, an den Disput um die Richtlinien zur Behandlung von Geisteskranken. Mesmer[32] und Charcot[33], Pinel[34] und Broca[35] tauchten in meiner Vorstellung auf, welche nun mit neuen Erkenntnissen bereichert war.

Die Pause in Calderaros Erklärungen dauerte nicht lange. Ich muss in der Tat festhalten, dass seit unseren ersten Gesprächen diese Unterbrechungen üblich waren. Es schien mir, als ob der Assistent diese Unterbrechungen absichtlich einlegte, damit ich seine Erklärungen verinnerlichen konnte.

---

32 Franz Anton Mesmer: (1734 – 1815) deutscher Arzt und Magnetiseur

33 Jean-Martin Charcot: (1825-1893) französischer Arzt und Wissenschaftler

34 Philippe Pinel: (1745 – 1826) französischer Arzt und Psychiater

35 Paul Broca: (1824 – 1880) französischer Arzt, Wissenschaftler und Anthropologe

Er fuhr fort und antwortete auf meine nicht ausgesprochenen Fragen:

„Es ist nicht möglich die Geistesgestörten ausschließlich mit objektiven Prozessen zu heilen. Man muss in die Seele eindringen, den Kern der Persönlichkeit durchleuchten und die Auswirkungen lindern, indem man die Ursachen behandelt. Demzufolge werden wir kranke Körper ohne den Himmlischen Arzt der Seelen, Jesus Christus, nicht wiederherstellen können. Die Mediziner tun sehr viel, indem sie versuchen, die Fehlfunktionen der Zellen zu berichtigen. Es ist aber unbedingt nötig, auf die Ursachen der Störungen einzuwirken. Marcelos Fall ist nur eines der vielfältigen Gesichter des ‚Phänomen der Epilepsie', um die Sprache der inkarnierten Ärzte zu benutzen. Seine perispiritische Störung zeichnet sich durch eine äußerst komplexe Abstufung aus. Die Theorie der konditionierten Reflexe gilt nicht nur für Marcelo. Durch die Gewohnheit, sich leicht durch Wutausbrüche leiten zu lassen, schädigen Millionen von jähzornigen Personen ihre grundlegenden Nervenzentren. Indem sie ihren Verstand zügellos ausschweifen lassen, werden sie unter dem ‚kleinen Übel' leiden, sie werden frühzeitig dement, werden Neurastheniker aller Sorten oder Kranke mit epileptischen Anzeichen. Insulinschocktherapie oder Metrazol waren lange Zeit die empfohlene Behandlung. Im Gegensatz dazu wäre die Erziehung des Geistes und die Berichtigung der inneren Haltung im Alltagsgeschehen die effizientere und angemessenere Therapie, da diese erneuernd und langanhaltend wirkt. Mit dieser Aussage möchten wir die Arbeit der aufopfernden Psychiater nicht schmälern, welche ihr Leben im Dienste ihrer Nächsten verbringen. Erneuernde Schocks stellen für einige Kranke sicherlich eine sinnvolle Therapie dar und wirken durchaus wie eine Dusche für die ‚verstaubten Nervenbahnen'. Wir möchten lediglich klarstellen, dass der Mensch, durch sein Verhalten, die eigene

Seele stärken oder schädigen kann. Der Selbstlose, der gelernt hat, sich zugunsten der Allgemeinheit aufzuopfern, vergrößert sein Guthaben für die Ewigkeit. Der Mörder, welcher den Tod und die Finsternis um sich herum verbreitet, bestimmt die Vorherrschaft des Leidens und der Dunkelheit in seinem Inneren. Wir müssen auf den Grund der Störungen zurückgreifen, wenn wir Geschwistern erfolgreich helfen wollen, die als Konsequenz ihrer Handlungen unter perispiritischen Verletzungen leiden, welche durch die Universelle Gerechtigkeit erlassen wurden. Die Heilung wird nicht durch Wortgefechte der Psychoanalyse herbeigeführt, sondern durch die Kraft der Brüderlichkeit und der Liebe. Nur so werden die Kranken das notwendige Verständnis erlangen, um die eigenen Kräfte anzupassen…"

In diesem Moment stand Marcelo wieder auf. Der Ausbilder unterbrach die Erklärung und lud ihn ein, wieder zu uns zu stoßen.

Der junge Mann umarmte uns gerührt.

„Na ja", sagte er und blickte demütig auf Calderaro, „ich wurde schwach und stürzte…"

„Aber nein!", widersprach der Betreuer. „Das war kein Sturz. Du bist noch im Erneuerungsprozess und wir dürfen die Realität nicht außer Acht lassen. Deine Bemühung ist lobenswert, aber alles braucht seine Zeit."

Er lächelte und betonte:

„In früheren Zeiten hast du die wertvolle Gelegenheit verpasst, dem Pfad zu folgen, der zur Vollkommenheit führt. Du bist abgerutscht, entglitten… Jetzt musst du den Aufstieg vorsichtig wieder beginnen. Der Vogel mit schwachen Flügeln darf sich beim Flug nicht übernehmen."

Marcelo schöpfte neue Hoffnungen. Er blickte dankbar auf Calderaro und fragte:

„Glaubst du, dass ich Schlafmittel nehmen sollte?"

„Nein. Diese Medikamente sind nur in den schweren Phasen absoluter geistiger Ignoranz hilfreich, wenn es nötig ist, die Nervenzellen vor den möglichen Konflikten des Perispirits zu schützen. In deinem Fall, Marcelo, für dein Bewusstsein, das schon für die höhere Spiritualität aufgewacht ist, ist die wirksame Medizin der bejahende Glaube, das Selbstvertrauen, die ehrbare Arbeit, die veredelnden Gedanken. Indem du dich im Haus der höheren Vorstellungen aufhältst, wirst du die Störungen im Wohnsitz der automatischen Impulse besiegen. Du musst die erneuernde und edle Aufgabe anpacken, welche dir im Bereich deiner eigenen Erleuchtung und zum Wohl deines Nächsten zugewiesen wurde. Medikamente können Gewaltherrschaft über den physischen Körper ausüben und nützlich sein, wenn der Geist nicht fähig ist, sie mittels erzieherischen Faktoren zu kontrollieren."

Der junge Mann küsste zärtlich Calderaros Hände. Dieser verbarg seine Ergriffenheit, indem er wohlgelaunt weiter sprach:

„Wir haben noch nichts getan, um die Dankbarkeit irgendeiner Kreatur zu verdienen. Wir sind lediglich unvollkommene Arbeiter im Dienst und die Arbeit ist die größte Kraft, die unsere eigene Unvollkommenheit ans Licht bringt. Jesus ist unser himmlischer Gläubiger und wir dürfen Seine unendliche Güte nicht vergessen."

Er streichelte über Marcelos Haare und betonte:

„Du hast schon auf Seine himmlischen Worte gehört. ‚Damit dir nicht noch Schlimmeres zustößt'[36] , hast du das Böse verlassen. Du bist jetzt glücklich. In der Tat, wir alle sind heute glücklich, denn unser gegenwärtiges Ziel ist die Verwirklichung des Reiches Gottes in uns selbst, mit Christus. Lasst uns mit

[36] „... zustößt": Joh 5,14

Ihm, durch Ihn und für Ihn arbeiten, lasst uns das Schädliche in uns für immer besiegen."

Marcelo umarmte uns wie ein geliebter Sohn und wir starteten gemeinsam zu einer angenehmen Studienreise, während sein physischer Körper friedlich ruhte.

9
Medialität

Marcelos beeindruckender Fall interessierte mich sehr und deshalb stellte ich am nächsten Tag einige Fragen an Calderaro, die mich stark beschäftigten:

„Sind die konditionierten Reflexe nicht auch bei verschiedenen medialen Phänomenen vertreten? Können sie nicht die unbewussten Mystifizierungen erklären, welche oft die Kreise der inkarnierten Medien stören? Einige ehrliche und ergebene Kenner des Spiritismus erkannten die Gefahren im Bereich der Medialität und stellten die Hypothese des Animismus[37] des eigenen Mediums auf, der anstatt der entkörperten Wesenheit in Erscheinung tritt. Kann man diese Theorie für diesen Fall anwenden? Werden die Gedanken des Mediums unter Beschwörung von manchen Bildern nicht durch bestimmte Assoziationen beeinflusst und beeinträchtigen diese nicht den Austausch zwischen den irdischen Menschen und den Bewohnern des Jenseits?“

---

[37] Animismus: ein Phänomen der spiritistischen Lehre, bei dem sich der eigene Geist des Mediums manifestiert

Dieses Eingreifen könnte in vielen Fällen zu starken Störungen führen. Ich bedachte die Bemerkungen, die ich in letzter Zeit in verschiedenen spiritistischen Zentren über das Thema gehört hatte, und fragte mich selbst, ob das Problem in Verbindung mit Pavlovs Prinzipien stand.

Der Ausbilder hörte all meinen Ausführungen geduldig zu und antwortete freundlich:

„Diese Gedanken verlangen eine ausführliche Betrachtung. Die Animismus These hat ihre Berechtigung. Gewissenhafte und ehrliche Forscher haben sie aufgestellt, um mögliche Übertreibungen der Phantasie zu verhindern. Sie wird jedoch von den meisten unserer inkarnierten Mitarbeiter missbraucht, sie machen aus ihr eine Waffe der Inquisition, anstatt sie in Barmherzigkeit als erzieherisches Element zu nutzen. Tausende fliehen ängstlich vor der Arbeit, sie scheuen sich vor den Unannehmlichkeiten der Einführung in die Medialität, weil sich der Animismus in einen Zerberus[38] verwandelt hat. Ernste und erbauliche Aussagen verwandelten sich in bedrückende Systeme und halten die Anwärter im Dienst zurück. Man verlangt von den Interessierten von Anfang an absolute Präzision und vergisst dabei die elementaren natürlichen Gesetze des Lernens und des Übens. Unzählige Freunde ziehen sich in Schlösser von Theorien zurück und wenn sie sich für den hohen Dienst des Austausches mit unserer Sphäre versammeln, gehen sie nicht auf die Diener ein, die sich noch mit der Zeit und Anstrengung vervollkommnen müssen. Sie verlangen lediglich fertige Kommunikationsapparate, als ob das spirituelle Licht, gleich wie das elektrische Licht, eine gewöhnliche Lampe benötigt. Kein Baum bringt von klein auf Frucht und jede noble Fähigkeit erfordert den nötigen Schliff. Die Medialität hat ihre Entwicklung, ihren Bereich und ihren Weg. Auch der Lehrling der höheren Kurse musste die

[38] Zerberus: (griech. Mythologie) mehrköpfiger Höllenhund, der die Tore der Unterwelt bewacht

vorbereitenden Lektionen durch einige Jahre Kampf, Bemühung und Disziplin fleißig erlernen. Daher unsere berechtigte Sorge bezüglich der These des Animismus, welche die ganze Verantwortung der spirituellen Arbeit auf einen einzigen Kopf bündeln will, den Kopf des Mediums. Wir brauchen stärkeren Zuspruch, um den beginnenden Mitarbeiter aufzumuntern und ihm auf seinem Pfad größere Kenntnisse zu gewähren, damit die heiligende Spiritualität die Phänomene und die Lehre des Geistes eindringen kann."

Ich wagte es nicht, die kleine Pause zu unterbrechen, denn ich war fasziniert von der Erhabenheit der Ideen. Calderaro fuhr anschließend fort:

„Kommen wir auf deinen Gedanken zurück. Die konditionierten Reflexe passen tatsächlich zu diesem Thema. Wir müssen vorerst jedoch einen ernstzunehmenden Bereich untersuchen. Pawlows Tiere zeigten Erinnerungsvermögen. Sie merkten sich Tatsachen durch spontane Assoziationen. Das heißt, sie mobilisierten feinstoffliche Materie, unabhängig ihres physischen Körpers, sie spielten mit geistigen Energien in ihrem Apparat der primitiven Impulse. Wenn das ‚bruchstückhafte Bewusstsein' der untersuchten Tiere fähig war, diese Energie zu nutzen und die Wiederholung von bestimmten Phänomenen im zellularen Bereich provozieren konnte, welche Wunder kann der Geist eines Menschen wohl bewirken, wenn er nicht nur einfach konditionierten Reflexen nachgibt, sondern den Ausstrahlungen eines anderen Geistes folgt, der mit seinem Schwingungsbereich übereinstimmt? Innerhalb solcher Prinzipien ist es zwingend notwendig, dass das Medium innerlich wächst. Unbekannte und außergewöhnliche Ereignisse beschäftigen unser Leben überall, aber Erhöhung hängt von eifriger Suche ab. Niemand wird die Gnade der Ernte ohne den Schweiß der Aussaat erhalten. Die meisten unserer Freunde scheinen leider diese Voraussetzung von Arbeit und Mitwirkung nicht zu kennen. Sie verlangen vollständig entwickelte Fähigkeiten. Das Medium wird automatisch deklassiert, wenn es nicht das Glück hat, vollkommene Harmonie mit den Entkörperten im dreifachen Bereich der geistigen, perispirituellen und physischen Kräfte zeigen zu können. Verstehst du das Problem?"

Ja, ich begann zu verstehen. Die Aufklärungen waren jedoch zu faszinierend und ich traute mich nicht, einen Kommentar abzugeben. Deshalb wartete ich als bescheidener Lehrling auf die Fortsetzung der Belehrung.

Der Assistent bemerkte meine innere Haltung und nahm die Ausführung wieder auf:

„Suchen wir ein einfaches Symbol und stellen wir uns das Medium als eine Brücke vor, welche zwei Sphären verbindet. Aufgrund der Verschiedenheit der Materie im Schwingungsbereich gibt es eine Kluft zwischen diesen zwei Sphären. Um ein einigermaßen verlässliches Instrument zu sein, muss das Medium gelernt haben, sich unterzuordnen. Jedoch nicht alle Medien schaffen es, dies in kurzer Zeit zu erreichen: es verlangt Hingabe an das Glück des Nächsten, hohes Verständnis für das Allgemeinwohl, einen fortgeschrittenen Geist in Brüderlichkeit und gelassene Überlegenheit bei den Kämpfen gegen fremde Meinungen. Um solch einen Zustand zu erreichen, muss man oft im ‚Haus der höheren Vorstellungen' Zuflucht suchen. Der Geist des Dieners muss sich in den höheren Regionen des Seins ansiedeln, wo er den Wert der erhabenen Ideen lernen wird, er wird sich erneuern, verfeinern und Beispiel sein für diejenigen, die ihm folgen werden. Um in der Gegenwart zu helfen, muss der Mensch in der Zukunft leben. Schmerzhafte Einsamkeit und Unverständnis sind oft der Preis dafür, an der Spitze zu liegen. Diese Position jedoch stellt den Paragraph des Gesetzes dar: Wir müssen erst erarbeiten, bevor wir geben können. Niemand kann Wege zeigen, die er nicht selber gelaufen ist. Daher kommt die Notwendigkeit, im Bereich der erbauenden Medialität die Energien im höheren Heiligtum der Persönlichkeit zu festigen. Wir müssen erkennen, dass Phänomene, egal welcher Art, die Kreaturen überall belagern. Die wahre Wissenschaft offenbart allmählich die Kräfte und Vorgänge der Natur, die sich bis dahin vor unserer bescheidenen Auffassungsgabe verborgen hielten. Da wir Kinder des Offenbarenden Gottes sind, unser unendlich großer Schöpfer, dürfen wir erwarten, dass sich uns immer unbegrenzte Beobachtungsfelder offenbaren, dessen Türen sich entsprechend unserem Wunsch nach Erkenntnis und unserem Verdienst öffnen. Deshalb, André, sagen wir, dass die schönste und stabilste Medialität zwischen den Menschen unter dem Einfluss der reinen Intuition beginnt. Angetrieben durch die Phänomene, die ihn umgaben, erfüllte Moses seine Aufgaben. Stark ergriffen erhielt er die erhabenen Prinzipien des Dekalogs[39] und spürte die Wesenheiten und die materialisierte Stimme der spirituellen Ebene. Jedoch, auch wenn er seinem Volk das Gebot ‚Du sollst nicht morden'[40] vermittelte, zeigte er sich nicht so sehr geneigt, das Leben seines Nächsten zu respektieren. Seine Lehre, obwohl ehrwürdig, basierte auf Ausschließlichkeitsanspruch und Angst. Jesus verkörperte eine ganz andere Medialität. Der Meister blieb durch sein Bewusstsein und durch sein Herz in ständigem Kontakt mit dem Vater. Er übermittelte den Menschen die Himmlische Offenbarung, indem er sie vorlebte. Er verlangte keine Gerechtigkeit, er bat nicht um sofortiges Verständnis. Er liebte die Kreaturen, diente ihnen und blieb mit Gott verbunden. Deshalb ist die ‚Frohe Botschaft' voller universeller Liebe und vertrauenswürdig. Wir sehen nun zwei grundlegend verschiedene Boten des Himmels, die uns zeigen, welches das erstrebenswerte Vorbild ist. In der gewöhnlichen Medialität dient der Mitarbeiter mit seiner eigenen geistigen Materie. Dadurch leidet das Phänomen an natürlichen Ungenauigkeiten und kann der irdischen Forschung oft nicht standhalten. Nachdem sich das Medium den

[39] Dekalog: die Zehn Gebote

[40] ‚Du sollst nicht morden': Deut 5,17

nobleren Erfordernissen des persönlichen Verzichts angepasst hat, wird es den inneren Tempel des Dienstes erbauen können, wo es die Überlegenheit des himmlischen Programms über die eigenen menschlichen Launen erkennen wird. Dies geschieht jedoch nie aus dem Stehgreif, sondern nur durch unaufhörliche Arbeit. Wenn das Medium soweit ist, wird es für die Einstimmung mit einer größeren Anzahl Inkarnierter und Entkörperter bereit sein, es wird ihnen als hilfsbereite Brücke dienen und ihnen ermöglichen, trotz der unterschiedlichen Evolutionsstufe, erbauende Gespräche zu führen. Ich muss aber betonen: Wir beziehen uns hier nicht auf zufällige Fähigkeiten, die willkürlich auftauchen und verschwinden, wenn die Kandidaten zum Dienst keinen Sinn für Ordnung und Disziplin haben. Diese sind keine verlässlichen Partner für die unterschiedlichen Sphären. Wir sprechen über die Medialität, die vom Mitarbeiter akzeptiert wurde und jederzeit für das Allgemeinwohl abrufbar ist. Wenn wir über die Aktivitäten und Aufgaben sprechen, müssen wir die Normen betonen, die dazu gehören und dies ist bezeichnend für die spirituellen Arbeitsmittel in den höheren Sphären. Selbstverständlich kann man alle diese Eigenschaften nicht auf einmal erlangen, jedes Werk muss klein anfangen."

Meine Augen verrieten sicherlich meinen inneren Aufruhr über diese Erklärungen, denn der Assistent veränderte seine Tonlage und versuchte mich zu beruhigen:

„Zurück zu Christus. Der Meister lebte auf dem ‚himmlischen Berg des Bewusstseins' und bahnte Wege in die irdischen Täler. Keiner von uns ist so vermessen zu behaupten, Jesus gleich zu sein, wir müssen uns jedoch von seinen Lektionen inspirieren lassen. Es gibt Millionen von menschlichen Wesen, Inkarnierte und Entkörperte, deren Geist in den niedrigen Regionen der Impulse verharrt, sie sind gefesselt durch instinktive Leidenschaften und Überreste der verdorbenen Vergangenheit. Sie haben sich den konditionierten Reflexen des störenden Aufruhrs wehrlos ausgeliefert und bleiben darin gefangen. Viele andere, im oder außerhalb des physischen Körpers, verharren in kopfloser Aktivität, in ziellosen Zuneigungszuständen, in wirrer Anhänglichkeit zum verlorenen Körper oder in Situationen, die nicht mehr gerechtfertigt sind. Andere verharren in der scheinheiligen Haltung des exklusiven religiösen Mystizismus ohne persönliche Verwirklichungen im Bereich der Erfahrung und Verdienst, durch die sie in die Felder der unverfälschten Erhöhung Zutritt erhalten. Ohne den physischen Körper bleibt die Situation des Perispirit fast immer unverändert. Der perispiritische Körper ist das Ergebnis von geduldiger Arbeit und langer Evolution. Dieser Organismus besteht zwar aus plastischerer und subtilerer Substanz als die des physischen Körpers, ist jedoch immer noch ein stofflicher Leib, in dem das Bewusstsein untergebracht ist. Viele Menschen auf der Erdoberfläche denken, dass uns der Himmel ein Engelsgewand bereithält, sobald der physische Körper ins Grab gelegt wird. Das ist ein großer Fehler. Selbstverständlich sprechen wir jetzt weder über Geistwesen der Klasse eines Franziskus von Assisi[41] noch über äußerst grausame Kreaturen, die einen und die anderen passen nicht in dieses Bild. Die beiden Extreme der irdischen Evolution werden von uns hier nicht behandelt. Wir reden von gewöhnlichen Personen wie wir selbst, die sich in der fortschreitenden gewöhnlichen Pilgerfahrt befinden und kommen zu dem Schluss, dass entsprechend dem von uns gepflegten geistigen Zustand, inkarnierte oder entkörperte Wesenheiten von uns angezogen werden und dementsprechend wir von ihnen indirekt benutzt werden. Die Wahrheit ist, mein Freund, dass hunderte von Millionen Menschen und Geistwesen auf erleuchtete Medien angewiesen sind, die die Fähigkeit haben, sie in Verbindung mit den Quellen des Hohen Speichers zu bringen. Wir alle bedürfen der Hilfe von Oben, wir brauchen die Unterstützung von Wohltätern, die sich über unserer Sphäre be-

[41] Franziskus von Assisi: (ca. 1181-1226) italienischer Mönch, lebte streng nach Jesu Lehre

finden. Dafür müssen wir Empfangsmittel schulen. Unsere Seele durstet nach Licht, wie der physische Körper nach dem Brot hungert. Liebe und Weisheit sind himmlische Substanzen, die unsere Vitalität erhalten."

Der Ausbilder machte eine kleine Unterbrechung und fügte anschließend hinzu:

„Begreifst du jetzt die Wichtigkeit der Medialität, das heißt, die Erhöhung unserer Empfängerqualitäten, um die notwendige Übereinstimmung mit den Quellen des höheren Lebens zu erlangen?"

Ja, antwortete ich, ich verstand seine Ausführungen und dachte über ihre Bedeutung nach.

„Das ist keine Arbeit, die man von außen nach innen bewerkstelligen kann", fuhr Calderaro fort, „sondern von innen nach außen. Begeistert von dem Traum der Illusion kann der inkarnierte Mensch durchaus mit dem Phänomen der Medialität anfangen. In dem Maße, dass die tiefen Energien des Bewusstseins erwachen, spürt er jedoch die Notwendigkeit der inneren Anpassung und kehrt zur Ursache zurück, um die Ergebnisse zu verbessern. Das ist eine Entwicklung, die Zeit und Geduld verlangt..."

An diesem Punkt des Gespräches lud mich der Betreuer ein, bei der Unterstützung einer Dame beizutragen. Sie war ein Medium im Lernprozess und erhielt seit einiger Zeit seine Hilfe, um mit der notwendigen Stärke und Gelassenheit ihre Aufgabe weiterzuführen.

Der liebenswürdige Gesprächspartner beendete seine Ausführung:

„Dieser Fall ist für deine Fragestellung geeignet. Du wirst die Hindernisse, die von der These des Animismus aufgestellt werden, beobachten können."

Genau um 20.00 Uhr betraten wir den wohnlichen Raum. Viele Wesenheiten aus unserer Ebene waren schon dort neben den elf inkarnierten Freunden, die sich in einer nicht öffentlichen Sitzung befanden. Sie widmeten sich dem Gebet und der psychischen Entwicklung. Gleich am Eingang empfing uns ein aufmerksamer Mitarbeiter, dem ich vorgestellt wurde.

Er fasste sofort einige Informationen zusammen und ich notierte sie mir. Er war ebenfalls Arzt gewesen. Bevor er seine alten Pläne von barmherziger Unterstützung an seinen unzähligen armen Kranken konkretisieren konnte, war seine physische Existenz beendet. Er bewahrte die Freude eines ruhigen Gewissens und hatte sein Möglichstes für das Allgemeinwohl getan. Nun erahnte er die Möglichkeit, auch von unserer Sphäre aus zu wirken und erhielt die Erlaubnis, jene kleine Gruppe zu unterstützen. Sein Ziel war es, einen Hilfsplan für verlassene Kranke durchzuführen. Der Austausch mit entkörperten Wesenheiten kann zwar die Menschen nicht von einem Tag auf den anderen in Engel verwandeln, kann ihnen aber helfen, bessere Kreaturen zu werden. Es ist unmöglich, innerhalb einiger Wochen das Paradies auf der Erde einzurichten. Es ist jedoch legitim, zur Vervollkommnung der irdischen Gesellschaft beizutragen, die Übung des Guten und die Vorliebe zur Brüderlichkeit zu fördern. Deshalb war er dort, er wollte zum Schutz der benachteiligten Kranken beitragen.

Begeistert hörte ich seiner Argumentation zu und schwieg. Nachdem sich Calderaro ein Bild der Geschehnisse gemacht hatte, fragte er zuvorkommend:

„Wie weit haben sich deine hohen Vorhaben entwickelt?"

„Es ist nicht ganz einfach", antwortete der neue Freund. „Die mir zur Verfügung stehenden Kommunikationsmittel sind für die meisten inkarnierten Partner nicht vertrauenswürdig genug. Ehrlich gesagt, ich bin nicht daran interessiert, hier mit einem berühmten Namen zu erscheinen oder neue Thesen in Konkurrenz zu den irdischen Ärzten aufzustellen. Das einzige, was mich gegenwärtig bewegt, ist der gesunde Wunsch, Gutes zu tun. Aber..."

„Hat die Gruppe deine Bitten durch Eulália noch nicht verinnerlicht?", fragte mein Ausbilder.

„Nein, noch nicht. Immer der gleiche Verdacht von Animismus, von unbewusster Mystifizierung..."

Wir unterhielten uns noch, als der spirituelle Leiter des Hauses unseren Gesprächspartner bat, sich mit dem Medium in Verbindung zu setzen. Die festgesetzte Zeit war gekommen und er durfte sich Eulália nähern.

Wir traten an die Gruppe heran, die in tiefer Konzentration versunken war.

Unser neuer Freund näherte sich einer vornehmen Dame und sicherlich versuchte er ihr die Nachricht anzuvertrauen, die er an die physische Welt senden wollte. Calderaro lenkte meine Aufmerksamkeit auf die Versammlung:

„Achte auf die Gruppe. Ich habe meine Beobachtungen schon gemacht. Von den elf Versammelten befinden sich acht in positiver Haltung, die anderen drei Personen eignen sich nicht. Die acht zeigen Passivität und können deshalb als Medium wirken. Wenn du Schwester Eulália genau beobachtest, wirst du erkennen, dass ihr Empfangszustand am höchsten entwickelt ist. Von den acht möglichen Mitarbeitern ist sie diejenige, die dem notwendigen Typus am meisten ähnelt. Die Elemente in ihrem psychophysischen Organismus zeigen jedoch keine perfekte Affinität mit denen unseres Freundes. Unsere Mitarbeiterin kann ihm nicht alle perispiritischen Zentren zur Verfügung stellen, sie ist nicht fähig, sich in die gleiche Schwingungsebene des Arztes zu erhöhen. Sie besitzt nicht genügend ‚inneren Raum', um an all seinen Ideen und Erkenntnissen teilzunehmen. Sie kann seine Begeisterung für die Wissenschaft nicht vollständig verinnerlichen und weitergeben, da sie diese notwendigen ‚Evolutionstasten' weder aus den früheren Leben mitgebracht noch in diesem gegenwärtigen Leben aufgebaut hat, was nur durch engagierte Arbeit gelingen kann. Eulália zeigt jedoch den schöpferischen guten Willen. Ohne diese großartige Eigenschaft ist die Erhöhung in die erhabenen Regionen des Lebens unmöglich. Dieser Wille ist die wichtigste Tür, durch welche sie mit dem entkörperten Arzt in Verbindung treten wird. Um seine noblen Ziele zu erreichen, sieht er sich seinerseits durch die gegebenen Umstände gezwungen, das offizielle Vokabular, die wissenschaftlichen Details, den ihm eigenen Wortschatz und die neuen Definitionen beiseite zu lassen. Sein Ruhm, der ihn im Kreise seiner Bekannten und Klienten auszeichnete, ist hier auch nicht von Nutzen. Um eine präzise Mitteilung durchzugeben, muss er sich mit Eulália identifizieren und auch er muss seinen guten Willen anwenden. Indem er diese Kommunikationsform benutzt, wird er vor allem auf die beiderseitige geistige Gemeinschaft zurückgreifen. Er wird den Einfluss auf die neuropsychischen Zentren so gering wie möglich halten. Es ist so, dass im Bereich der Medialität, die verschiedenen Fähigkeiten identisch sein mögen, aber die Abstufungen der Empfangsfähigkeiten sind enorm unterschiedlich, sie sind genauso vielfältig wie es auch die Personen sind."

Der Ausbilder schwieg eine Weile und fuhr dann fort:

„Vergiss nicht, dass wir hier eine Mannschaft von Arbeitern im Experimentierbereich bilden. Weder hat der mögliche Mitteiler die Basis seines Projektes konkretisiert noch hat das Medium die notwendige Klarheit und Durchlässigkeit erlangt, um mit ihm zu kooperieren. In einem Feld von definierten Aktivitäten in diesem Bereich könnten wir ungezwungen agieren. Hier nicht: Unsere Vorgehensweise soll sich durch geistige Neutralität auszeichnen, nicht durch Einmischung. Indem wir verstehen, dass alle Mittel zugunsten des Erfolgs der lobenswerten Erbauung benutzt werden sollen, wird keiner von uns sich einmischen, indem er stört oder

Zeit verschwendet. Wir dürfen Ideen austauschen, das Geschehen analysieren. Dies muss allerdings absolut leidenschaftslos erfolgen. Der Moment gehört dem Mitteiler, der über keinen vollkommeneren Apparat für die Übermittlung verfügt."

Er zeigte auf den Arzt, der aufrecht neben Eulália stand. Sein Geist erstrahlte in einer bewundernswerten Bemühung, die natürliche Mauer zwischen unserer Sphäre und der Sphäre der dichten Materie zu überwinden.

„Beachte die Einzelheiten der Arbeit", sagte Calderaro in einer bedeutsamen Tonlage. „Alle Mitarbeiter, die in Empfangsbereitschaft sind, absorbieren die geistige Aussendung des Mitteilers auf ihre eigene Art. Beobachte in aller Ruhe."

Ich lief um den Tisch und stellte fest, dass die positiven Strahlen des Arztes in der Tat auf acht Personen trafen. Ich erkannte, dass das Hauptanliegen unseres Freundes, das Projekt zur Unterstützung von Kranken, das Gehirn derjenigen erreichte, die sich in passivem Zustand hielten. Jedes Geschwister erhielt im Bereich der Verdichtung der geistigen Energien den beeinflussenden Strom, der in ihnen, gemäß den Psychoanalytikern, freie Assoziationen hervorrief.

Ich richtete meine Aufmerksamkeit auf die Einzelheiten des Vorgangs.

Der Empfang der Ausstrahlung des Arbeiters des Guten rief verschiedenste Reaktionen hervor. Ein Herr erinnerte sich an eine rührende Szene in einem Krankenhaus. Ein anderer dachte an das Beispiel einer mit ihm befreundeten gütigen Krankenschwester. Ein weiterer empfand Sympathiegedanken für die hilflosen Patienten. Zwei Frauen erinnerten sich an die barmherzige Mission Vinzenz von Pauls[42] . Eine alte Dame bekam die Idee, einige bettlägerige Freunde zu besuchen. Einem jungen Mann fielen wieder bemer-

[42] Vinzenz von Paul: (1581-1660) franz. Priester

kenswerte Schriften über die barmherzige Pietät mit allen Geschwistern ein, die sich im physischen Ungleichgewicht befinden.

Ich betrachtete ebenfalls die drei Personen, die dem wohltätigen Dienst jener Stunde undurchlässig blieben. Zwei von ihnen waren verärgert, weil sie eine Kinovorstellung verpasst hatten und die andere, im fortgeschrittenen Alter, weilte mit ihren Gedanken bei den Aufgaben im Haushalt, welche für sie wichtig und unaufschiebbar schienen, obwohl sie eigentlich vom Frieden des Gebetskreises profitieren sollte.

Lediglich Eulália erhielt das Gesuch des Mitteilers in einer klaren Form. Sie spürte ihn neben sich und war in seine Gedanken verstrickt. Sie war nicht nur von Aufnahmebereitschaft durchdrungen, sondern war auch bereit, ihm zu dienen.

Nach einigen Minuten stiller Erwartung und Vorbereitung begann die Hand des Mediums, entsprechend den Anweisungen des Arztes und mit Hilfe des psychophysischen Antriebs des Mediums, zaghaft zu schreiben. Die unregelmäßigen Schriftzeichen verrieten den natürlichen Konflikt zwischen den „zwei psychischen Welten", welche zwar unterschiedlich waren, sich aber in einem einzigen Ziel vereinten: die Schöpfung eines erhabenen Werkes.

Interessiert verfolgte ich die Szene.

Nach einigen Augenblicken wurde der kleine Text vorgelesen.

Die Botschaft war schlicht formuliert und enthielt einen geschwisterlichen Aufruf.

„Meine Brüder und Schwestern, Gott segne euch. Wir setzen uns für das Gute ein, lasst uns bei der Unterstützung der Kranken mitarbeiten, die in den langen irdischen Prüfungen unserer Hilfe bedürfen. Der Dienst gehört zum guten Willen, verbunden mit dem lebendigen Glauben. Die Aussaat verlangt aufopfernde Diener, welche der Erschöpfung, der Traurigkeit und der Mutlosigkeit trotzen. Lasst uns voranschreiten. Jegliches kleine Zeichen von eigener Bemühung in der Verwirklichung der Barmherzigkeit wird den himmlischen Segen vom Herrn erhalten. Lernen wir deshalb unseren kranken Freunden zu helfen. Oft vollkommen verlassen, leiden und weinen sie in der dunklen Nacht der Qualen. Schmerzt euch die Betrachtung solcher Bilder nicht? Erinnern wir uns an den Himmlischen Arzt, der auf die Welt kam und Gutes tat. Wir werden von Ihm die notwendige Kraft erhalten um voranzuschreiten. Er wird mit uns den weiten Weg des Erbarmens mit den Leidenden gehen. Wir vertrauen auf euch, auf eure Hingabe an die Sache der barmherzigen Güte. Der Weg wird möglicherweise beschwerlich und steil sein, Jesus Christus wird uns jedoch stets begleiten. Fahren wir furchtlos fort, der Herr möge uns immer und ewig segnen."

Der Arzt unterschrieb mit seinem Namen und nach einigen Minuten waren die spirituellen Dienste des Abends beendet.

Der Leiter der Sitzung und die anderen Freunde begannen, die Botschaft näher zu untersuchen und zu besprechen. Man war sich einig, dass sie im Grunde erbauend war, aber keine überzeugenden Zeichen von persönlicher Identität zeigte. Möglicherweise stammte sie nicht von dem bekannten Fachmann, der sie unterschrieben hatte. Ihr fehlten die speziellen Eigenschaften, denn ein Arzt würde einen entsprechenden Wortschatz benutzen und von Allgemeinheiten Abstand nehmen.

Die These des Animismus erschien als Rettungsboot für alle. Das Gespräch wechselte zu komplizierten Berichten der europäischen Welt: Sie sprachen ausführlich über Richet und über die internationale Parapsychologie. Namen wie Pierre Janet[43] , Charcot, De Rochas[44] und Aksakof[45] wurden oft erwähnt.

---

[43] Pierre Janet: (1859 – 1947) franz. Philosoph und Psychotherapeut

[44] Albert De Rochas d'Aiglun: (1837-1914) franz. Ingenieur, studierte psychische Phänomene

[45] Alexandre Aksakof: (1832 – 1903) russ. Diplomat, widmete sich der Studie der spiritistischen Phänomene

Der Mitteiler aus unserer Sphäre wandte sich enttäuscht an meinen Betreuer und sagte:

„Na so was! Das wollte ich nicht. So eine polemische Diskussion wollte ich nicht entfachen. Wir haben ja etwas ganz anderes vor. Uns würde ein klein bisschen Liebe für die Kranken ausreichen, mehr verlangen wir nicht."

Calderaro lächelte, ohne etwas zu sagen. Ein wichtigeres Anliegen beschäftigte ihn offensichtlich mehr, denn er näherte sich der traurigen Eulália.

Das Medium hörte sichtlich verbittert die intellektuellen Bemerkungen der Gruppe an.

Eulálias Geist war jetzt betrübt, verschleiert mit dichten Zweifeln. Die Argumentation benebelte ihren Verstand. Tränen standen in ihren Augen.

Der Ausbilder sagte zu mir:

„Unsere inkarnierten Freunde untersuchen die Situationen nicht immer unter dem Blickwinkel der wahren Gerechtigkeit. Eulália ist eine wertvolle und ehrliche Mitarbeiterin. Sie hat die Erkenntnisse im wissenschaftlichen Bereich noch nicht erlangt, ist aber so reich an Liebe, dass sie zur Aussaat des Lichtes beitragen kann. Zwischen diesen unvorsichtigen Freunden ist sie aber schutzlos. Sie ist allein und unter dieser massiven Bedrängnis ist es durchaus möglich, dass sie zusammenbricht. Wir müssen ihr sofort helfen."

Der Assistent legte seine rechte Hand flach auf den Kopf unserer ehrwürdigen Schwester und aus seiner Handfläche floss ein erneuernder Strom leuchtender Strahlen, dieser wanderte durch ihr Gehirn bis zum Brustkorb.

Das zuvor gequälte Medium, das sich mühsam zurückhielt, auf die Meinungen zu reagieren, wurde wieder gelassen. Die Enttäuschung und die zerstörende Traurigkeit wichen von ihr. Die perispiritischen Zentren kehrten zur Normalität zurück, die Epiphyse strahlte ein mildes Licht aus. Die Wolken des Kummers, die in ihrem Geist auftauchten, verflüchtigten sich fast wie von Zauberhand. Unterstützt durch die direkte Beeinflussung meines Betreuers wurde Eulália befähigt, die Probleme der Medialität zu erkennen und tauchte allmählich in die sanfte Atmosphäre des Verständnisses ein.

Nachdem der Ausbilder ihre Gelassenheit wieder hergestellt hatte, behielt er die Hände weiterhin auf ihren Frontallapppen und wirkte über die Hemmfasern. Ich stellte eine neue Veränderung fest. Offensichtlich zog sich der Geist des Mediums in sich selbst zurück, Eulália kümmerte sich nicht mehr um das Gespräch um sie herum und begann, auf unsere Sphäre zu achten. Ohne dass sie es bemerkte, schnitt der wohltuende Kontakt mit dem Assistent ihr Interesse für die fruchtlosen Bemerkungen ab und lud sie zu einem intensiveren Austausch mit uns ein.

Wie ein zärtlicher Vater behielt Calderaro seine Hände auf ihrem Kopf, neigte sich an ihr Ohr und sprach liebevoll:

„Eulália, lass dich nicht entmutigen! Der Glaube ist die Kraft, welche die fortgeschrittenen Seelen im Kampf für den Sieg des himmlischen Lichts und der universellen Liebe aufrechterhält. Unsere Freunde verurteilen dich nicht und wollen dich nicht verletzen. Sie schlafen lediglich in der Illusion und träumen fern von der Wahrheit. Verzeihe ihnen ihre gegenwärtige Belanglosigkeit. Später werden sie für die Bemühung, das Gute zu verbreiten, aufwachen… Sie untersuchen mit den Augen die Oberfläche der Dinge, aber ihre Ohren haben den sublimen Appell zur Erlösung noch nicht vernommen. Lass uns vorangehen. Wir werden dir in deinem tagtäglichen Dienst beistehen. Man muss immer lieben und verzeihen, den dunklen Tag vergessen, um die leuchtenden Jahrtausende zu erreichen. Gib nicht auf! Der Ewige Vater wird dich segnen."

Ich bemerkte, dass Eulália die Worte nicht mit den physischen Trommelfellen registrierte. Ihre Frontallappen leuchteten stark. Erfüllt mit tröstender und gesegneter Wärme sammelten sich die bewegenden Worte des Ausbilders in ihrem Gehirn und in ihrem Herz, wie erhabene Gedanken aus dem Himmel.

Ja – antwortete die ergebene Mitarbeiterin im Geiste, denn ihre Lippen schwiegen in der für die Gruppe unverständlichen Stille – Ich werde bis zum Schluss arbeiten, in dem Bewusstsein, dass der Dienst der Wahrheit dem Herrn gehört und nicht den Menschen. Ich werde die Hiebe vergessen. Ich werde die Einwände der anderen annehmen und diese in Hilfe verwandeln. Ich werde die entmutigenden Äußerungen in neue Energie umwandeln. Immer wenn mir die eigenen Fehler durch die Ehrlichkeit der Freunde aufgezeigt werden, werde ich diese erkennen, mich wenn möglich bessern und dankbar sein für die erhaltene Chance. Ich werde voranschreiten. Die Medialität wird für mich ein Arbeitsfeld sein, in dem ich meine Gefühle vervollkommnen werde, ohne die Hilfsmittel auszusuchen. Was kümmern mich, in der Tat, die Schwierigkeiten in der Psychographie, wenn in meiner Brust ein Herz schlägt, das bereit ist zu lieben? Ja, ich werde vor allem die Eingebungen zum Guten hören. Ich werde Gott und mir selbst treu sein. Wenn die irdischen Freunde mich nicht verstehen können, habe ich doch den Trost, von den Freunden der spirituellen Welt verstanden zu werden. Am Ende des irdischen Lebens wird es wohl genug Licht für alle geben. Es obliegt mir zu glauben, zu arbeiten, zu lieben und auf den Himmlischen Herrn zu hoffen.

Der Assistent zog seine Hände zurück. Er näherte sich mir und sagte:

„Gott sei Dank konnten wir unserer Schwester helfen, ihr geht es gut!"

Ich beobachtete die Frontallappen des Mediums, welche nun stark strahlten, und äußerte meine Verwunderung.

Der freundliche Ausbilder scheute sich nicht vor neuen Erklärungen:

„In diesem Moment fixiert sich Eulália in der für sie höchstmöglichen geistigen Region. Beruhigt zieht sie sich in ihr innigstes Heiligtum zurück. So kann sie am besten verstehen und verzeihen."

Er zeigte auf die erwähnte Region im Gehirn und beendete:

„André, die Frontallappen sind die physiologischen Erscheinungsformen wichtiger perispiritischer Zentren. Dort ruhen Millionen von Zellen. Um zu funktionieren, warten diese auf die Bemühung des Menschen im Bereich der Spiritualisierung. Kein Mensch hat es je geschafft, ein Zehntel davon zu benutzen, auch nicht die gewagtesten Denker der Menschheit aller Zeiten. Es sind Kräfte in einem jungfräulichen Gebiet, welche der Geist eines Tages erobern wird, nicht nur im Verlauf der Evolution, sondern auch im Zuge der Selbsterziehung, der moralischen Vervollkommnung und der sublimen Erhöhung. Solche Leistung, mein Freund, kann nur der starke und offenbarende Glaube in Angriff nehmen, er ist eine unverzichtbare Leuchte des individuellen Fortschritts."

10
Schmerzhafter Verlust

Mitten in der Nacht trafen wir eine betrübte Wesenheit, die uns ansprach. Aufgrund ihrer bekümmerten Miene flößte sie uns Mitleid ein.

„Calderaro! Calderaro!“, rief sie besorgt. „Hilf bitte meiner Tochter, meiner unglücklichen Tochter!“

„Oh, geht es ihr schlechter?“, fragte der Ausbilder und zeigte damit, dass er über die Situation informiert war.

„Viel schlechter, viel schlechter!“, wimmerte die verzweifelte Mutter. „Sie ist vollkommen verwirrt…“

„Hat sie die große Chance verpasst?“

„Noch nicht“, antwortete die Dame, „aber sie befindet sich am Abgrund des extremen Desasters.“

Der Betreuer versprach, der Kranken innerhalb einiger Minuten zu Hilfe zu kommen. Wir waren nun wieder allein.

Da ich mich für die Krankengeschichte interessierte, fasste der Assistent den Fall zusammen:

„Es handelt sich um einen bedauernswerten Vorfall, in dem die Leichtsinnigkeit und der Hass als verderbende Elemente eine Rolle spielen. Die Schwester, die sich vorhin verabschiedete, starb vor acht Jahren und hinterließ eine Tochter. Die junge Frau wurde sehr verwöhnt und wuchs fernab von Arbeit und Verantwortung auf, obwohl sie zu noblen sozialen Kreisen gehört. Als Einzelkind konnte sie sehr früh ihre verdorbenen Launen ausleben. Sobald die Mutter gestorben war und nicht mehr für sie sorgen konnte, beherrschte sie die Gouvernante, bestach sie die Dienstboten, hinterging sie ihren Vater und, umgeben von materiellen Möglichkeiten, stürzte sie, als sie 20 Jahre alt war, in den Wahnsinn des mondänen Lebens. Ungeschützt durch die Umstände, hat sie sich nicht angemessen für die Probleme der eigenen Erlösung vorbereitet. Die arme junge Frau wurde reich geboren und erhielt deshalb weder den spirituellen Schutz der Armut noch den gesegneten Ansporn der materiellen Hindernisse. Als zusätzliche Schwierigkeit wurde sie mit der vorübergehenden Schönheit ihres Gesichtes wiedergeboren, was ihren inneren Bedürfnissen entgegensteht. Sie wurde zwar nicht von einem wirklichen Feind verfolgt, aber von einem Partner, der mit ihr zusammen schwere Verfehlungen begangen hat. Er ist vor einiger Zeit entkörpert und blieb mit ihr durch furchtbare Hassbande verknüpft. Sie missbrauchte ihre Freiheit in verwerflichem Müßiggang und letztendlich wurde sie ohne den Schutz der Ehe schwanger. Nun mit 25 Jahren ist sie ledig, reich und durch ihren Familiennamen begehrt, aber sie bereut den begangenen Fehltritt. Sie kämpft verzweifelt darum, den verfrühten Sohn loszuwerden, den vorhin erwähnten alten Partner der Vergangenheit. Dieser Unglückliche versucht hierdurch den Fehltritt der ehemaligen Partnerin zu nutzen, um unter Anleitung unserer Höheren einen erlösenden Dienst zu verwirklichen. Er nimmt diese ‚Zugabe der himmlischen Barmherzigkeit' als persönliche Chance wahr."

Ich wusste, dass jede Wiedergeburt ein Segen ist, die mit Hilfe von Oben geschieht und diese Geschichte überraschte mich sehr. Der Assistent jedoch beruhigte mich:

„Gott ist der weise und liebende Vater und verwandelt unsere Fehltritte immer in bittere Medizin, die uns heilt und stärkt. So konnte Cecília, die kranke junge Frau, die wir bald besuchen werden, aus ihrer Leichtsinnigkeit das extreme Mittel bekommen, das ihr Leben berichtigen kann... Leider reagiert die Unglückliche stark gegen die himmlische Hilfe mit einem bedauernswerten und perversen Verhalten. Seit einigen Wochen nehme ich an den Diensten für ihre Unterstützung teil, die unsere Übergeordneten aufgrund wiederholten und rührenden Bitten ihrer Mutter veranlasst haben. Ich habe aber wenig Hoffnung auf eine baldige Besserung. Die Bindung zwischen Mutter und dem zukünftigen Sohn sind erfüllt mit Bitterkeit und Hass und dies materialisiert zerreißende Energien. Wenn eine Frau unter solchen Bedingungen siegen will, muss sie sich in das Heiligtum des Verzichts und der Hoffnung zurückziehen. Um die rettenden Wege zu ebnen und um die Gefühle zu vervollkommnen, hat der Höchste Herr das warme und zarte Nest der mütterlichen Liebe erschaffen. Wenn sich jedoch die Frau dagegen wehrt und den erhabenen Schwingungen der himmlischen Eingebung gegenüber unempfindlich bleibt, ist es schwierig, wenn nicht unmöglich, den vorgezeichneten Plan auszuführen. Die unglückliche Kreatur gab verwerflicher Begier nach und suchte Hilfe bei Ärzten, welche sich mit Unterstützung unserer Ebene weigerten, ihren kriminellen Absichten nachzukommen. Sie griff dann auf giftige Medikamente in übermäßiger Dosis zurück und ihr geistiger Zustand ist bedauernswert verwirrt."

Nach der kurzen Einführung fügte Calderaro hinzu:

„Wir dürfen keine Minute verlieren. Besuchen wir sie."

Nach einigen Augenblicken betraten wir ein bequemes und gemütliches Zimmer.

Eine junge Frau lag auf dem Bett, ihr Körper war von furchtbaren Krämpfen gepeinigt. Ihre Mutter stand neben ihr in der Sphäre, die für physische Augen nicht sichtbar ist. Auch eine Krankenschwester der irdischen Ebene war im Zimmer, eine für fremde Schmerzen wenig empfindliche Frau, denn sie war es gewohnt, biologischen Katastrophen und moralischen Dramen beizuwohnen.

Die Mutter der Kranken trat vor und klärte uns auf:

„Die Lage ist sehr ernst. Helft ihr, habt Erbarmen! Meine Anwesenheit hier beschränkt sich darauf, den Zugang von störenden Elementen zu verhindern, die gnadenlos und finster herumschleichen."

Der Assistent beugte sich ruhig und aufmerksam zu der Kranken. Er empfahl mir, ihn bei der genauen Untersuchung des physischen Körpers zu unterstützen.

Der organische Zustand war ergreifend.

Das brüderliche Mitgefühl hindert uns daran, die traurige Beschreibung des kurz vor dem erzwungenen Abgang stehenden Embryos niederzuschreiben.

Ich beschränke mich jetzt auf die Auswirkungen der Medikation für Verwirrte und muss sagen, dass die Lage der jungen Frau beeindruckend und mitleiderregend war.

Alle Hormonzentren waren gestört und das vegetative Nervensystem arbeitete auf Hochtouren. Das Herz zeigte eine seltsame Rhythmusstörung und die Schweißdrüsen versuchten vergebens, die Toxine auszuscheiden, die in einem wahren Eroberungssturm den Körper vereinnahmten. Die Frontallappen waren vollkommen dunkel. Die Großhirnrinde[46] zeigte offen-

[46] Großrinde: Cortex, Gehirnoberfläche

sichtliche Störungen. Nur in den Basalganglien[47] gab es eine hohe Konzentration von geistigen Energien, was zeigte, dass sich die arme Kreatur, gezwungen durch die zerstörerischen Impulse der eigenen verwirrten und ungebildeten Gefühle, in die niedrige Region zurückgezogen hatte. In den Basalganglien häuften sich die stärksten Ausstrahlungen des verwirrten Geistes, von dort aus gelangten dunkle Pfeile in die Eileitern und in die Eierstöcke, sie drangen in die Gebärmutter wie dünne dunkle Lanzen ein und trafen das 4-monatige Embryo.

Es war ein furchtbares Bild.

Ich versuchte, mich auf die Schwingungen der Kranken einzustimmen und hörte ihre grausamen Gedanken:

„Ich hasse es! Ich hasse dieses fremde Kind, das ich mir nicht gewünscht habe! Ich werde es hinauswerfen! Ich werde es hinauswerfen!“

Als ob er aus einem leichten Schlaf geweckt wurde, rief der Geist des Sohnes im Wiedergeburtsprozess weinerlich:

„Verschone mich! Verschone mich! Ich möchte für die Arbeit geboren werden! Ich möchte leben und mein Schicksal gerade biegen… Hilf mir! Ich werde meine Schulden tilgen! Ich werde dich mit Liebe belohnen! Wirf mich nicht hinaus! Hab Erbarmen!...“

„Nie! Nie! Du sollst verdammt werden!“, sagte die Unglückliche im Geiste. „Ich möchte lieber sterben, als dich in meinen Armen empfangen! Du vergiftest mein Leben, du zerstörst meine Wege! Ich hasse dich! Du wirst sterben!“

Der Strom der dunklen Strahlen drang unaufhörlich weiter in die Gebärmutter ein…

Calderaro hob seinen Kopf, schaute mich unvermittelt an und fragte:

„Verstehst du das Ausmaß der Tragödie?“

---

47 Basalganglien: Kerngebiete unterhalb der Großrinde, wichtig für die motorische und kognitive Steuerung

Stark gerührt nickte ich mit dem Kopf.

In diesem Augenblick wandte sich Cecília entschlossen an die Krankenschwester:

„Ich bin müde, Liana, sehr müde, aber ich verlange, dass der Eingriff heute Abend vorgenommen wird!"

„Oh! Aber in deinem Zustand?!", gab die Krankenschwester zu bedenken.

„Ja, ja", antwortete die Kranke erregt. „Ich will den Eingriff nicht vertagen. Die Ärzte haben sich geweigert, ihn durchzuführen, aber ich rechne mit deiner Hilfe. Mein Vater darf nichts davon erfahren und ich hasse diesen Zustand. Mit Sicherheit werde ich einen Schlussstrich ziehen."

Calderaro legte seine rechte Hand auf die Stirn der Krankenschwester. Offensichtlich bemühte er sich, ihr eine versöhnende Maßnahme zu übermitteln und diese empfahl:

„Versuch zu schlafen, Cecília. Möglicherweise wirst du deinen Plan ändern."

„Nein, nein!", erwiderte die unvorsichtige zukünftige Mutter sichtlich schlecht gelaunt. „Meine Entscheidung steht fest. Ich verlange den Eingriff heute Nacht."

Trotz der strickten Weigerung, sich von ihrem Entschluss abbringen zu lassen, nahm sie die Beruhigungsmittel ein, welche die Krankenschwester ihr unter unserer indirekten Beeinflussung anbot.

Die von meinem Ausbilder gewünschte Maßnahme wurde erfüllt.

Dank der beruhigenden Wirkung des Medikaments versank Cecília in eine erzwungene Schläfrigkeit und war teilweise von ihrem physischen Körper getrennt. Calderaro spendete ihr magnetische Fluida über die lichtempfindlichen Kreise der Netzhaut und dann konnte die Kranke uns sehen. Ihr Sichtvermögen war nicht perfekt, aber erstaunt erkannte sie ihre Mutter.

Ich stellte fest, dass die Mutter stark ergriffen und in Tränen aufgelöst war, ihre Tochter jedoch ungerührt blieb, obwohl ihre Augen große Verblüffung verrieten.

Die entkörperte Dame ging auf sie zu, umarmte sie und bat erregt:

„Meine liebe Tochter, ich komme zu dir, damit du von dem finsteren Abenteuer, das du geplant hast, Abstand nimmst. Überdenke deine geistige Einstellung und füge dich dem Leben. Nimm meine Tränen als die Bitte meines Herzens an. Hab Erbarmen und höre auf mich! Stürze dich nicht in die Finsternis, wenn die himmlische Hand dir das Tor zum Licht öffnet. Es ist nie zu spät, um neu anzufangen, Cecília. In Seiner unendlichen Barmherzigkeit verwandelt Gott unsere Fehler in Möglichkeiten zur Wiedergutmachung!"

Im verwirrten Geist der Kranken tauchten für einen kurzen Augenblick die herrschenden gesellschaftlichen Konventionen auf.

Die Mutter fuhr dennoch fort:

„Rette dich vor allem vor deinem Gewissen! Die Vorurteile haben ihre Berechtigung, die Gesellschaft hat gerechte Prinzipien. Aber manchmal, meine Tochter, gibt es Augenblicke im Bereich des Schicksals und der Schmerzen, in denen wir ausschließlich bei Gott verharren sollen. Verbleibe im Mut, im Glauben und in der Unerschrockenheit... Erleuchtet durch die Liebe und den Verzicht ist die Mutterschaft überall ein glückliches Ereignis, auch wenn uns die Welt, die den Grund unseres Fehlers nicht kennt, die Mittel zur Rehabilitierung verweigert und uns zum Rückfall und zur Schutzlosigkeit verdammt. Vorerst wirst du den Sturm der Tränen erleiden und der Gegenwind des Unverständnisses und der Intoleranz wird dein Gesicht auspeitschen... Ruhige Zeiten werden jedoch wieder einkehren. Der Weg ist steinig und rau, die Dornen werden dich verletzen, aber du wirst einen liebenswerten Sohn bekommen, der dir deine

Zukunft aufzeigen wird! In Wahrheit hättest du dein Glücksnest im Baum des Gleichgewichts bauen und in Ruhe die Errungenschaften eines jeden Tages und den Segen eines jeden Abends loben sollen. Du konntest jedoch nicht abwarten… Du gabst den zügellosen Leidenschaften nach, du hast das Ideal bei den ersten Impulsen des Verlangens vergessen. Anstatt gelassen und vertrauend auf solide Basis zu bauen, wähltest du den gefährlichen Weg der Überstürzung. Jetzt ist es unbedingt notwendig, den fatalen Abgrund zu meiden, den tückischen Strudel zu umgehen. Greife nach dem Rettungsboot der höchsten Pflicht. Kehre nun zur Gelassenheit zurück, meine Tochter, und finde dich mit dem neuen Aspekt ab, den du auf deinem Weg herbeigeführt hast. Nimm die schmerzhafte Mutterschaft mit allen Opfern an. Sehr oft bekommen wir das Glück, uns selbst kennenzulernen, erst in der Stille und in der Finsternis der gesellschaftlichen Verachtung. Die öffentliche Verbannung kann die Schwachen in den Wahnsinn treiben, die Starken aber zu Gott führen und diese in den Gleisen der bescheidenen Pflichten halten, bis sie den Berg der Erlösung erreichen. Womöglich wird dich dein Vater verfluchen und deine Liebsten auf der Erde werden dich möglicherweise verachten und zu erniedrigen versuchen. Jedoch das Martyrium adelt den Geist, der seine Schulden mit Ergebenheit zum Guten und zur Gelassenheit gegenüber den Schmerzen tilgen will. Ist die Dornenkrone auf dem Kopf nicht besser als Glut auf dem Gewissen? Das Böse kann uns irreführen, das Gute berichtigt immer. Zudem, auch wenn es sicher ist, dass die Scham deine Empfindsamkeit peitschen wird, wird die Zier der Mutterschaft auf deinem Weg erstrahlen... Deine Tränen werden Tautropfen auf einer lieblichen und edlen Blume sein, welche dein Sohn sein wird, Fleisch aus deinem Fleisch, Leben aus deinem Leben. Was wird eine Frau nicht alles erreichen, die zu Verzichten fähig ist? Der Sturm wird toben, aber nicht in deinem Herzen, denn dort, im himmlischen Heiligtum der Liebe, wirst du die Macht des Friedens bis zum Sieg finden..."

Die Kranke hörte sich alles gleichgültig an, war aber nicht gewillt nachzugeben. Regungslos hörte sie den Bitten ihrer Mutter zu. Diese mobilisierte jedoch alle ihr zur Verfügung stehenden Mittel und fuhr nach einer längeren Pause fort:

„Höre, Cecília! Verharre nicht in dieser Passivität. Trenne deinen Verstand nicht von deinem Herzen, damit deine Vernunft von deinem Gefühl profitieren kann. So kannst du diese raue Prüfung bestehen. Halte dich nicht bei den Vorzügen deines physischen Körpers auf und glaube nicht, dass die ewige geistige Schönheit ihren Tempel in einem irdischen Körper, der sich im Übergang zum Staub befindet, aufbaut. Der Tod kommt so oder so, er wird die Realität mit sich bringen und die Illusion vertreiben. Verharre nicht im Schleier der Lüge. Lass dich im aufbauenden Verzicht demütigen, nimm dein Kreuz auf dich und beschreite den Weg zum höheren Verständnis... Im Kreuz deines inneren Leides wirst du zarte Stimmen eines gesegneten Sohnes hören... Wenn die Abkehr der Welt dich peinigen wird, wird er die zarte Vertretung der Heiligkeit bei dir sein... Du wirst den Mantel der Phantasien nicht vermissen, wenn zwei kleine samtzarte Arme dich treu und lieblich umarmen und dich zur Erneuerung in das höhere Leben führen!"

Erst dann antwortete Cecília im Geiste und ihre Aggressivität überraschte mich:

„Wie kommst du dazu, mir das erst jetzt zu sagen? Auf der Erde hast du alle meine Wünsche erfüllt. Du hast mich nie arbeiten lassen, du hast mich in meinem Nichtstun gefördert, du hast mich im Glauben gelassen, dass ich wichtiger als die anderen war, dass mir alle besonderen Privilegien zustanden: Du hast mich nicht auf das Leben vorbereitet! Ich bin jetzt allein, mit einem schwierigen Problem... Ich habe nicht den Mut, mich herabzusetzen… Mich um eine bezahlte Arbeitsstelle zu bemühen gehört nicht zu den Idealen, die du mir hinterlassen hast und der Scham und der Armut entgegenzutreten wird für mich schlimmer sein als der Tod. Nein, nein! Ich werde nicht nachgeben, auch wenn ich deine Stimme höre, die ich trotz allem immer noch liebe! Ich kann nicht zurück…“

Es war eine rührende und doch gleichzeitig schreckliche Szene. Hier konnte ich den tausendjährigen Konflikt zwischen der mütterlichen Zuneigung und dem wahren Leben beobachten.

Die ehrwürdige Dame weinte bitterlich, klammerte sich noch stärker an ihre Tochter und flehte:

„Verzeihe mir das Böse, das ich dir aus übermäßiger Liebe angetan habe. Oh, Cecília, nicht immer ist die menschliche Liebe wachsam. Manchmal zwingt uns die Blindheit zu eklatanten Fehlern, die oft nur der Tod tilgen kann. Bitte denke auch an meine Schmerzen und Sorgen! Ich erkenne meinen indirekten Anteil an deinem gegenwärtigen Unglück. Erst jetzt verstehe ich, wie anfällig und umfassend die mütterlichen Pflichten sind und wünsche nicht, dass du in der Mutterschaft scheiterst, so wie ich gescheitert bin. Meine Verfehlungen lagen im Bereich von übermäßiger Liebe und du sollst dich nicht aufgrund von Hass und Trotz schuldig machen. Nach dem Tod ist der Tag des Guten heller und die Nacht des Bösen überaus dunkler und stürmischer. Nimm die Demütigung als Segen an, den Schmerz als wertvolle Chance. Alle irdischen Kämpfe kommen und gehen und, auch wenn sie lange dauern, sind sie nie für immer. Setze deine Zukunft nicht aufs Spiel. Ich beuge mich deinen Vorwürfen. Solche Zurechtweisung ist an jemand wie mir durchaus berechtigt, denn ich habe den Wald der Errungenschaften für die Ewigkeit vernachlässigt und mich im Garten der seichten Launen aufgehalten, wo sich die Blumen lediglich für eine flüchtige Minute zur Schau stellen. Cecília, ich habe den gesegneten Spaten der eigenen Bemühung verschmäht, mit dem ich den Boden unseres Lebens bearbeiten und Samen von erbauendem Bestreben hätte aussäen sollen. Ich habe noch nicht genug geweint, um mich von diesem bedauernswerten Fehler zu erlösen. Ich glaube jedoch an dich und hoffe, dass dir auf dem rauen Pfad der Erneuerung nicht dasselbe geschieht. Es ist besser, auf der Erde um das tägliche Brot zu betteln, den Spott der menschlichen Bosheit zu ertragen, als das Brot der Möglichkeiten Gottes zu verschmähen und zu erlauben, dass die Grausamkeit unsere Herzen beherrscht. Der Schmerz der Besiegten im irdischen Kampf ist ein Speicher voller Licht. Die Himmlische Güte verwandelt unsere Wunden in Lichtquellen für die Seele. Selig, die voll Wunden dem Tod begegnen, denn dies zeugt von hartem Kampf. Eine ewige Ära des Friedens wird für sie am Horizont erstrahlen, denn die Realität wird sie in der Kälte des Grabes nicht überraschen. Die Wahrheit wird ihnen eine großzügige Gefährtin sein, die Hoffnung und das Verständnis werden sie treu begleiten! Kehr zu dir selbst zurück, meine Tochter! Hab wieder Mut und Zuversicht, trotz den bedrohlichen Wolken, die deinen verwirrten Verstand trüben… Es ist nicht zu spät! Es ist nicht zu spät!“

Die Kranke bemühte sich jedoch, zu ihrem physischen Körper zurück zu gelangen und sprach unerwartete und undankbare schroffe Worte der Verneinung.

Sie entledigte sich Calderaros friedenstiftender Beeinflussung und kehrte allmählich in den Sinnesbereich zurück. Sie schrie laut und unwirsch.

Der Ausbilder näherte sich der weinenden Mutter und sagte:

„Leider scheint der Prozess des rebellischen Wahnsinns vollendet zu sein. Nun vertrauen wir sie der Macht des Höchsten Himmlischen Schutzes an.“

Während die Mutter ausgiebig weinte, wandte sich die Tochter, verwirrt durch die affine geistige Beeinflussung, an die Krankenschwester und forderte:

„Ich kann nicht mehr! Ich kann nicht mehr! Ich halte es nicht mehr aus… Mach schon! Ich will den Eingriff jetzt und keine Minute mehr verlieren!“

Mit einem furchtbaren Ausdruck starrte sie die Betreuerin an und fügte hinzu:

„Ich hatte einen furchtbaren Albtraum… Ich träumte, dass meine Mutter aus dem Tod zurückkam und mich um Geduld und Barmherzigkeit bat! Nein, nein!... Ich ziehe das jetzt durch! Zur Not, nehme ich mir das Leben!“

Inspiriert durch meinen Betreuer machte die Krankenschwester einige bedeutende Bemerkungen.

„Ist es nicht angebracht, etwas zu warten? Ist dein Traum nicht eine Warnung der Vorkehrung? Deine Niedergeschlagenheit ist enorm. Spürst du keine spirituelle Unterstützung? Ich fände es ratsam, die Entscheidung zu vertagen.“

Die Kranke blieb jedoch unnachgiebig. Vor den Augen der verzweifelten entkörperten Mutter begann der Eingriff, der für uns mit einem finsteren Abschluss durchgeführt wurde. Wir alle beobachteten die Szene entsetzt.

Ich konnte mir nie vorstellen, dass ein verwirrter Geist dem eigenen Körper solch einen Schaden zufügen kann.

Die Unordnung im physiologischen Bereich verstärkte sich von Minute zu Minute.

Fassungslos untersuchte ich weiterhin die Situation und stellte betroffen fest, dass sich der Embryo gegen die Gewalt wehrte, er klebte verzweifelt an den Wänden der Plazenta.

Im Verlauf der Bemühung um die Entfernung des Embryos begann der Geist des Sohnes aufzuwachen. Die dunklen Strahlen wurden jetzt nicht nur vom Gehirn der Mutter ausgesandt, sondern auch aus dem Embryo und dies verstärkte das Ungleichgewicht.

Nach einer langwierigen und mühsamen Arbeit wurde das kleine Wesen letztendlich entfernt…

Entsetzt bemerkte ich, dass die improvisierte Gynäkologin nur eine kleine Portion leblosen Fleisches aus dem Mutterleib entfernt hatte, denn die Wesenheit, die wiedergeboren werden sollte, klebte an der Gebärmutter, die den Embryo abzustoßen versuchte. Mir schien, als ob in diesem außergewöhnlichen Zustand starke und undefinierbare Kräfte das Kind am mütterlichen Körper festhielten. Halbwach in einem finsteren Albtraum der Schmerzen, zeigte die inkarnierende Wesenheit eine extreme Verzweiflung. Sie klagte mit schrillen Schreien, stoß tödliche Schwingungen aus und murmelte sinnlose Sätze.

Standen wir nicht vor zwei Bestien, die grausam aneinander gekettet waren? Das Kind, das nicht geboren werden würde, verwandelte sich in einen gefährlichen Henker des Psychismus der Mutter. In seinen ungezügelten Bewegungen drückte er auf die Venen des Uterus, gerade in dem Bereich, wo der Austausch des Blutes zwischen Mutter und Fötus stattfindet, und verursachte dadurch eine gewaltige und übermäßige Blutung.

Ich beobachtete weiter.

Der Perispirit, der unberechtigt entfernt und von nicht unterdrückbaren Kräften am Mutterleib festgehalten wurde, erreichte mit spontanen Bewegungen die Herzgegend. Er befiel den Knoten[48] des rechten Vorhofs, störte die Wege der Impulse und verursachte somit furchtbare Störungen im zentralen Nervensystem.

Dieser Zustand verschlimmerte die Blutung, die sich auf unvorhergesehene Weise gesteigert hatte. Das zwang die Krankenschwester, sofortige Hilfe zu rufen, nachdem sie die Spuren ihres Deliktes so gut wie möglich vertuscht hatte.

„Ich hasse ihn! Ich hasse ihn!“, dachte die Mutter im Delirium, sie fühlte immer noch die Anwesenheit des Sohnes im

48 Sinusknoten und Atrioventrikularknoten: wichtige Beteiligte am automatischen Herzschlag

Inneren ihres Körpers. „Ich werde diesen Eindringling, der mich in Schande versetzen würde, nie in meinen Armen wiegen."

Beide, Mutter und Sohn, schienen in einer Hassübereinstimmung zu schwingen, denn sein Geist zeigte eine sonderbare Form und er antwortete in einem Wutausbruch:

„Ich werde mich rächen! Du wirst mir Cent für Cent zurückzahlen! Ich werde dir nie verzeihen!... Du hast es nicht erlaubt, dass ich zum irdischen Kampf wieder zurückkehre, wo das gemeinsame Leiden mich lehren würde, deine verbrecherische Vergangenheit zu verzeihen und meine grausamen Erinnerungen zu vergessen… Du hast die Prüfung, die uns zum Altar der Versöhnung führen könnte, zurückgewiesen. Du hast die Türe der erlösenden Möglichkeit zugeschlossen. Jedoch die böse Macht, die in dir herrscht, lebt auch jetzt in meiner Seele… Du hast den Morast der Grausamkeit, der in mir schlummerte, aufgewühlt. Du hast mir die Erneuerung verweigert, aber jetzt sind wir wieder zusammen und ich werde dich mit in den Abgrund reißen… Du hast mich zum Tode verurteilt und deshalb werde auch ich dich zum Tode verurteilen. Du hast mir die Ruhe nicht gegönnt, du hast mich daran gehindert, zum Gewissensfrieden zu gelangen, aber du wirst nicht lange auf der Erde weilen… Du wolltest mich für den Dienst der Liebe nicht haben… Nun wirst du wieder mein sein, um meinen Hass zu befriedigen. Ich werde mich rächen! Du wirst mir folgen!"

Die zerstörerischen geistigen Strahlen kreuzten sich von Geist zu Geist, dies war ein furchtbares Bild.

Calderaro beobachtete die Vermehrung der Toxine im Verlauf des zellulären Gewebes und betete leise. Mir schien, dass er um Hilfe von außen flehte. In der Tat, nach einigen Augenblicken betrat eine kleine spirituelle Hilfsgruppe den Raum. Der Betreuer gab Anordnungen. Sie sollten der unglücklichen Mutter helfen, die bei der Tochter bleiben würde, bis das Ereignis beendet war.

Dann forderte mich der Betreuer auf zu gehen und fügte hinzu:

„Die Entkörperung wird innerhalb weniger Stunden stattfinden. Der Hass, André, zerstört tagtäglich Kreaturen auf der Welt und er ist stärker und effizienter als alle Kanonen auf der Erde zusammen. Zwischen den Menschen kann er mehr Probleme verursachen und den Frieden zerstören, als alle bekannten Kriege im Verlauf der Jahrhunderte es je geschafft haben. Du hörst keine reine Theorie. Du hast gerade eine furchtbare Tat erlebt, die sich jeden Tag auf der irdischen Sphäre wiederholt. Nachdem solch abscheuliche Kräfte die Macht über diese verwirrten Geister übernommen haben, welche die Vorsehung versucht hat, mit einer Wiedergeburt zusammen zu bringen, müssen wir sie der Zeit überlassen. Der Schmerz wird die notwendige Berichtigung herbeirufen."

„Oh!", rief ich bestürzt und betrachtete das Duell der beiden gequälten Wesenheiten. „Wie wird es weitergehen? Werden sie so ineinander verschlungen bleiben? Und für wie lange?"

Calderaro blickte mich wie ein tapferer Soldat an, der den Kampf vorübergehend verloren hat, und informierte mich niedergeschlagen:

„Jetzt hilft kein direktes Eingreifen mehr. Wir können lediglich mit dem Gebet der geschwisterlichen Liebe helfen, verbunden mit der erneuernden Wirkung des tagtäglichen Kampfes. Für beide begann gerade ein schmerzhafter Prozess gegenseitiger Obsession und er wird bittere Konsequenzen in Raum und Zeit haben, dessen Ausmaß keiner von uns voraussehen kann."

11
Sexualität

Immer noch stark beeindruckt von Cecílias Drama begleitete ich Calderaro zu einem interessanten Studienzentrum. Erhabene Mentoren unterrichteten dort Freunde, welche sich Hilfsdiensten auf der Erde widmeten.

„Es handelt sich nicht um einen Tempel großartiger Offenbarungen", erklärte der Ausbilder, „sondern um eine Hilfsinstitution, die effizient die Ideen und Unternehmungen der Mitarbeiter unterstützt, welche in den Werkstätten des spirituellen Beistandes arbeiten. Es ist eine Schule der Freundschaft, sie wurde für Mitarbeiter gegründet, die sich durch ihre ausdauernden Bemühungen auszeichnen."

Mein fragender Blick veranlasste ihn, freundlich fortzufahren:

„Diese Freunde treffen sich einmal in der Woche, um autorisierte Boten zu hören. Dort werden Fragen behandelt, welche unseren Hilfsdienst bei den Menschen unmittelbar angehen. Ich freue mich, dass du heute anwesend sein wirst, denn der Bote des Abends wird Themen über Sexualität ansprechen. Da du momentan das Rätsel des Wahnsinns studierst und über wenig Zeit für direkte Erfahrungen verfügst, kommt uns der Vortrag sehr entgegen."

Wir konnten uns nicht weiter unterhalten.

Der Assistent stellte fest, dass die Arbeiten schon angefangen hatten. Deshalb zogen wir sofort weiter. In der Tat war die Versammlung in vollem Gange. Etwas weniger als zweihundert Freunde aus unserer Ebene hörten aufmerksam einem erleuchteten Seelenführer zu.

Wir nahmen respektvoll Platz.

Der Weise war umgeben von einer lebhaften Aura und lehrte schlicht. Seine Stimme war angenehm und drang aufgrund ihrer Ehrlichkeit in unser tiefstes Inneres ein. Er sprach:

„Wenn man die Gründe des Wahnsinns inkarnierter oder entkörperter Wesenheiten untersucht, ist die Ignoranz bezüglich des sexuellen Verhaltens einer der entscheidendsten Faktoren.

Das Unverständnis der Menschen in dieser Materie entspricht einem leisen zerstörerischen Krieg, der in der Menschheitsgeschichte die von der Pest verursachte Verheerung weitaus übersteigt. Ihr wisst, dass diese Seuche im sechsten Jahrhundert unseres Zeitalters fast fünfzig Millionen Menschen in Europa und Asien vernichtet hat. Diese Pandemie wurde die Justinianische Pest genannt... Diese beeindruckende Zahl ist jedoch eine Bagatelle, wenn man die Millionen von Seelen betrachtet, die von der Qual der Sexualität tagtäglich zerrissen werden. Dieses dringende Problem hat schon viele bedeutende Intelligenzen verwirrt und wir können es nicht mit reinem Verbalismus von außen nach innen angehen, wie die oberflächlichen Ärzte, welche ihren Patienten lange Predigten halten, in den meisten Fällen jedoch die Krankheit gar nicht erkennen.

Wir sind jetzt von den festen Auflagen des physischen Körpers entfernt aber noch nicht von dem grundlegenden

Einfluss ihrer Gesetze befreit. Diese beeinflussen noch unsere Erscheinungsformen, und wir verstehen nun, dass sich die Rätsel der Sexualität nicht auf reine physiologische Faktoren beschränken. Sie sind nicht das Ergebnis des Automatismus im Bereich der Zellstrukturen, wie jene der männlichen und weiblichen Fortpflanzungsorgane. In der Tat sind diese im Wesentlichen identisch, sie unterscheiden sich lediglich in ihren Erscheinungsformen. Diesbezüglich haben wir fortgeschrittene Betrachtungsweisen. Wenn dort dominierende erschaffende Kräfte wohnen, um den irdischen Gesetzen zu dienen, welche das physische Leben regulieren, sehen wir in der sexuellen Verwirrung ein spezielles Phänomen unseres Psychismus auf dem Weg in die höheren Gebiete der Evolution.

Es ist jedoch schmerzhaft die Disharmonie zu beobachten, in welche sich die Menschen versinken, mit dunklen Auswirkungen in den unmittelbaren Sphären des physischen Lebens. Unzählige befreiende Bewegungen entstanden im Verlauf der Jahrhunderte, in der Hoffnung auf ein besseres Leben. Bürgerkriege mit unsagbaren Qualen und blutige Kriege zwischen Völkern wurden auf der Erde im Verlauf der Zeit im Namen von erneuernden Prinzipien durchgeführt. Diese haben angeblich neue Errungenschaften der Gesetzgebung eröffnet. Die Knechtschaft der Ignoranz im sexuellen Bereich knebelt jedoch weiterhin Millionen von Kreaturen.

Es ist eine Irrtum zu glauben, dass der Tod des physischen Körpers eine friedliche Lösung für die unausgeglichenen Seelen bringt, welche ihren Körper leidenschaftlichen Ausschweifungen ausgeliefert haben. Ihr Wahnsinn stammt nicht aus einfacher Veränderung des Gehirns, sondern aus der Loslösung der perispiritischen Zentren, was einen langwierigen Heilungsprozess verlangt.

Aufgrund der Gesetze der Fortpflanzung und der Erhaltung, welchen die Menschen unterworfen sind, ist die Jugend für die meisten Inkarnierten eine delikate Periode von Empfindungen. Das ist jedoch eine Nebensächlichkeit und nicht für die grundlegende Wahrheit von Bedeutung. Der Durst nach Sexualität befindet sich nicht im groben physischen Körper, sondern in der Seele, in der sublimen Einrichtung.

Männer und Frauen unterscheiden sich auf der Erde entsprechend spezifischer organischer Merkmale. Auf unserer Ebene herrscht noch das Spiel der Erinnerungen an das irdische Leben, denn wir sind immer noch auf dem Weg in die höheren Regionen. Von dort wissen wir, dass Weiblichkeit und Männlichkeit Eigenschaften von Geistern darstellen, die überwiegend passiv oder offensichtlich aktiv sind.

Hierdurch verstehen wir, dass wir, im Verlauf der Erfahrungen, die wir durchleben, schrittweise himmlische Eigenschaften erlangen wie Energie und Zartheit, Stärke und Demut, Macht und Feingefühl, Intelligenz und Gefühl, Initiative und Intuition, Weisheit und Liebe, bis uns das höchste Gleichgewicht in Gott gelingt.

Wir sind von dieser universellen Realität überzeugt und wir dürfen nicht vergessen, dass jegliche Äußerung des sexuellen Instinkts auf der Erde, egal wie die Erscheinungsformen auch sind, nie zerstört, sondern im Prozess der Läuterung umgewandelt wird. Das Verhalten der Tiere gehört zu dem gleichen Auftriebsimpuls. In den primitiven Völkern zeichnete sich der sexuelle Ausbruch durch absoluten Besitz aus. Die vollkommen aktive Persönlichkeit des Mannes beherrschte die vollkommen passive Persönlichkeit der Frau.

Die geduldige Arbeit der Jahrtausende verwandelte jedoch diese Beziehungen. Der Geist wurde durch die Frau als Mutter und den Mann als Vater erneuert. Basierend auf den sexuellen Erfahrungen verwandelten sich Völkerstämme in Familien, das Indianerdorf in ein Zuhause, die bewaffnete Verteidigung wich dem Recht, der wilde Urwald verwandelte sich in friedfertigen Ackerbau. Die Vielfalt der Impulse in den weiten Feldern des Territoriums öffnete Platz für die Vereinigung der Ideale des fortgeschrittenen Heimatlandes. Die Barbarei erhöhte sich in Zivilisation, die schroffen Prozesse von Anziehung verwandelten sich in aufwertende künstlerische Bemühungen, aus dem Schrei wurde der Gesang. Angeregt durch die schöpferische Kraft der Sexualität, schreitet die Menschheit langsam aber sicher zum höchsten Ziel der himmlischen Liebe. Von der spontanen und brutalen Äußerung der niedrigen Gefühle geht die Seele zur glorreichen Aufklärung über.

Gier, Besitz, Sympathie, Zuneigung, Ergebenheit, Verzicht und Opfer sind Aspekte dieser erlösenden Pilgerfahrt. Manchmal verweilt jemand Jahre, Jahrhunderte oder verschiedene Existenzen beim Übergang von einer Stufe zur anderen. Seltene Individuen schaffen es, auf dem Posten der Sympathie zu bleiben und erbringen das dafür notwendige Gleichgewicht. Ganz wenige überqueren die Provinz des Besitzes ohne furchtbare Duelle auszutragen, gegen die Monster des Egoismus und der Eifersucht, denen sie sich meistens kopflos ausliefern. Eine verschwindend kleine Anzahl durchschreitet die Abteilungen der Zuneigung, ohne sich für lange Strecken an die Kobolde des Ausschließlichkeitsanspruches zu ketten. Erst nach Jahrtausenden von grausamen und reinigenden Prüfungen erreichen manche Seelen ihren Zenit für die gebrachten Opfer, die ihr die höchste Befreiung auf dem Weg zu neuen Kreisen der Vereinigung mit der Heiligkeit ermöglicht.

Ein roher Diamant liegt zuerst unerkannt im Flussbett zwischen rauen Steinen. Der dann geschliffene Edelstein ist wie ein himmlischer Tropfen, der die göttliche Helligkeit reflektiert. Auch ein Heiliger in Verzückung war einmal ein Mensch, der vom reinen Impuls getrieben wurde. Wie der Diamant sich dem

Schleifstein unterziehen muss, damit er die Schönheit erlangen kann, ist es selbstverständlich, dass sich der sexuelle Instinkt den Geboten der Verantwortung, den Forderungen der Disziplin und den Gesetzen des Verzichts beugen muss, um sich mit der Glorie der Verzückung zu krönen.

Diese Schlussfolgerungen sollen uns jedoch nicht dazu verleiten, auf der Erdoberfläche Zwangsprogramme zur Heiligkeit einzuführen. Kein Mensch kann die Evolutionsphase, in der er sich befindet, verleugnen. Wir können nicht von einem Buschmann verlangen, dass er die Robe eines Gelehrten anzieht und von einem Tag auf den anderen römisches Recht unterrichtet. Es wäre auch unvernünftig, von einem gewöhnlichen Menschen das Verhalten eines Heiligen zu fordern. Als Vertretung der Unerschöpflichen Güte ist die Natur eine barmherzige Mutter, welche allen Kindern der Schöpfung Arbeit und Unterstützung anbietet. Ihre Beherztheit, uns zu helfen ist umso größer, je entschlossener unsere Absicht ist, in die Richtung der Höchsten Güte voranzuschreiten.

Wir möchten deshalb auf der Welt weder strenge Regelungen künstlicher Tugenden verkünden noch jegliche Lebensweise mit unverantwortlichen Beziehungen begünstigen. Unsere Fahne ist vor allem, die des geschwisterlichen Einfühlungsvermögens. Lasst uns dafür arbeiten, dass das Licht des Verständnisses innerhalb der inkarnierten Menschen leuchtet, damit der Liebeskummer nicht so viele Opfer, welche durch kriminelle Leidenschaften vergiftet wurden, in den Rachen des Todes wirft.

Aufgrund von Unverständnis bezüglich der Sexualität geschehen unzählige Verbrechen auf der Erde und bestimmen überall seltsame und gefährliche Prozesse des Wahnsinns.

Ab und zu lässt sich das eine oder andere Opfer in ein Irrenhaus einweisen und unterzieht sich einer ärztlichen Behandlung, wie ein Arbeiter, der sein beschädigtes Arbeitsgerät zur Reparatur in eine Werkstatt bringt. In den Irrenhäusern finden wir aber lediglich diejenigen, die verbittert und besiegt den Boden des Abgrunds erreicht haben. Millionen von Geschwistern bleiben halbwahnsinnig zu Hause und in Krankenhäusern. Es sind Freunde, die zur Ergebenheit und zum Verzicht unfähig sind und langsam im fürchterlichen Morast der Halluzinationen versinken… Mit verwirrtem Verstand, fixiert in den Stollen des Unterbewusstseins, verlieren sie sich im niedrigen Automatismus und verharren in deprimierenden psychischen Zuständen. Die Eifersucht, die Unzufriedenheit, der Zwist, die Hemmungslosigkeit und die Leichtsinnigkeit verbreiten furchtbare Phänomene des Ungleichgewichts.

Beunruhigende geistige Zustände entstehen auf der Erde und zwingen uns zu ermüdenden Hilfsdiensten, um das Unglück und die Furcht derjenigen in Zaun zu halten, die sich unvorsichtigerweise in waghalsige Abenteuer der animalisierten Gefühle stürzen.

Wir werden ein solch komplexes Problem der Menschheit nicht mit der Hilfe irdischer Ärzte allein lösen können. Obwohl der Beitrag der Wissenschaft im Bereich der Wirkungen bewundernswert ist, erreicht sie den Ursprung des Problems nicht. Die Persönlichkeit ist kein Werk des Drüsensystems, sondern ein Ergebnis der geistigen Chemie.

Die Endokrinologie kann als erste Hilfe für die Zellen viel mit einer Hormonspritze erreichen, aber die Schädigungen der Denkfähigkeit werden dadurch nicht geheilt. Früher oder später wird die Genetik die geheimen Kammern des menschlichen Lebens beeinflussen, das Geschlecht des Embryos aufzwingen und dadurch die Harmonie der Chromosomen stören. Sie wird jedoch den höchsten Bereich des weiblichen oder männlichen Geistes nicht erreichen, der die eigenen Eigenschaften behält, unabhängig der äußeren Formen oder der festgesetzten Konventionen. Die Medizin wird tausend Wege finden, um dem Körper im inneren Ungleichgewicht zu helfen. Für diesen erbauenden Dienst verdient sie immer unsere ehrliche Bewunderung und unsere Achtung. Es liegt aber an uns, die Medizin der Seele auszuüben, welche den verwirrten Geist unterstützt, der sich im Schatten befindet…

Es ist notwendig, auf der Erde das Licht des Mitgefühls anzuzünden und unseren Geschwistern genaue Wege zur individuellen Verantwortung aufzuzeigen. Wenn es in den Tälern der Verwirrung der Instinkte mehr Liebe gibt, werden die Niederlagen Platz machen für heiligende Erfahrungen.

Wie kann der gesegnete Dienst des Arztes an dem Opfer der sexuellen Beklemmung wirken, wenn ihm die lebhafte Feindseligkeit der Familie entgegensteht? Wie kann man die Geisteskranken einer psychiatrischen Klinik retten, wenn die Gesellschaft die Kranken mit der Last ihrer Meinung und Autorität zermalmt? Sicherlich wäre es naiv, von der Soziologie zu verlangen, dass sie sofort ihre Leitlinien verändert. Es wäre auch vermessen, der menschlichen Gesellschaft manche Toleranznormen aufzuzwingen, die mit ihren gegenwärtigen Bedürfnissen unvereinbar sind. Wir können jedoch den lobenswerten Dienst des erweiterten Verständnisses aufrechterhalten, die Stimmung unserer inkarnierten Freunde der Erdoberfläche verbessern und sie allmählich für die Lösung wecken, die allen nützt.

Die spiritualisierte Liebe ist ein Kind des christlichen Verzichts und sie ist der Schlüssel, der die Türe des Abgrunds öffnen kann, wohin tagtäglich Millionen Kreaturen stürzen. Durch diese Liebe können sie aus den Tälern des Leidens befreit werden.

Verbreiten wir den Segen des Verständnisses zwischen den Menschen. Lasst uns unsere starke Hand allen Wesen entgegen strecken, die vom Wirrwarr der Sinne gefangen sind. Lasst sie spüren, dass die Werkstätte der erneuernden Arbeit für alle Kinder

Gottes offen bleibt, um ihre Gefühle zu vervollkommnen, ihre Impulse zu veredeln und ihre spirituelle Fähigkeit zu erweitern.

Ermahnen wir die trostlosen Herzen: Die Sexualität ist für die Liebe wie die Augen für das Sehvermögen und das Gehirn für die Gedanken. Sie sind nicht mehr als Apparate, welche die jeweiligen Eigenschaften zum Ausdruck bringen. Es ist ein bedauernswerter Fehler zu glauben, dass nur die perfekte sexuelle Normalität, welche den ehrenwerten menschlichen Konventionen entspricht, Raum für Zuneigungszeichen bieten kann. Das Feld der Liebe ist unendlich in seiner Essenz und Erscheinungsform. Es ist notwendig, die Perversität und die Exzesse zu vermeiden. Wir müssen aber erkennen, dass alle Wesen im Universum geboren wurden um zu lieben und geliebt zu werden. Manchmal müssen viele von ihnen vorübergehend Prüfungen überstehen, Pflichten des sühnenden Gesetzes erfüllen und besondere Dienste erweisen. Die Schüler, Schuldner wie Missionare, verpflichten sich manchmal zu langen Phasen von Durst und Hunger des Herzens. Dies bedeutet jedoch keineswegs Hindernisse für die Liebe. Jesus ist nicht eine gewöhnliche Ehe auf der Erde eingegangen, jedoch die Familie seines Herzens wächst mit jedem Tag. Seine Kräfte haben keine vorübergehenden physischen Körper gezeugt, aber seine schöpfenden Energien erneuerten die Menschheit, veränderten ihren Lauf und tragen bis heute zur Vervollkommnung der Welt bei. Eine sublime Symbolik schimmert aus dem Verhalten des Meisters, er hat sich an die Einsamen und Gedemütigten gewandt, die von den menschlichen Konventionen besiegt wurden. Er hat ihnen gezeigt, dass es möglich ist, zur Erweiterung der Höchsten Güte beizutragen: mit Liebe und Aufopferung und mit der Absage an den Egoismus und an die niedrige Absicht, entsprechend der eigenen Neigungen geliebt zu werden.

Die Erbauung des wahren Glücks hängt nicht von der Befriedigung unserer Instinkte ab. Der Austausch von Fortpflanzungszellen zwischen den inkarnierten Wesen, was die Kontinuität der physischen Körper im Evolutionsprozess garantiert, ist lediglich ein Aspekt der tausendfachen Formen von Liebesbekundung. Es ist wichtig zu erkennen, dass der Austausch von ähnlichen Kräften, von zusammenpassenden Fluida, von übereinstimmenden Schwingungen liebender Seelen über jeglichen fühlbaren Zuneigungszeichen steht und die ewigen Werke aus Leben und Licht in den unendlichen Sphären des Universums erhält.

Lasst uns deshalb denjenigen liebevolle Unterstützung anbieten, die auf der Welt verzweifeln und sich in einem vorübergehenden Zustand von Enterbten fühlen. Wir sollen ihnen beibringen, ihren Geist aus den Schlingen des Instinkts zu befreien und ihnen den Weg zu den Idealen der heiligenden Liebe öffnen. Wir sollen sie daran erinnern, wenn sie ihre Gedanken auf die gequälte Sexualität fixieren und andere Bereiche der spirituellen Errungenschaften im organischen Bereich vernachlässigen, dann bleiben sie auf dem Evolutionsweg unnötig stehen. Dies bedeutet, sich dem Einfluss von gefährlichen Monstern der Einbildung bedingungslos auszuliefern, dem Verdruss und dem Neid, der Verzweiflung und der Bitterkeit, welche schädliche Wunden in der Seele öffnen und Ausschließlichkeitsansprüche mit sich ziehen. Eine Strafe, die bis zum Wahnsinn führen kann. Laden wir sie ein, weitere Horizonte im Herzen zu öffnen. Die Liebe wird immer neue Welten finden. Damit sich solche Entdeckungen mit himmlischem Licht krönen, reicht es aus, den Müßiggang zu verlassen, denn die verwerfliche Ignoranz wird automatisch dadurch bekämpft. In jedem von uns leuchtet unentwegt das befreiende Licht in den Gedanken der Erneuerung zum Wohle der Allgemeinheit, die wir tagtäglich hegen und verstärken sollen.

Die Gefangenschaft in den Qualen der Sexualität ist ein Problem, das von Gelehrten und Ärzten im äußeren Bereich nicht gelöst werden kann. Sie ist eine Frage der Seele, sie verlangt einen individuellen Heilungsprozess und nur der Geist kann sich von dieser Gefangenschaft befreien, indem er mit sich selbst ins Gericht geht. Es ist unbestreitbar, dass jegliche Hilfe von außen wertvoll und ehrenwert ist, aber wir müssen erkennen, dass die Sklaven der Störungen im Sinnesbereich nur durch sich selbst befreit werden können: durch die Erweiterung des Verständnisses, durch das Erkennen von fremden Leiden und der eigenen Schwierigkeiten, durch die Anwendung des Gesetzes ‚Liebt einander'[49] und durch die Unterweisung. Das kann nur im innersten der Seele und mit den besten Kräften des Verstandes und den besten Gefühlen des Herzens geschehen."

Die Belehrung war beendet und alle waren beeindruckt.

Ich war fasziniert von den Worten des Boten. Die Lektionen über Sexualität waren für mich vollkommen neu. Sie waren keine Wiederholungen aus Lehrbüchern, keine Ergebnisse von nüchternen Beobachtungen von Wissenschaftlern und Schriftstellern, die sich bemühen, mit wulstigen Worten eine Wirkung zu erzielen. Die Lektionen wurden von einem mit geschwisterlicher Liebe erfüllten Betreuer erteilt, der sich den Bedürfnissen von schwächeren und unglücklicheren Geschwistern widmet.

Eine gewisse Unruhe herrschte nun im Raum. Ich erkannte, dass die Anwesenden Fragen zum Thema des Abends stellen durften und in der Tat, viele Fragen wurden gestellt und die Antworten waren sehr wertvoll, weil aufklärend und aufbauend.

Die lehrreiche Fragestunde verlief rege, als ein Gefährte eine bestimmte Frage stellte, die meine Neugier weckte.

„Ehrwürdiger Mentor", sagte er respektvoll, „in der letzten Zeit hat eine große Anzahl inkarnierter Psychologen auf der Erde die Prinzipien Freuds als Basis für die Untersuchung der Geistes-

[49] „Liebt einander": Joh 13,34

störungen angenommen. Für den großen österreichischen Arzt stammen fast alle psychischen Störungen aus der irregeführten Sexualität. Einige seiner Schüler haben jedoch manches in seinen Theorien verändert. Herausragende Denker haben die These der erotischen Halluzinationen korrigiert. Die Psychologie hat diese These in der Untersuchung der Träume und Gefühle oft sogar bei Kindern angewandt. Sie behauptet, dass jeder Mann und jede Frau einen angeborenen Wunsch besitzt, sich selbst wichtig zu nehmen, was zu primitiven Impulsen von Herrschaft führt. Andere wichtige Intellektuelle behaupten ihrerseits, dass das menschliche Wesen ein Archiv aller Erfahrungen der Menschheit ist und zu bestimmten Gedankenlinien neigt."

Die wichtige Bemerkung verursachte allgemeines Stillschweigen und deshalb machte der Fragesteller eine bewusste Pause. Dann fuhr er fort:

„Heute wissen wir, dass das Leben des Geistes fern vom dichten physischen Körper verwirrende Überraschungen für die irdische Wissenschaft bereithält. Jedoch, wenn wir uns schon der Aufgabe widmen, den gequälten Freunden der irdischen Oberfläche zu helfen, könnten wir nicht geeignete Erklärungen zu diesem Thema erhalten, um sie anschließend weiterzugeben?"

Der weise Ausbilder zögerte nicht und erklärte:

„Ich weiß, was du dir wünschst. Du beziehst dich auf die Bewegungen der analytischen Psychologie, die von Freud und zwei verschiedenen Strömen seiner Mitarbeiter angeführt wurden. Der bemerkenswerte Wissenschaftler hat den sexuellen Impuls in den Mittelpunkt seiner Lehre gestellt und verlieh ihm absoluten Charakter, während sich die zwei Ströme der Psychologie, die bei Freud ihren Anfang hatten, in der Interpretation unterscheiden. Die erste Theorie untersucht die angeborene Sehnsucht der Menschen nach Geltung, während die zweite erklärt, dass über die Befriedigung der Sexualität und der individuellen Bedeutung hinaus, es einen Impuls des höheren Lebens gibt, der auch den scheinbar glücklichsten Menschen auf der Erde beschäftigt. Für die Kreise der reinen Freud'schen Wissenschaftler können alle psychischen Probleme der Persönlichkeit auf die sexuelle Beklemmung zurückgeführt werden. Für eine große Mehrheit seiner Mitarbeiter reichen die Ursachen bis zur Errungenschaft der Macht und der Idee von einem höheren Ziel. Wir können sagen, dass die drei Schulen gleichrangig sind, sie alle haben gewissermaßen Recht. Ihnen fehlt jedoch die Basiskenntnis der Reinkarnationslehre. Sie sind wie schöne und wertvolle Häuser der wissenschaftlichen Prinzipien, aber ihnen fehlt das Dach der Logik. Wir können nicht behaupten, dass sich in irdischen Kreisen alles um die Sexualität, um den Wunsch nach Überlegenheit und den Impuls nach dem Höheren dreht. Mit dem gegenwärtigen Verständnis können wir jedoch versichern, dass alles im Leben schöpferischer Impuls ist. Vom Wurm bis zum Engel sind alle Wesen Erben der Heiligkeit, die uns unsere Existenz schenkt. Wir sind alle Speicher von schöpferischen Eigenschaften. Der Heliotropismus[50] weckt die Pflanze, die in der Landschaft auftaucht und das Leben verbreitet und erneuert. Das Glühwürmchen leuchtet im Dunkeln, um sich zu verewigen. Die Frösche empfinden Schwingungen der Liebe und Vaterschaftsgefühle in den Schlupfwinkeln des Sumpfes. Die kleinsten Vögel reisen weite Strecken, um Material für ihr Nest zu sammeln. Die Bestie vergisst ihren wilden Charakter, wenn sie zärtlich ihr neugeborenes Junges leckt. Schließlich, mehr als die Hälfte der Millionen inkarnierten Geister auf der Erdoberfläche, dessen Bewusstsein sich in der Region der automatischen Impulse fixieren, konzentrieren ihre Kräfte in der Sexualität, woraus selbstverständlich große und vielfältige geistige Störungen stammen. Sie bilden dichte Legionen von noch wenig entwickelten Menschen

[50] Heliotropismus: Wachstum der Pflanzen der Sonne entgegen

auf der Erde, sie sind unsere Geschwister in der Kindheit der Erkenntnis, sie können Empfindungen und Leben nur durch die Mobilisierung von sexueller Kraft erschaffen. Eine große Anzahl von Menschen jedoch, nachdem sie die Vernunft über den Instinkt erlangt haben, verharren im Unsinn des Hochmuts, sie sind durch die autoritäre Laune verführt, hungrig nach Hervorhebung und Glanz, auch wenn sie sich manchmal an wertvolle Arbeit und noble Leidenschaften halten. Und schließlich gibt es eine kleine Gruppe von Männern und Frauen, welche die eigenen Energien im vollen individuellen Verantwortungsbewusstsein beherrschen. Durch ihre geleistete Arbeit erhalten sie Titel und Belohnungen, mit denen sie das eigene Leben bestreiten. Sie erringen somit das sexuelle Gleichgewicht im instinktiven Bereich des Seins und fixieren sich in der erhöhten Region, in dem Haus der höheren Vorstellungen, dem Suprabewusstsein, und finden keine vollkommene Freude mehr in der Befriedigung von physischen Bedürfnissen oder in der persönlichen Hervorhebung. Sie versuchen in höhere Kreise des Lebens zu kommen, sie haben höhere Ideale. Aus der nebligen Straße des irdischen Lebens heraus empfinden sie sich an der Schwelle zur himmlischen Sphäre, gleich einem Reisenden, der die dunklen Wege der nächtlichen Finsternis überwunden hat und zwischen den letzten Schatten der Nacht und den undefinierbaren Versprechungen des Morgengrauens erstaunt stehen bleibt… Für diese Menschen werden die Sexualität, das eigene Ego und die Gegebenheiten der irdischen Gesetze geheiligt, denn sie bieten ihnen Gelegenheiten, Gutes zu tun. Im Heiligtum ihrer Seelen strahlt ein neues Licht. Die eigenbrötlerische Vernunft hat sich in universelles Verständnis verwandelt. Sublimierte Gefühle zur höheren Sphäre sind in ihnen gewachsen. Sie erahnen die Heiligkeit und sehnen sich nach der Vereinigung mit ihr. Diese Männer und Frauen sind Anwärter zur Engelhaftigkeit, weil sie die höchsten menschlichen Normen verwirklicht haben...

So oder so sind dies alles schöpferische Fähigkeiten, die wir von Gott geerbt haben, im permanenten Spiel auf den Feldern des Lebens. Jedes Wesen wird angeregt, zur Organisation, Erhaltung und Ausweitung des Universums beizutragen!..."

Der Ausbilder machte eine bedeutungsvolle Miene, legte in seiner Rede eine längere Pause ein und fügte dann wohlwollend hinzu:

„Sehr oft führen die Kreaturen das Böse ein, verändern den natürlichen Fluss der guten Umstände, vergiften die Möglichkeiten und halten sich für eine sehr lange Zeit bei wiedergutmachenden oder sühnenden Aufgaben auf. Aber auch hier müssen wir die unaufhörlichen Anzeichen von schöpferischer Kraft erkennen, die jedem von uns innewohnt, auch denjenigen, die verfehlen… In der Tat, sie fallen in die Abgründe des Verbrechens, sie werfen sich in die Täler des Schattens, aber indem sie ihre Handlungen planen und umgestalten, erlangen sie das gesegnete Vermögen der Erfahrung. Und mit der Erfahrung erlangen sie das Licht, den Frieden, die Weisheit und die Liebe, die sie Gott näher bringen. Wir können deshalb zu dem Schluss kommen, dass, wenn die Psychoanalyse Freuds und seiner Mitarbeitern große Fortschritte im Bereich der Untersuchung und des Wissens gemacht hat und zum Teil manche Rätsel des menschlichen Psychismus lösen konnte, fehlt ihr noch immer der Schlüssel der Reinkarnation, um die Frage der Seelen vollkommen zu beantworten. Es ist unmöglich die Thematik endgültig zu lösen, ohne die Evolution, die Vervollkommnung, die Verantwortung, die Wiedergutmachung und die Ewigkeit miteinzubeziehen. Es reicht nicht aus, Komplexe und Frustrationen zu entdecken, psychische Wunden und geistige Defizite zu identifizieren, ohne dafür eine Lösung anzubieten… Zusammengefasst, die einfache Untersuchung der Oberfläche ist nicht genug: man muss den Kern erreichen und

Veränderungen in den Ursachen herbeiführen. Dafür muss man die Realität der Wiedergeburtslehre und der Unsterblichkeit eingestehen. Bis es soweit ist, helfen wir unseren Freunden der Erde beim Erlangen von Selbstvertrauen, bei der Eindringung der himmlischen Hoffnung und bei der fortwährenden Selbstvervollkommnung durch erlösende Arbeit."

Der Bote schwieg und lächelte.

Weitere interessante und angebrachte Fragen wurden gestellt und die Antworten waren klar und erbauend. Alle Zuhörer zogen echten Nutzen aus dieser Stunde.

Am Ende der Versammlung verließ ich zusammen mit Calderaro das Studienzentrum. Ich schwieg und auch er sammelte sich. Es schien mir, dass er das offenbarende Licht der ausgeführten Ideen verinnerlichen wollte. Ich konnte die Gedanken meines hilfsbereiten Mentors nicht einschätzen, denn er war in tiefe Meditation versunken. Ich, für meinen Teil, hatte neue Erkenntnisse im Bereich der Sexualität entdeckt. Von diesem Moment an blühten weitere Vorstellungen von Liebe in meinem Bewusstsein und erleuchteten mich.

12
Seltsame Krankheit

In Begleitung des aufopfernden Bruders der Leidenden betrat ich ein komfortables Haus. Calderaro führte mich sofort zu einem noblen Herrn, der sich ausruhte.

Wir befanden uns in einem eleganten und mit Altgold verzierten Zimmer. Ein wunderbarer Teppich vollendete die Schönheit des Ambientes, er zeigte ausgefallene Arabesken, welche mit den Verzierungen an der Decke harmonierten.

Der von uns besuchte Kranke lag auf dem Sofa und war tief in Meditation versunken. Daneben stand eine bescheidene Wesenheit aus unserer Ebene, die auf uns wartete.

Sie kam uns entgegen und begrüßte uns freundlich.

Hilfsbereit beantwortete sie die Fragen des Assistenten:

„Fabrício geht es langsam besser. Die Angstzustände halten jedoch noch an. Er ist unruhig und bedrückt…"

Der Betreuer blickte den Kranken bedeutungsvoll an und fragte nach:

„Kann er sich noch beherrschen? Hat er sich noch nicht vollkommen den zerstörerischen Gemütern ausgeliefert?"

Die Gesprächspartnerin zeigte sich erfreut und informierte:

„Es fehlt nicht an der Himmlischen Barmherzigkeit. Der vollkommene Wahnsinn ist bis jetzt noch nicht eingetreten. Unsere Unterstützung hat sich dank Jesu durchgesetzt."

Dann wandte sich Calderaro zu mir und fragte zuvorkommend:

„Hast du jemals Fälle von diagnostizierter Schizophrenie untersucht?"

Ich hatte auf diesem Gebiet keine speziellen Kenntnisse. Es war mir jedoch bekannt, dass diese Krankheit eine der beunruhigtesten Themen der modernen Psychiatrie ist. Calderaro erkannte meine Unwissenheit und erklärte:

„Dieser undankbare Zweig der Wissenschaft untersucht die Geisteskrankheiten und ist seit langem ein Konfliktfeld zwischen Ärzten und Psychologen. Solch ein Konflikt ist in Wahrheit bedauernswert und inhaltslos, denn beide Ströme haben wichtige Gründe in ihrer Argumentation. Wir müssen aber erkennen, dass die Psychologie die bessere Position einnimmt, denn sie erforscht das Problem in der Nähe der tieferen Ursachen, während die Physiologie die Auswirkungen analysiert und lediglich Heilungen an der Oberfläche anbietet."

Der Assistent empfahl mir, den geistigen Bereich des Kranken zu untersuchen.

Ich horchte in sein Inneres und erschrak über die Ängste, welche sein Wesen belagerten. Sein Gehirn zeigte seltsame Veränderungen. Der ganze innere Bereich war mit dunklen Flecken übersät. Die Störungen im Kreislauf und im Bewegungs- und Sinnesbereich waren offensichtlich. Calderaro hatte mir Fabrício vorgestellt und Schizophrenie bei ihm diagnostiziert. Standen wir aber nicht vor einem Fall von Neurasthenie, welche das Gehirn und den Kreislauf beeinträchtigt?

Der Ausbilder hörte mir geduldig zu und stellte fest:

„So wie unser Freund sich heute zeigt, ist das die genaue Diagnose. Aber die Schizophrenie stammt aus subtilen Störungen im Perispirit und zeigt sich im physischen Körper durch eine erstaunliche Anzahl verschiedener und unbestimmter Krankheiten. Im Moment haben wir es mit der Krishaberschen Krankheit[51] zu tun, mit allen ihren speziellen Merkmalen."

Mit ernstem Gesicht fügte er hinzu:

„Beobachte jedoch über die physischen Veränderungen hinaus. Untersuche den Geist und die Domäne der Sinne."

Ich warf die Sonde meiner Beobachtungen noch tiefer in die inneren Bilder des Kranken und sah quälende Aufzeichnungen auf der Leinwand seiner Erinnerung.

Fabrício war in sich gekehrt und beachtete nicht, was um ihn herum geschah. Seine Arme hingen schlaff herunter, seine leblosen Augen waren starr geradeaus gerichtet und er verschloss sich seiner Umgebung. In seinem Inneren jedoch war der geistige Bereich wie ein brennender Ofen.

Die überaktive Einbildungskraft war damit beschäftigt, *die Vergangenheit zu hören...* Sie erinnerte ihn an einen sterbenden alten Mann. Er hörte seine letzten Worte im physischen Körper, die ihm die drei anwesenden jungen Menschen anvertrauten. Auch diese waren dort, in der Landschaft seiner Erinnerungen. Der Sterbende war sicherlich sein Vater und die Jungen, seine Brüder. Sie führten ein Gespräch unter Tränen. Plötzlich veränderten sich seine Erinnerungen. Der Alte und die Brüder schienen sich gegen ihn aufzulehnen und machten ihm Vorwürfe. Sie beschimpften ihn auf übelste Art...

Der Kranke hörte die inneren Stimmen und war beklommen und verbittert. Er wünschte sich, die Vergangen-

[51] Krishaberische Krankheit: Depersonalisation, Veränderung des ursprünglichen Persönlichkeitsgefühls

heit hinter sich lassen zu können und er würde jeden Preis für das Vergessen bezahlen. Er sehnte sich danach, vor sich selbst zu fliehen, aber vergebens: Die gleichen grausamen Erinnerungen peinigten unentwegt sein Gewissen.

Ich beobachtete die organischen Schäden, welche der intensive Missbrauch von schmerzstillenden Medikamenten verursacht hatte. Offensichtlich duellierte dieser Mann seit vielen Jahren gegen sich selbst.

Ich war in meine Untersuchung versunken, als eine alte Frau das Zimmer betrat und versuchte, Fabrício in die Realität zurückzuholen.

„Auf, Fabrício. Möchtest du heute nichts essen?"

Der Blick des Angesprochenen streifte durch das Zimmer. Er schüttelte mit dem Kopf und nahm dann wieder die gleiche ausdruckslose Position ein.

Die alte Dame versuchte freundlich, ihn zum Essen zu bewegen, konnte ihn aber nicht umstimmen. Als sie ihm vorsichtig die Brühe einflößte, stand der Kranke plötzlich in einem Wutausbruch auf. Er schrie unangemessene und undankbare Worte. Rot vor Wut, wies er das Angebot zurück und überraschte mich mit seinem Anfall.

Während die Ehefrau ihre Tränen trocknete, verließ sie das Zimmer. Ergriffen erklärte mir Calderaro:

„Er steht am Abgrund der Verwirrung. Nur aufgrund der Ergebenheit einer alten entkörperten Verwandten, die ihn aufmerksam betreut, ist er noch nicht vollkommen geistig gestört."

Der Assistent spendete ihm lindernde magnetische Fluida und stärkte damit seine Widerstandskräfte.

Fabrício war nun beruhigter und Calderaro erklärte gelassen:

„Unser kranker Freund hat sich unglücklicherweise eine große Erbschaft erschlichen, obwohl er dem sterbenden Vater in Anwesenheit seiner jüngeren Brüder versprochen hatte, für diese zu sorgen. Sobald er sich aber als Herr der Lage fühlte, vergaß er sein

Versprechen. Er nutzte gut entlohnte Rechtsverdreher, solche, die ohne Skrupel gerichtliche Texte zu Gunsten ihrer Klienten auslegen. Die Klagen der Geschwister waren energisch und überzeugend, die Aufrufe an seine Barmherzigkeit waren rührend. Fabrício verharrte jedoch in eklatanter Taubheit. Er warf seine Geschwister aus dem Haus und überließ sie Armut und vielerlei Schwierigkeiten. Zwei von ihnen entkörperten aufgrund von übermäßigen Nachtschichten an Tuberkulose in einem Krankenhaus für Obdachlose. Der andere starb an Vitaminmangel unter erbärmlichen Bedingungen, bevor er 30 Jahre alt wurde. Unser unglücklicher Freund hat das alles verursacht, ohne von der irdischen Justiz belangt zu werden. Er konnte jedoch die Spuren seiner bösen Taten nicht aus seinem Gewissen entfernen. Die Erinnerungen an das Verbrechen blieben in seinem Geist wie Kohlestücke in einer vom verschlingenden Feuer zerstörten Landschaft. Sobald der Hauch der Erinnerungen darüber bläst, verwandeln sich diese Kohlestücke in lebendige Glut. Solange der schlechte Sohn und grausame Bruder einen gesunden Körper hatte und Widerstandskräfte besaß, gelang es ihm ohne große Schwierigkeiten, vor sich selbst zu fliehen. Das einfache Geld, die solide Gesundheit, das Vergnügen und der Genuss waren für ihn wie schwere Vorhänge zwischen seiner arroganten Persönlichkeit und der wahren Realität. Die Zeit jedoch zermürbte seinen physischen Körper und vertrieb die meisten Illusionen. Allmählich fand er zu sich selbst. Auf *der Reise zurück zu seinem eigenen Ich* sah er sich aber allein mit den Erinnerungen, von denen er sich nicht befreien konnte. Vergebens versuchte er, guten Mut und Wohlbefinden zu erlangen. Er konnte sich nicht auf sich selbst konzentrieren, ohne die Stimme seines Vaters und seiner Geschwister zu hören, die seine Tat verurteilten und ihm Niedertracht vorwarfen… Der gepeinigte Geist fand keinen tröstenden Zufluchtsort. Wenn er sich an die Vergangenheit erinnerte, verlangte diese Wiedergutmachung. Wenn er versuchte, in der Gegenwart zu sein, fand er keine Ruhe, um sich gesunder Arbeit zu widmen. Wenn er sich in die höhere Sphäre erheben und zu Gott beten wollte, überraschten ihn auch dort schmerzhafte Ermahnungen, im Sinne von unaufschiebbarer Berichtigung des begangenen Fehlers. In diesem spirituellen Zustand interessierte er sich zu spät für das Schicksal seiner Brüder. Die erhaltenen Informationen gaben ihm keine Möglichkeit, sofort für seine Versäumnisse zu zahlen. Alle waren ihm auf der großen Reise in den Tod voraus gegangen. Der Verzweifelte erkannte die Unmöglichkeit, das kurvenreiche Schicksal schnell zu berichtigen und seitdem verharrt er im niedrigen Wohnsitz des Seins. Er verlor die noblen Bestrebungen und die gesunden Ideale, er ignorierte die Mittel der Hoffnung. Anstatt dass die materiellen Vorteile ihn erfreuten, flößten ihm diese nun furchtbare Langeweile und unsagbaren Verdruss ein. Er hat sich eine Maschinerie von finanziellen Verpflichtungen erschaffen, widersetzte sich jedoch dem universellen Gesetz der Güte, Besitz mit seinen Nächsten zu teilen. Er war angekettet an die Mühle der finanziellen Zwänge, die er selbst herbeigeführt hat und als angesehener Geschäftsmann konnte er sich auch den sozialen Verpflichtungen nicht entziehen. Schlussendlich fiel er in extreme Erschöpfung und erlitt einen Zusammenbruch. Er fühlte sich vom Gericht des eigenen Gewissens verurteilt und begann, überall Feinde zu erahnen. Somit entwickelte er bedauernswerte Phobien. Er bildet sich ein, dass alle ihm vorgesetzten Mahlzeiten vergiftet sind. Er misstraut allen seinen Familienangehörigen und weist alte Beziehungen zurück. Der Reichtum führte dazu, dass er an ehrliche Freundschaft nicht mehr glaubt. Er bildet sich ein, dass ihm Privilegien zustehen, die er nie verdient hat. Seine zerstörerische Unabhängigkeit nahm überhand und in seinem Herzen wurde das gesegnete Wort ‚dienen' ausgelöscht. Wie man sehen kann, ist sein Zustand absolut ungünstig für die notwendige Wiederaufrichtung. Durch die weniger noblen Sehnsüchte, die er immer gehegt hat, befindet er sich in einem apathischen und leeren Zustand…"

Calderaro zielte auf das kranke Gehirn und erklärte:

„Das Nervensystem verbindet sich mit dem Gehirn mittels Prozessen, die durch die menschliche Wissenschaft nicht zu beschreiben sind und, wie wir soeben feststellen konnten, ist es nichts Weiteres als die Darstellung eines wichtigen Bereiches des Perispirits. Fabrícios erschöpfter Geist spürte beharrliche Reue und beklemmende Sorgen und vergiftete somit die Vitalzentren mit andauernder Ausstrahlung von zerstörerischen Energien. Als Konsequenz verfestigte sich das, was die gute Psychiatrie als ‚allgemeine Schädigung des Nervensystems' bezeichnet. Das Unglück betraf zuerst den Bereich der jüngeren Errungenschaften der Persönlichkeit, d.h. die jüngeren Zellen und Reize, welche sich in den Frontallappen und in den motorischen Rinden befinden. Unser Freund wurde vorübergehend unfähig, höheren Gedanken und gesunder Arbeit nachzugehen. Er wurde gezwungen, sich im spirituellen Bereich in sich zurückzuziehen. Sein Geist bleibt im instinktiven Bereich der Persönlichkeit stehen und unser Kranker ist nur aufgrund der konstanten Unterstützung unserer Ebene nicht vollkommen verwirrt."

Der Assistent schwieg und ich wagte, eine Frage zu stellen:

„Gibt es aber Hoffnung auf eine baldige Besserung?"

Calderaro antwortete in einem besonderen Tonfall:

„Absolut keine. In seinem Fall wären die gewöhnlichen Therapien vergebens. Der straffällige Geist kann die verschiedensten Hilfestellungen erhalten, bleibt aber gezwungenermaßen der eigene Arzt. Die Himmlische Gerechtigkeit wirkt unveränderlich, obwohl dies die Menschen im Bereich ihrer gewöhnlichen Beziehungen nicht erkennen. Die Verbrecher können sich für lange Zeit den Berichtigungsmaßnahmen der irdischen Justiz entziehen. Früher oder später werden sie jedoch in niedrigen spirituellen Bereichen bei ihren Geschwistern der Menschheit verweilen, was als Ort der Sühne bezeichnet wird. Für seine Familie und Freunde ist Fabrício schizophren, aber aufgrund seines zerbrechlichen und müden Herzens darf er eine Insulinschocktherapie nicht erhalten. Für uns ist er ein Gefährte, der in niedrigen Ambitionen verunglückt ist. Er spürt lediglich die bitteren Auswirkungen seiner Absichten, egoistisch das Leben zu beherrschen."

Der Betreuer unterbrach seine Erklärungen und mir kamen weitere Fragen in den Sinn:

Wenn der Kranke keine Perspektive von substanziellen Besserungen zeigte, was war dann das Ziel unserer Unterstützung? Warum hielten wir uns bei einem unmöglichen Fall wie diesem auf, wenn eine Zusammenkunft von Fabrício und seinen Geschädigten in absehbarer Zeit nicht möglich ist?

Calderaro gab mir die Antworten:

„Wir sind hier, um ihm einen würdigen Tod zu ermöglichen. Er wird nicht vollkommen wahnsinnig werden. Mit unserer geschwisterlichen Hilfe wird er vor der totalen Verwirrung entkörpern."

Das hat mich zutiefst überrascht. Deshalb fügte der hilfsbereite Freund hinzu:

„Fabrício hat eine Frau geheiratet, die jegliche himmlische Unterstützung verdient. Diese Dame schenkte ihm drei Kinder. Er widmete sich ihnen edelmütig und bereitete sie für hohe soziale Dienste vor. Zwei von ihnen sind Lehrer und der andere ist Arzt, sie alle widmen sich dem hohen Ideal, dem Allgemeinwohl zu dienen. Seine Familie wurde zwar unter dem Schutz seiner materiellen Mittel aufgebaut aber sie hatte sich ohne seine despotische Persönlichkeit entwickelt. Dennoch hat Fabrício kein Recht, seine Familie zu stören. Aufgrund des Dienstes, den er für seine Ehefrau und die Kinder geleistet hat, erhält er die jetzige Hilfe der höheren Sphären, damit er den Übergang gut übersteht und auf die Wiederanpassung vorbereitet ist. Die Gebete seiner Partnerin und der Kinder garantieren ihm einen ‚guten Tod', der bald eintreten wird. Wir ordnen dafür seine Energien und bereiten gleichzeitig seine Familie vor, damit sie ohne seine physische Anwesenheit weiterhin im aktiven Dienst des Guten bleibt."

Der Assistent schwieg und begann, dem Kreislauf des Kranken feinstoffliche Heilfluida zu übertragen.

Einige Minuten lang verabreichte er Kräfte im Bereich der wichtigsten Gefäße und anschließend spendete er längslaufende Passe, um die Nerven zu beruhigen.

Ich war selbstverständlich überraschst und Calderaro erklärte:

„Wir verkalken manche Venen und bereiten somit den Weg für eine Thrombose vor. In wenigen Tagen wird die Entkörperung sanft eintreten. Das ist eine mildtätige Maßnahme, die notwendig ist für das Glück des Kranken und der vielen, die sein Martyrium aus nächster Nähe verfolgen."

Der Kranke schien ein wundersames Schmerzmittel eingenommen zu haben und war etwas ruhiger. Beherrscht lehnte er sich zurück und legte seinen Kopf auf die weißen Kissen.

Ich fragte neugierig:

„Wenn man bedenkt, dass der Tod bald eintreten wird, wie wird der Erlösungsprozess unseres Freundes weitergehen?"

„Die Abrechnung hat schon angefangen", antwortete mein Betreuer gelassen.

„Wie denn?"

Calderaro machte eine bedeutsame Geste und empfahl:

„Warte ab."

In diesem Moment betätigte der Kranke eine Glocke am Kopfende. Die Ehefrau kam eilig herein. Sie stellte fest, dass es ihm besser ging und lächelte glücklich.

Der Alte fragte gefasst:

„Inês, kann ich Fabricinho sehen?"

„Aber ja!", antwortete sie feinfühlig. „Ich werde ihn holen."

Bald darauf kehrte sie mit einem etwa achtjährigen Jungen zurück. Der Kleine umschlang zärtlich die mageren Arme seines Großvaters und fragte:

„Geht es dir besser, Opa?"

Der Kranke betrachtete ihn liebevoll und antwortete:

„Mir geht es besser, mein Kind . . . warum bist du heute Morgen nicht gekommen?"

„Oma hat es nicht erlaubt."

„Ja, es stimmt, es ging mir nicht gut..."

Die Dame zog sich diskret zurück und betrachtete die Szene aus einer gewissen Entfernung.

Großvater und Enkelsohn fühlten sich nun unbefangen.

Selig durch die Anwesenheit des Jungen, bat unser fast dementer Freund:

„Fabricinho, ich möchte, dass du für mich betest..."

Der Kleine zögerte nicht.

Er kniete sich sofort hin und betete respektvoll das Vaterunser.

Am Ende des Gebetes bat der Kranke gerührt:

„Wenn ich gestorben bin, vergiss nicht, für mich zu beten, mein Kind."

Der Junge stand auf, umarmte ihn und schrie weinend:

„Du wirst nicht sterben!..."

Der Alte zeigte sich erleichtert und erwiderte seine Umarmung. Mit einem seltsamen Glanz in den Augen betrachtete er seinen Enkelsohn und fragte:

„Fabricinho, glaubst du, dass Gott Sündern wie mir verzeiht?"

Der verwirrte Junge antwortete:

„Ich glaube Opa, dass Gott uns allen verzeiht."

Die Fragestellung des Alten zeigte die Beklemmungen, die seine Seele belagerten. Er fragte erneut:

„Auch einem Mann, der das Vertrauen seines Vaters hintergeht und seine Geschwister beraubt?"

Der Enkelsohn zögerte, denn er war unfähig, das Ausmaß dieser gezielten Frage zu verstehen. Aber in dem Wunsch, dem Kranken auf jeden Fall zu gefallen, antwortete er mit kindlicher Schlichtheit:

„Ich denke, dass Gott immer verzeiht..."

„Das ist es, was ich wissen wollte", erwiderte der Alte etwas erleichtert.

Sie unterhielten sich weiterhin zärtlich und liebevoll.

Nach eingehender Untersuchung zeigte Calderaro auf das Kind und erklärte:

„Dieser Junge ist Fabrícios ehemaliger Vater, der durch die gesegneten Türen der Widergeburt in die Gesellschaft des schuldigen Sohnes zurückgekehrt ist. Er ist das einzige Enkelkind des Kranken und wird später die Führung des materiellen Vermögens der Familie übernehmen, die Güter, die ihm ursprünglich gehörten. Das Gesetz schläft nie."

Ich erschrak durch diese Information und einige spontane Fragen tauchten auf.

Wie würde seinerseits der alte Fabrício erlöst werden? Würde auch er in der Zukunft zur gleichen Familie zurückkehren? Würde er nach dem Tod des physischen Körpers vollkommenes Ungleichgewicht erleiden? Würde die Störung lange andauern?

Calderaro beendete die Hilfsdienste im Haus, lächelte mich an, bereitete sich auf den Weggang vor und erklärte:

„Unser kranker Freund behält die Rückstände seines Verbrechens und gleich nach dem Verlassen des physischen Körpers wird er für lange Zeit die Auswirkungen seiner Verfehlungen ertragen müssen, bis das Leiden ihn von den bösen Elementen, die seinen Geist vergiften, befreit. Wenn diese Sühnephase abgeschlossen ist, dann..."

„Wird er zu seiner Familie zurückkehren?", fragte ich aufgewühlt, angesichts des unvollendeten Satzes.

„Wenn seine Familie ihren spirituellen Zustand zu leuchtenden Gipfeln erhöht hat, wird er sich sehr stark bemühen müssen, um das zu erreichen. Er wird jedoch nie ohne Unterstützung bleiben. Wir alle haben eine große Familie, in der wir seit dem Ursprung integriert sind: die Menschheit."

In diesem Moment verließen wir das prunkvolle Zimmer.

In wenigen Sekunden erreichten wir die freie Natur und genossen den Segen eines kristallklaren Himmels. Während mein Ausbilder in sich kehrte und sich um die Verantwortungen seines Dienstes Gedanken machte, verweilte ich im Geiste bei dem Ausmaß und der Erhabenheit des Reiches der Gerechtigkeit.

13
Liebespsychose

Mitten in der Nacht begleitete ich Calderaro, um eine verzweifelte Schwester zu unterstützen, die kurz vor dem Selbstmord stand.

Wir betraten ein bequemes aber einfaches Haus und trafen dort verschiedene unglückliche Wesenheiten.

Der Assistent schien es eilig zu haben, denn er äußerte sich nicht dazu.

Ich begleitete ihn in ein bescheidenes Zimmer, in dem wir eine in Tränen aufgelöste junge Frau antrafen. Ihr Geist war äußerst verstört und diese Verwirrung breitete sich in allen Vitalzentren ihres Körpers aus.

„Armes Kind!", sagte der Betreuer ergriffen. „Die Himmlische Barmherzigkeit wird ihr beistehen. Sie hat alles vorbereitet, denn sie will sich heute Abend das Leben nehmen. Aber die Himmlischen Kräfte werden uns helfen, das zu verhindern..."

Er legte seine rechte Hand auf die Stirn der weinenden Frau und erklärte:

„Das ist Antonina, eine aufopfernde Kampfgefährtin. Sehr früh verstarb ihr Vater und mit nur acht Jahren musste sie eine Arbeit annehmen, um die Mutter und ihre Schwester zu ernähren. Ihre Kindheit und Jugend war entbehrungsreich, es war keine glückliche und unbeschwerte Zeit, wie es normalerweise sein sollte. Als sie zwanzig Jahre alt war, verlor sie ihre Mutter. Da ihre Schwester kurz vor der Hochzeit stand, musste sie, trotz ihrer schönen weiblichen Ideale, ihre Bedürfnisse zurückstecken. Nach der Trauung versuchte Antonina, Abstand zu gewinnen und ihr eigenes Leben zu führen. Jedoch sehr bald bemerkte sie, dass ihr Schwager einer verwerflichen Sucht nachging. Die niedrigen Genüsse vereinnahmten ihn und er betrank sich tagtäglich. Spät in der Nacht kam er nach Hause und verteilte Hiebe und Beschimpfungen. Das Schicksal ihrer Schwester rührte sie sehr und deshalb blieb unsere aufopfernde Freundin zu Hause, im Dienst des stummen Verzichts. Sie erleichterte ihr die Sorgen und half bei der Versorgung der Kinder. Traurige und langwierige Jahre vergingen, bis Antonina einen jungen Mann kennenlernte. Der mittellose Freund gab sich alle Mühe, eine Ausbildung zu erlangen. Sie waren im gleichen Alter und teilten Ideen und Gefühle. Ergeben und edel erwiderte sie seine Sympathie und wurde von da an wie eine uneigennützige Schwester für ihn. Seine Gesellschaft warf einen gesegneten Lichtstrahl in ihre ununterbrochene Einsamkeit und Entbehrung. Sie teilte ihre Zeit und ihr Geld mit ihrer Schwester, den vier kleinen Neffen und Nichten und dem Partner, mit dem sie gemeinsam träumte. Ermuntert und glücklich widmete sie sich der erlösenden Arbeit eines jeden Tages und wartete auf die Zukunft. Auch träumte sie davon, eines Tages Mutter zu sein, in einem einfachen und bescheidenen Haus, das aber genug Platz bot, um das Glück von zwei für immer vor Gott vereinten Herzen zu beherbergen. Gustavo, der junge Mann, der ihre wertvolle Unterstützung während der sieben aufeinanderfolgenden Jahren des Universitätsstudiums genoss, fühlte sich jedoch zu wichtig, um sein Schicksal mit dem des einfachen Mädchens zu verbinden. Unabhängig und Träger eines Doktortitels, stellte er nun fest, dass Antonina nicht die physischen Bedingungen erfüllte, die er von seiner Partnerin erwartete. Er hatte ein Medizindiplom und spürte den Drang, eine Familie mit großartigem sozialen Leben zu gründen. Er heiratete eine sehr reiche junge Dame und verachtete das treue Herz, das ihm in den schwierigen Zeiten geholfen hatte. Zutiefst gedemütigt suchte unsere unglückliche Schwester den früheren Freund auf, wurde aber von ihm mit spöttischer Kälte empfangen. Mit ekelerregender Überheblichkeit eröffnete ihr Gustavo die Neuigkeit mit schroffen Worten: Er musste seine materiellen Angelegenheiten klären und deshalb entschied er sich für eine bessere Partie. Zudem, erklärte er, verlange seine Position eine Ehefrau, die nicht aus so bescheidenen Verhältnissen stamme. Er hatte eine Partnerin mit einer höheren Ausbildung vorgezogen. Schwielige Hände und graue Haare auf dem Kopf passten nicht mehr in sein Bild. Die junge Frau hörte sich alles unter ergiebigen Tränen an, erwiderte aber nichts. Sie kehrte gestern nach Hause zurück mit dem sehnlichsten Wunsch zu sterben, egal wie. Sie fühlte, dass all ihre Hoffnungen mit dem unerwarteten Schlag dahin waren, ihre Existenz zu Asche und Staub wurde. Der Verzicht in ihrem Leben öffnete lediglich die Türen ins Verderben und zum Tod. Sie beschaffte sich eine Dosis giftigen Stoffes, den sie noch heute einnehmen will."

Er machte eine kleine Unterbrechung in den Erklärungen und empfahl mir:

„Untersuche sie, während ich die ersten Hilfsmaßnahmen spende."

Für eine lange Zeit durchleuchtete ich sie ausführlich.

Aus Antoninas Augen flossen dicke Tränen. Ihr Gehirn sandte jedoch purpurne Strahlen aus, die den Brustkorb überfluteten und insbesondere das Herz umschlangen. Quälende Gedanken verwirrten ihren Verstand. Ich vernahm ihre stummen Appelle und es schmerzte mich, ihre verzweifelten Schreie und brennenden Bitten zu hören.

„Ist es ein Verbrechen“, dachte sie, „jemand so inbrünstig zu lieben? Wo bleibt die Himmlische Gerechtigkeit, welche das Opfer einer Frau nicht belohnt, die dem häuslichen Frieden dient?“ Sie wünschte sich, heiter und glücklich zu sein, wie die Freundinnen ihrer Kindheit. Sie ersehnte sich die Ruhe einer würdigen Ehe, mit der Hoffnung, durch die unendliche Güte Gottes eigene Kinder zu bekommen. War es verwerflich davon zu träumen, zusammen mit einem einfachen und gütigen Partner eine bescheidene Familie zu gründen? Sogar die Vögel haben ihre Nester! Hatte sie nicht immer für das Glück der anderen gearbeitet? Aus welchen unbekannten Gründen verließ sie Gustavo? Bekräftigten ihre schwieligen Hände und ihr gezeichnetes Gesicht nicht ihre Hingabe an ehrliche Arbeit? Es hat sich nicht gelohnt, so viele Jahre zu leiden und von etwas zu träumen, das sich jetzt als unmöglich erwies... Nein! Sie würde nicht länger in einer Welt bleiben, in dem das Böse so einfach die Tugend besiegt! Trotz des Glaubens, der ihr Herz stärkte, zog sie den Tod vor, das Unbekannte zu wagen... Sie fühlte sich aus dem Gleichgewicht gerissen, ziellos, fast wahnsinnig. „Wäre es nicht vernünftiger“, fragte sie sich selbst, „ die Finsternis des Grabes zu suchen, anstatt auf der Pritsche eines Irrenhauses zu verderben?“

Schluchzend lag die Unglückliche allein auf ihrem Bett, die Hände bedeckten ihr Gesicht. Sie flößte uns Mitleid ein.

Calderaro unterbrach den Unterstützungsdienst, blickte mich bedeutungsvoll an und sagte:

„Ich habe Anweisungen, sie kurz nach Mitternacht in einen tiefen Schlaf zu versetzen.“

Der Assistent bemerkte, dass die vorgegebene Zeit schon bald erreicht war und begann, fluidische Anwendungen im Verlauf des Sympathikus[52] zu spenden.

Das große Netz von Neuronen spürte den betäubenden Einfluss. Antonina versuchte aufzustehen, zu schreien, schaffte es aber nicht. Der Eingriff war zu stark, als dass die Kranke reagieren konnte.

Der Betreuer fuhr aufmerksam fort und hüllte sie sanft in beruhigende Fluida. Die junge Frau gab der unwiderstehlichen Beeinflussung nach und bald lehnte sie sich in ihre Kissen zurück. Sie war in einem Zustand, welcher der gewöhnliche Hypnotiseur als „tiefe Hypnose" bezeichnet.

Calderaro hielt sie länger als eine halbe Stunde in absoluter Ruhe. Nach dieser Zeit betraten zwei Wesenheiten das Zimmer, beide waren von intensiver Ausstrahlung umgeben. Sie umarmten meinen Betreuer, der sie mir freundlich vorstellte.

Mariana war Antoninas frühere aufopfernde Mutter und Márcio war ein erleuchteter Geist, der seit vielen Jahrhunderten mit ihr verbunden war.

Gerührt bedankten sie sich für das Wirken meines Betreuers. Dieser übergab nun die Kranke in die Obhut ihrer Mutter.

Die sympathische entkörperte Dame beugte sich über ihre Tochter, rief sie liebevoll, wie sie es auf der Erde gewöhnlich getan hatte. Teilweise von ihrem groben physischen Körper befreit, erhob sich Antoninas Perispirit, sie war verzaubert und glücklich…

„Mama! Mama!", rief sie. Erleichtert floh sie in die mütterlichen Arme.

Mariana nahm sie liebevoll an, zog sie an ihre Brust und flüsterte ihr zärtliche Worte zu.

„Mama, hilf mir! Ich möchte nicht mehr auf der Erde leben! Lass mich nicht in meinen physischen schweren Kör-

52 Sympathikus: Teil des vegetativen Nervensystems, der den Körper in Angstsituationen in Alarmbereitschaft versetzt

per zurückkehren… Das Schicksal meint es böse mit mir. Ich bin so unglücklich! Alles ist gegen mich… Nimm mich weg von hier… für immer!"

Traurig betrachtete die noble Dame ihre Tochter, als sich Márcio näherte und sich der geliebten Kranken zeigte.

Die junge Frau riss die Augen auf und kniete sich, von ihrer Mutter gestützt, instinktiv hin. Sie versuchte die Erinnerung an jemand zurückzurufen, der in der fernen Vergangenheit geblieben ist… Man konnte ihre große Schwierigkeit erkennen, sich genau zu erinnern. Sie betrachtete den Boten und ihre Tränen veränderten sich. Es waren keine Tränen der Trauer von vorhin. Antonina war jetzt von erhabenem Trost gerührt, eine unerklärliche mystische Freude wuchs aus dem Tiefsten ihres Herzens.

Márcio näherte sich vertraulich, legte seine rechte Hand auf ihre Stirn und sprach liebevoll:

„Antonina, warum solch eine Niedergeschlagenheit, wenn der erlösende Kampf gerade beginnt? Hast du vielleicht vergessen, dass wir keine Waisen sind? Über allen Hindernissen schwebt die Unendliche Güte. Verschmähst du ‚das enge Tor'[53] , das uns die glückliche Möglichkeit des Wiedersehens geben wird?"

Scheinbar strengte sich Antonina zu sehr an, um die verlorenen Erinnerungen zurückzuholen, denn der Bote ermahnte sie freundlich:

„Versuche nichts zu erzwingen! Beruhige dich! Ist dieser Moment nicht tröstlich genug? Er ist doch erfüllt von gesegnetem Dienst und erneuerndem Licht! Eines Tages wirst du das komplette Erinnerungsvermögen wiedererlangen. Gib dich vorerst mit den beschränkten Gaben zufrieden. Nutze die Minuten, um dein Schicksal zu berichtigen, nutze die Stunden, um deine Hoffnungen in höhere Sphären zu bringen. Welche Gründe trei-

[53] Das enge Tor: Matthäus 7,13

ben dich zu dem Verbrechen, den Tod herbeizuführen? Welche Ursachen treiben deine Schritte in die finsteren Abgründe? Deine Mutter und ich haben aus der Ferne die Gefahr erkannt und sind gekommen, um dir zu helfen…"

Er machte eine lange Pause, in der er sie liebevoll anschaute und fuhr dann fort:

„Meine gesegnete Freundin, wie konntest du dein Herz so den Monstern der Verzweiflung öffnen? Sag es mir! Schweig nicht… Ich bin nicht dein Richter, ich bin dein Freund in Ewigkeit. Werde ich nicht den Trost deiner Worte bekommen?"

Die Kranke wollte antworten, jedoch die zarten Lichtstrahlen, die von Márcio ausgingen, umgaben sie und blockierten ihren Hals. Es waren unvergessliche Augenblicke der Verzückung.

Offensichtlich wollte aber Márcio, dass sie ihr Herz vollends erleichterte. Er half ihr vorsichtig auf und beteuerte:

„Sprich!..."

Antonina fühlte sich ermuntert und murmelte zurückhaltend:

„Ich bin erschöpft…"

„Du wurdest aber nie vergessen. Du hast unzählige verschiedene Hilfen der Vorsehung erhalten, die für den wertvollen Dienst der Erlösung notwendig sind. Dein physischer Körper, die Gnade der Sonne, die Arbeitsmöglichkeiten, die Wunder der Natur, die Liebesbande und sogar die Schmerzen der irdischen Existenz sind doch unschätzbare Gaben des Himmlischen Speichers. Verschmähst du das Glück der Aufopferung? Weist du die Gelegenheit zu lieben zurück?"

Dann bemerkte ich, dass die junge Frau ihn vertrauensvoller betrachtete. Angesichts der klaren Zuneigungszeichen fühlte sie sich gestärkt und öffnete sich mit geschwisterlicher Ehrlichkeit:

„Ich träumte davon, eine eigene Familie zu gründen… Ich möchte für einen Mann leben, der auch für mich da ist… Von Gott erhoffe ich einige Kinder, die ich aus ganzem Herzen lieben kann. Ist es vielleicht eine Sünde, himmlischer Bote, solche Wünsche zu hegen? Ist die Frau, welche die natürlichen Prinzipien des Lebens heiligen möchte, vielleicht eine Verbrecherin? Nachdem ich mich jahrelang für das Glück meiner Liebsten eingesetzt habe, merke ich, dass das Schicksal meine Hoffnungen verspottet. Worin liegt der Sinn, zwischen fröhlichen und glücklichen Menschen zu leben, wenn das Herz tot ist?“

Márcio hörte sie geduldig an und streichelte dabei ihre Hände. Seine hohen Errungenschaften im Bereich der wahren Liebe wurden offensichtlich, als er verständnisvoll und herzlich erwiderte:

„Liebste Freundin, erlaub es bitte nicht, dass der Schatten einiger Stunden das Licht der künftigen Jahrhunderte trübt. Wie ist es möglich, Antonina, dass du dich so einsam fühlst, wenn der Höchste Herr dir die erhabene Familie der ganzen Welt gegeben hat? Die Menschheit ist unsere Familie und die Kinder der Schmerzen gehören zu uns. Ich verstehe durchaus, dass die vorübergehenden Demütigungen der Gefühle deine Seele zerreißen, dass du dich an den liebevollen Arm eines treuen und ergebenen Partners anlehnen möchtest. Es ist aber der Höchste Wille, dass du vorerst die Vorteile bekommst, die in der Einsamkeit zu finden sind. Es gibt sicherlich Zeiten blühender Täler, in denen wir uns vom Frühling der Natur hinreißen lassen. Auf der anderen Seite gibt es Existenzen, welche scheinbar isoliert und unglücklich auf einsamen Gipfeln verlaufen, in Meditation und Verzicht: Diese dienen dazu, uns auf neue heiligende Pilgerfahrten vorzubereiten.

Glaube nicht, dass uns der unabwendbare Übergang in den Tod die Tore zur Freiheit öffnet. Das Gesetz folgt uns überall und der Höchste Herr ist zwar unendlich barmherzig, schätzt aber die unermüdliche Gerechtigkeit. Die Ewige Weisheit gibt uns immer den Platz, an dem wir am nützlichsten und glücklichsten sein können.

Du behauptest, enterbt und unglücklich zu sein. Du hast jedoch die erhabenen Möglichkeiten um dich herum noch nicht erkundet. Du sagst, dass du die kleinen Kinder Gottes nicht umarmen kannst, aber warum beschränkst du dich so auf die blutsverwandten Sprösslinge? Hast du bis jetzt keine verlassenen Kinder gesehen, Kinder der Armut und Entbehrung? Wenn du keine eigenen Kinder gebären kannst, warum kannst du nicht spirituelle Tutorin von bedürftigen und leidenden Kindern werden? Glaubst du, Antonina, dass wir vollkommen glücklich sein können, wenn wir an unserer Türe Klagen hören? Gibt es perfekte Freude in einem Herzen, das neben einem Chor der Tränen schlägt? Die Welt ist nicht unser Eigentum. Wir, die Kinder des Höchsten, wurden hierher gebracht, um an den Werken um uns herum mitzuarbeiten. Es ist ein Unglück zu glauben, dass jemand vom Himmel bevorzugt wird, als ob der Weise und Milde Vater ein schwacher und parteiischer Diktator wäre. Rüttle dein verschlafenes Bewusstsein auf! Erinnere dich daran, dass sich der Allmächtige nicht auf unsere Eigenbrötlerei beschränkt, denn wir sind fehlbare Kreaturen. Vergiss nicht, dass angesichts Seiner Universalität unübertragbare Aufgaben auf uns warten. Wir müssen die wertvollen Mittel, die er uns geschenkt hat, nutzen, damit wir eines Tages die Vervollkommnung der Weisheit und der Liebe erreichen.

Du leidest, weil du dich der Eigenbrötlerei zugewendet hast und einen Mann liebtest, dessen psychisches Muster in vielerlei Hinsicht mit deinem harmonierte, der sein Lebensziel jedoch veränderte und dich vergessen hat. Du weinst, weil du in seiner Gesellschaft etwas vom Himmlischen Wesen finden wolltest, das deine bedrückten Hoffnungen beruhigen würden. Du bist eine zarte und empfindsame Frau… Die Unruhe der Sexualität wuchs in der Intimität deines Heiligtums und du leidest seit langem unter dieser Prüfung. Aber… kann es sein, dass du in der Sexualität die einzige Quelle der Liebe vermutest? Bist du auch ein Opfer dieser verhängnisvollen Täuschung? Die Liebe ist die himmlische Sonne, die durch alle Herrlichkeiten der Seelen strahlt.

Manchmal werden uns Empfindungen vorenthalten, die wir uns ersehnt hatten. Wir werden daran gehindert, die schöpferischen Energien der physischen Körper zu nutzen, damit wir höhere Schätze des Seins ansteuern. Diese Bürden hindern uns jedoch keineswegs daran, Liebe auszustrahlen. Die Liebe zurückzuhalten würde dazu führen, dass das Universum ausgelöscht wird. Was in solchen Situationen den menschlichen Geist quält ist das Gefühl von Gefangensein in einem Kerker, den er selbst erschaffen hat. Gefangen in wildem Egoismus wollen wir auf keinen Fall einige Tage verlieren, um in der Ewigkeit beschenkt zu werden. Wir wollen nicht auf vorübergehende Werte verzichten, um im Gegenzug endgültige Gaben des Lebens zu erlangen."

Die junge Frau betrachtete den Boten verzückt durch einen Tränenschleier. Er fuhr fort:

„Wenn du, angesichts der Umstände, die dich zum Verzicht zwingen, nicht am Leben des ausgewählten Mannes teilnehmen kannst, warum schenkst du ihm keine reine geschwisterliche Liebe, die immer erhöht? Was hindert uns daran, die Wesen, die wir bewundern, in Geschwister zu verwandeln? Du darfst ebenfalls nicht vergessen, dass der heutige gut aussehende Geliebte später auch die abgenutzte Kleidung der Erschöpfung und des Lebensabends tragen wird, wenn ihn nicht vorher Krankheit und Tod einholen. Er wird die Enttäuschung des physischen Körpers kennenlernen und er wird auf der Suche nach seiner Seele die Stille schätzen lernen. Wenn du ihn wirklich liebst, warum ihn mit Selbstmord quälen, anstatt Kräfte zu sammeln, um am Ende seines irdischen Lebens auf ihn zu warten? Wenn du nicht der Krug mit frischem Wasser für den geliebten

Reisenden sein kannst, sei die Oase, die in der Wüste der unvermeidlichen Enttäuschungen auf ihn wartet. Zudem, wie konntest du dich so verlassen fühlen, wenn auch wir auf dich warten, sehnsüchtig nach deiner Zuneigung und Zärtlichkeit?"

Trotz der ergiebigen Tränen, die ihr über die Wangen liefen, lächelte Antonina verzückt.

Márcio spürte die heilsame Wirkung seiner aufmunternden Worte, streichelte ihre Haare und flüsterte:

„Warum auf eigene Kinder zu warten, um die wahre Liebe vorzuleben? Jesus hatte keine Kinder, wir fühlen uns jedoch alle durch seine unendliche Hingabe beschützt. Antonina, versprichst du, deine geistige Einstellung ab jetzt zu verändern? Die edle und großzügige, erhabene und christliche Frau vergisst das Böse und liebt immer…"

Gerührt sahen wir, dass sich Antonina erneut niederkniete. Sie rief feierlich aus:

„Ich verspreche im Namen Gottes, meine Haltung zu ändern."

In diesem Augenblick legte der Bote seine Hände auf die Stirn der Kranken und umhüllte diese mit Lichtstrahlen, die nicht nur ihren Perispirit erreichten, sondern auch bis zu ihrem physischen Körper gelangten. Insbesondere das Gehirn, der Brustkorb und die weiblichen Organe waren von dieser Ausstrahlung betroffen. Anschließend entfernte sich Antonina in Begleitung ihrer Mutter und ihres Freundes der höheren Spiritualität für einen angenehmen und erholsamen Ausflug. Calderaro übernahm die Aufgabe, ihr in den ersten Stunden des klaren Morgens zu helfen, in ihren physischen Körper zurückzukehren.

Erbaut durch die Erlebnisse jener Nacht kehrte ich später zusammen mit meinem Ausbilder in das Zimmer der jungen Frau zurück, die sich beinahe das Leben genommen hätte.

Zwischen sechs und sieben Uhr morgens betraten die entkörperte Mutter und ihre Tochter ebenfalls den Raum. Ein unbekanntes und unverständliches Glück leuchtete aus dem Gesicht der jungen Frau.

Der Betreuer half ihr, ihren physischen Körper wieder in Besitz zu nehmen und umhüllte ihr Gehirn mit betäubenden Fluida, damit sie sich nicht an alle Einzelheiten der nächtlichen Erfahrung erinnern konnte. Die Freude der vollkommenen Erinnerungen würde sie mit großer Wahrscheinlichkeit zum Wahnsinn treiben, sagte Calderaro. Nichtsdestotrotz würden die Freude, die sie intensiv erlebt hatte, in Form von neuen Kräften, ungewohnten Anreizen, Mut und Zufriedenheit unbekannter Herkunft in ihrem Körper gespeichert werden.

In der Tat, nach einigen Minuten wachte Antonina wie ein neuer Mensch auf. Sie fühlte sich unerklärlich aufgemuntert, fast glücklich.

Einer der kleinen Neffen betrat ihr Zimmer, um sie zu rufen. Die edle Tante betrachtete ihn liebevoll.

Eine ihr unbekannte wunderbare Energie erweckte ihr Interesse am Leben wieder. Sie freute sich außerordentlich über die Sonne, die durch das Fenster schien. Sie dankte für das bescheidene Zimmer, in dem sie darum kämpfte, Gottes Bestimmungen zu folgen und lächelte über ihr Vorhaben des gestrigen Tages, grundlos aus dem irdischen Leben zu fliehen. Hatte ihr die Vorsehung nicht eine wunderbare Anzahl von Gnaden geschenkt? Sie betrachtete das zauberhafte Kind, das ärmlich angezogen war. Es lud sie ein, in den kleinen Garten zu gehen und die neue Blütenpracht zu betrachten. Welche Bedeutung hat das Missgeschick des Herzens im Vergleich zu den edlen Arbeiten, die sie als gesunde junge Frau ausführen konnte? Die Kinder ihrer Schwester gehörten ebenfalls ihr… Wäre es nicht ehrenwert, im Dienst der anderen und in der Hoffnung der Unerschöpflichen Barmherzigkeit zu leben?

„Tante Antonina! Tante Antonina! Komm! Lass uns die neue Rose sehen!", schrie der pfiffige fünfjährige Junge, in einer fröhlichen Einladung zum Leben.

Zutiefst erfreut bemerkten wir, dass ihre Kräfte zurückgekehrt waren. Sie stand auf und antwortete lächelnd:

„Warte! Ich komme gleich, mein Kind!"

14
Rettende Maßnahme

Wir waren gerade aktiv in einem edlen Gebetsraum beschäftigt, als sich uns ein bestimmter Freund näherte und die Hilfe des Assistenten in einem besonderen Fall erbat.

Sicherlich kannte Calderaro die Einzelheiten der Situation, denn sofort entstand ein kurioser Dialog zwischen den beiden.

„Leider überwindet unser Gegenmittel die Situation nicht", sagte der Gefährte. „Sein Zustand ist die fast vollkommene Niederlage. Er verband sich erneut mit gefährlichen Wesenheiten des Schattens und kehrte zu den nächtlichen Fehltritten zurück, was unseren Hilfsdienst erheblich erschwert."

Der Betreuer fragte freundlich:

„Vor vierzehn Tagen haben wir ihn schon unterstützt. Hielt seine Besserung nicht lange an?"

„Er nutzte sie aus, um rasch in die Gedankenlosigkeit zurückzukehren."

„Man muss aber bedenken, dass er damals fast vollkommen verwirrt war."

„Ja, aber dank deiner letzten Intervention konnte er wieder einen beneidenswerten guten organischen Zustand genießen. Sobald er sich aber gestärkt fühlte, kehrte er zügellos zum Alkohol zurück. Der glühende Durst, der durch die eigene Nachlässigkeit und durch Anstiftung der hungrigen Vampire, die ihn umgeben, hervorgerufen wurde, zerstörte sein Nervensystem. Sein Perispirit, durch die schädlichen Prozesse der Betrunkenheit teilweise vom physischen Körper getrennt, besiedelt seinen Geist mit grausamen Albträumen. Die erbarmungslosen Wesenheiten, die ihn Schritt für Schritt verfolgen, tun ihr Übriges."

„Ist er zur Zeit zu Hause?", fragte Calderaro interessiert.

„Nein", antwortete der Gesprächspartner niedergeschlagen. „Ich habe ihn gerade in einem weniger würdigen Etablissement verlassen, in dem unser Kranker wieder in eine bedauernswerte Situation zurückkehrte."

Der Betreuer überlegte einige Augenblicke und sagte:

„Wir können etwas tun. Das letzte Mal bestand unsere Hilfe darin, das mögliche organische Gleichgewicht wieder herzustellen. Im Moment müssen wir jedoch das Gegenteil bewirken. Es ist empfehlenswert, eine vorübergehende aber ernstere Störung des physischen Körpers herbeizuführen. In diesem Fall, genauso wie in anderen schwierigen Prozessen, berichtigt die Krankheit immer."

Er betrachtete den Wohltäter des Bedürftigen und fragte:

„Bist du damit einverstanden?"

„Vollkommen", antwortete er, ohne zu zögern. „Du bist ein Spezialist in Unterstützung und ich befolge deine Anweisungen. Was mich interessiert, ist die wahre Gesundheit des unglücklichen Bruders, der sich widerstandlos dem Ruf der Sucht ausgeliefert hat."

Wir steuerten auf den Ort zu, an dem wir dem unglücklichen Freund helfen sollten.

Wir betraten das Etablissement, das durch die großzügigen Fenster lichtdurchflutet war.

Das Ambiente war erdrückend. Je mehr wir voranschritten, desto dichter wurden die unangenehmen Ausdünstungen.

Einige Duzend Paare tanzten im üppig geschmückten Hauptsalon des Hauses. Die Atmosphäre war erfüllt mit niedrigen Schwingungen und die Seelen der Anwesenden nahmen diese intensiv in sich auf.

Ein undefinierbares und schmerzhaftes Gefühl beherrschte mich. Es kam aber nicht aus dem Erstaunen über die Gleichgültigkeit der Männer und die Leichtsinnigkeit der Frauen. Was mich erschrak war die Landschaft, die sie nicht sehen konnten. Das Heer von verstörten und lasterhaften Wesenheiten, die sich dort befanden, war enorm. Die Paare tanzten nicht allein. Im Rhythmus der niedrigen Musik entsprachen sie unbewusst der lächerlichen Gestik der unverantwortlichen Partner, die für sie unsichtbar blieben. Hier und dort führten sie affenartige Bewegungen aus und ab und zu durchkreuzten hysterische Schreie die Luft.

Calderaro hielt nicht an. Man konnte erkennen, dass er an das Szenario gewohnt war. Ich konnte jedoch meine Verblüffung nicht zurückhalten, bat um eine Unterbrechung und fragte:

„Mein Freund, was haben wir hier? Fröhliche Menschen, die von solch gewissenlosen und grausamen Wesen umgeben sind? Ist vielleicht Tanzen ein Verbrechen? Ist es ein ernster Fehler, die Freude zu suchen?"

Der Betreuer hörte den naiven Fragen, die meinen Lippen entflohen, geduldig zu. Sie waren diktiert durch den plötzlichen Schreck, der mich übermannte. Er erklärte:

„Was fragst du, André! Tanzen kann so geheiligt sein wie das Beten, denn die wahre Freude ist eine erhabene Gabe Gottes. Hier jedoch haben wir ein ganz anderes Bild. Das Tanzen und das Vergnügen in diesem Haus bedeutet eine offensichtliche

Rückkehr zu den primitiven Stadien der Wesen. Erschwerend kommt der Verfall der Sinne hinzu. Wir beobachten in diesem Raum hoch intelligente Männer und Frauen, deren Haltung möglicherweise viele Affen beschämen würde. Lassen wir jedoch jegliche Beschuldigung beiseite, wir sollen sie lediglich bedauern. Sie sind Abtrünnige der Gesellschaft und die meisten lehnen sich gegen die Disziplin auf, die von den höheren Bestimmungen für ihren Weg auf der Erde auferlegt wurden. Viele von ihnen sind zutiefst unglücklich und brauchen unsere Hilfe und unser Mitleid. Sie versuchen manche Gefühle der Verantwortung, die sie nicht vergessen konnten, in Wein und in Vergnügen zu ertränken. Sie sind zu schwach für den Kampf, aber durch die Reue und die Sorgen, die sie verzehren, verdienen sie unser Erbarmen und unsere geschwisterliche Unterstützung."

Er warf einen kurzen Blick auf die Horde störender Wesenheiten, die sich dort dem Vampirismus und dem Spott widmeten, und erklärte:

„Was diese Unglücklichen angeht, können wir nichts anderes tun, als sie der Himmlischen Macht zu empfehlen. Sie versuchen die unmögliche Flucht vor sich selbst. Sie sind verblendet, aber sie vertagen lediglich die furchtbare Stunde der Selbsterkenntnis. Diese kommt immer, wenn man sie am wenigsten erwartet, durch die tausendfachen Prozesse des Schmerzes, wenn die Mittel der himmlischen Liebe ausgeschöpft sind, die der Höchste Herr uns allen anbietet. Auch ihr Verstand haftet an niedrigen Instinkten. Sie sind zögerlich und zerbrechlich und fürchten die Verantwortung der Bemühung um die Erneuerung."

Der Assistent erkannte meine Verblüffung und meinen Wissensdurst. Deshalb schlug er vor:

„Gehen wir! Lassen wir ihnen ihr Vergnügen. Der Tanz in diesem Haus ist letztendlich doch von Nutzen. Unsere hier anwesenden inkarnierten und entkörperten Freunde haben ein so niedriges Niveau erreicht, dass, wenn es nicht das Tanzen wäre, sie sich sicherlich dort draußen mit verwerflichen Handlungen beschäftigen würden, so groß ist ihre Neigung zum Verbrechen. Gott erbarme sich uns aller."

Wir gingen eilig weiter.

In einem stickigen Zimmer befand sich ein Herr im Alter von etwa fünfundvierzig Jahren. Er zitterte und konnte nicht aufrecht stehen.

Calderaro untersuchte ihn eingehend und fragte den neuen Freund, der uns begleitete:

„Wann hat er wieder angefangen zu trinken?"

„Seit genau einer Woche."

„Man sieht, dass er sich schnell verausgabt hat."

Während der Betreuer mit der Spende von magnetischen Fluida begann, empfahl er mir, die furchtbaren Bilder vor unseren Augen zu untersuchen.

Der unglückliche und kranke Mann hieß Antídio. Trotz seiner prekären Situation forderte er noch ein Gläschen und noch ein weiteres Gläschen, welche ihm ein Ober gehorsam servierte. Seine Glieder zitterten und verrieten seine Niedergeschlagenheit. Kalter Schweiß lief von seiner Stirn und ab und zu stieß er furchtbare Schreie aus. Vier abgestumpfte Wesenheiten umgaben ihn und zwangen ihn, ihrer Begierde nachzugehen. Sie spornten seinen physischen Körper an und wechselten sich ab, um die alkoholischen Ausdünstungen zu kosten. Sie fanden seltsame Freude daran. Sie nahmen insbesondere den Magenbereich in Besitz, vom Magenmund bis zum Beginn des Darmes und genossen das Getränk, das sich dort verflüchtigte.

Die Szene war beklemmend und schrecklich.

Standen wir vor einem betrunkenen Mann oder vor einem lebendigen Glas, an dessen Inhalt teuflische Suchtkobolde schlürften?

Der Magen des unglücklichen Antídio war randvoll mit Flüssigkeit und sein Kopf getrübt durch die Ausdünstungen.

Teils von seinem physischen Körper getrennt, aufgrund der betäubenden Wirkung der Droge, begann er die Wesenheiten, die ihn belagerten, genauer zu erkennen.

Die vier unglücklichen entkörperten Wesenheiten hatten ihrerseits furchtbare Visionen des Grabes, denn sie waren aufgrund von Alkoholismus gestorben. Durstig und aufgeregt brachten sie gespenstische Bildnisse von Schlangen und Fledermäusen mit sich aus den dunklen Plätzen, wo sie gelandet und stehen geblieben sind.

Der Betrunkene trat in magnetische Übereinstimmung mit dem verwirrten Psychismus der Vampire und begann, laut zu schreien:

„Rette mich! Rette mich, um Gottes willen!"

Er zeigte auf die nahestehenden Wände und schrie angstvoll:

„Oh, die Fledermäuse!... Die Fledermäuse! Verscheucht sie! Haltet sie auf! Erbarmen! Wer kann mich retten? Hilfe! Hilfe!..."

Zwei Herren, ebenfalls durch den Wein vernebelt, näherten sich erschrocken. Einer jedoch beruhigte den anderen und sagte:

„Nichts Besonderes, es ist schon wieder Antídio. Er hat seine Anfälle. Lassen wir ihn in Ruhe."

Währenddessen schrie der unglückliche Betrunkene weiter:

„Huch! Huch! Eine Schlange… Sie hat mich umschlungen, sie erstickt mich … Was wird aus mir? Hilfe!"

Die störenden Wesenheiten prahlten mit sarkastischen Gebärden. Sie prusteten finster los. Der Unglückliche hörte sie im tiefsten seines Inneren und schrie, er versuchte die unsichtbaren Henker zu bekämpfen, obwohl er torkelte:

„Wer spottet über mich? Wer?"

Er machte Fäuste und fügte hinzu:

„Verdammt! Ihr seid alle verdammt!"

Die schmerzhafte Szene setzte sich fort, als sich Calderaro an mich wandte und erklärte:

„Er ist ein bedauernswerter Familienvater, der unfähig war, sich gegen die Anziehungskraft der Sucht zu wehren. Er lieferte sich widerstandslos dem Einfluss entkörperter Verbrecher aus, welche in der gleichen Unausgeglichenheit schwingen. Seine Frau und seine zwei liebenswerten kleinen Kinder beten ständig für ihn und deshalb unterstützen wir unseren Bruder mit allen uns zur Verfügung stehenden Mitteln. Leider spricht er nicht auf unsere Bemühungen an. Trotz all unserer Versuche ist er immer wieder geneigt, der Perversion der Sinne nachzugehen. Er sucht vor allem die Flucht vor sich selbst. Er hasst die Verantwortung und erkennt den Wert der Arbeit nicht. Indem wir die ungezügelte Gier nach Alkohol mildern, hoffen wir, dass er umkehrt. Dafür müssen wir jedoch jetzt drastische Maßnahmen ergreifen, denn der Unglückliche widersetzt sich aller unserer Hilfestellung."

Er blickte mich bedeutungsvoll an und schloss ab:

„Von heute an wird Antídio für einige Zeit durch die Krankheit geschützt. Für einige Monate wird er die Gefangenschaft des Krankenbettes erfahren, um zu verhindern, dass sein Körper in einem Irrenhaus dahinsiecht. Wenn wir nicht eingreifen würden, müsste er innerhalb weniger Tage eingewiesen werden und dies würde seine edle Frau und die zwei kleinen Kinder einer schmerzhaft unsicheren Zukunft ausliefern."

Nach diesen Worten begann Calderaro, in einer komplizierten Handlung Heilfluida im Verlauf der Wirbelsäule zu spenden.

In einem alten Sessel beruhigte sich der Kranke nach und nach.

Einige Minuten lang spendete der Assistent leuchtende Ströme über sein Herz. Ich bemerkte, dass sich die Strahlungen allmählich im Zentralorgan konzentrierten und irgendwann hörte es plötzlich auf zu schlagen.

Antídio schien dem Tode nahe, als ihm der Betreuer mit schnellen Bewegungen die Energien wiederherstellte. Dieses Kreislaufphänomen versetzte unseren unglücklichen Freund in Schrecken und er begann, laut um Hilfe zu schreien. Seine Stimme war so schmerzerfüllt, dass viele Menschen zu Hilfe eilten.

Ein mitleidiger Herr überprüfte seinen Puls, stellte die Störung im Herzen fest und ließ sofort einen Krankenwagen rufen. Innerhalb kürzester Zeit wurde Antídio auf einer Trage transportiert und erhielt die notwendige medizinische Hilfe. Zudem wurde er immer aus nächster Nähe von seinem hilfsbereiten spirituellen Wohltäter begleitet.

Calderaro und ich entfernten uns. Mein Betreuer fügte traurig hinzu:

„Der unglückliche Freund wird für etwa zwei oder drei Monate unter einer Neuropathie[54] leiden. Vergebens wird er Baldrian und andere Medikamente sowie Schmerzmittel und entgiftende Substanzen einnehmen. Im Verlauf einiger Wochen wird er ein unsagbares Unwohlsein kennenlernen, damit seine Psyche in Harmonie kommt. Er wird eine ausnehmende Beklemmung spüren, er wird sich Medikamenten und Diäten unterziehen. Seine Neigung, die gesegneten Verpflichtungen zu vergessen, werden eingeschränkt und langsam werden seine Gefühle für die Erhabenheit des Lebens geweckt."

Der Assistent bemerkte meine Befremdung und schloss ab:

„Was kann man sonst tun, mein Freund? Dieselben himmlischen Kräfte schenken den Menschen die zärtliche Brise und den zerstörerischen Sturm… Sowohl die eine als auch der andere sind jedoch notwendige Instrumente für das Leben."

[54] Neuropathie: Erkrankung des Nervensystems

15
Christlicher Appell

Meine Studienzeit bei Calderaro war fast zu Ende und es war der Tag vor dem versprochenen Besuch in die Höhle des Leidens. Der geliebte Assistent lud mich ein, den Vortrag des Ausbilders Eusébio anzuhören. In jener Nacht würde er sich an einige hundert Menschen der physischen Sphären wenden, sowohl römisch-katholische als auch evangelische der reformierten Kirchen.

„Es sind liberalere und weniger dogmatische Geschwister, die in den Schlafstunden für unsere direkte Beeinflussung empfänglich sind. Sie haben verschiedene Tugenden und sind deshalb für die Anweisungen der höheren Ebenen würdig."

Ich verbarg meine Befremdung angesichts dieser Information nicht, aber Calderaro fügte sofort hinzu:

„Es ist wichtig zu verstehen, dass der Göttliche Beistand keine Privilegien kennt. Die himmlische Gnade ist wie eine Frucht, die immer auf dem Baum der irdischen Bemühung wächst. Wo der Mensch ehrlich mitarbeitet, dort ist die Hilfe

Gottes. Uns interessiert im Grunde nicht das religiöse Bekenntnis, sondern lediglich die Offenbarung des lebendigen Glaubens und die positive Haltung der Seele auf der Pilgerfahrt der Erhöhung. Natürlich sind die Glaubensschulen unterschiedlich, sie bewegen sich jeweils in einem anderen Kreis. Je rudimentärer das religiöse Verständnis ist, desto größer ist der niedrige Kampfgeist, der traurige Meinungsgrenzen zieht und bedauernswerte Feindseligkeiten schürt, als ob Gott ein Diktator wäre, der Mühe hätte, sich an der Macht zu halten. Da der evangelische Spiritismus ein mächtiges Zentrum für erhabenes Verständnis ist, ist es vernünftig, dass er als eine höhere und reichere christliche Schule betrachtet wird. Der Spiritismus hat so große Kenntnisse und Liebe, dass es eine Pflicht ist, ihn unter allen Wegbegleitern zu verbreiten, auch wenn sich diese, als Konsequenz ihrer noch nicht überwundenen Ignoranz, rebellisch und undankbar zeigen. Jesus Mitgefühl konnte anhand der Evolutionsstadien derjenigen gemessen werden, die ihn aus nächster Nähe begleiteten. Gegenüber den eitlen verkrusteten Intellektuellen seiner Zeit war Jesus entflammt von himmlischer Energie. Als Gegensatz blieb er still und bescheiden am letzten Tag in Jerusalem vor dem aufgebrachten und ignoranten Pöbel, der dennoch in den Prinzipien des Glaubens verwurzelt war. Dort bat er um Vergebung für diejenigen, die ihn verletzten."

Er veränderte seine Tonlage und fügte gefühlvoll hinzu:

„Lasst uns nicht vergessen, dass wir uns vor allem einem erzieherischen Werk widmen. Jemanden zu retten oder jemandem zu helfen bedeutet keineswegs, dem Interessierten die Möglichkeit des Kampfes, der Erhöhung oder Erbauung zu verweigern. Es ist vielmehr die geschwisterliche Unterstützung, damit er aufwacht, sich erhebt und ins Gleichgewicht kommt, welches demjenigen eigen ist, der ihm geholfen hat. Der Höchste Herr erfreut sich nicht an unglücklichen und miserablen Kindern. Er verteilt üppig Gnade und Gaben, Reichtum und ewige Möglichkeiten in seiner Schöpfung und wartet nur darauf, dass jeder von uns sich bereit erklärt, mit Weisheit das eigene Vermögen zu verwalten. Wie wir sehen können, verlangen alle Bereiche des spirituellen Dienstes die himmlische Unterstützung."

Noch bevor wir weitere Aspekte über das Thema erörtern konnten, erreichten wir den friedvollen Ort, wo der noble Bote Eusébio seine Rede halten würde.

Mit einem Blick erkannte ich, dass nicht viele inkarnierte Freunde der Versammlung beiwohnten, es waren wenige hunderte. Sie wurden von einer beachtlichen Anzahl von Mitarbeitern unserer Sphäre begleitet.

Der Mondschein streichelte zart das Blattwerk und eine leichte Brise flüsterte durch die Bäume.

Eine erhabene Helligkeit umgab Eusébios ehrwürdige Gestalt und es schien mir, dass der großartige Bote seinen Vortrag schon lange angefangen hatte. Die Zuhörer waren verzückt und nahmen seine vom himmlischen Licht inspirierten Worte mit Erstaunen auf, wie ihre Gesichter es offenbarten. Sie waren verstört und viele knieten sich auf das frische Gras, sie fühlten sich plötzlich ins Paradies versetzt …

Der Mentor war umhüllt von saphirblauen Strahlen und sprach mit unwiderstehlicher Anziehungskraft:

„Das Vermögen des religiösen Glaubens stellt einen unbestrittenen geistigen Gleichgewichtsfaktor auf der Welt dar. Was macht ihr aus eurem Vermögen, wenn ihr es nicht anwendet, in einer Zeit, in der die Instabilität und die Unsicherheit alle eure Institutionen gefährden, die für Ordnung und Arbeit, Verständnis und Erbauung stehen? Erschrecken euch nicht die erneuernden Stürme, die Prinzipien und Nationen neu gestalten? Wecken sie nicht euer Gewissen? Glaubt ihr, dass ein Zeitalter äußeren Friedens möglich ist, bevor sich der Mensch innerlich vorbereitet hat im Geiste der Beachtung und Anwendung der himmlischen Gesetze? Da euer Verstand solch einen Widerspruch akzeptiert, könnt ihr nicht tiefer in das Reich des Ewigen Geistes eintreten.

Christ zu sein bedeutete früher, die noblere Erfahrung zu wählen und die Pflicht, das Verhaltensmuster des Himmlischen Meisters vorzuleben. Es war der ununterbrochene Kampf gegen das Böse mit den Waffen des Guten, eine aktive Manifestation der Liebe gegen den Hass, der sichere Sieg des Lichts gegen den Schatten, unbestreitbarer Triumph des erbauenden Friedens über die zerstörerische Zwietracht.

Vor dem Moloch des Römischen Reiches, das sich in Kaisertum und Korruption verwandelt hatte, setzten sich die Anhänger des Evangeliums keinen bissigen Polemiken aus, sie schlugen den Weg der zersetzenden Eigenbrötlerei aus, sie vergeudeten keine wertvollen Möglichkeiten, indem sie dogmatische Grenzen aufstellten… Sie liebten einander im Namen des Herrn und opferten das eigene Leben, als Zeichen von Dankbarkeit an Denjenigen, der aus Liebe zu uns allen nicht zögerte, das Kreuz auf sich zu nehmen. Sie erbauten die erhabensten Heiligtümer mit den geheiligten Prinzipien, die sie mit dem Retter der Welt identifizierten. Sie nahmen in Kauf, vorübergehende Vorteile zu verlieren, um die *unvergänglichen himmlischen Schätze* zu erlangen. Sie opferten sich füreinander und zeigten wahre geschwisterliche Hingabe. Sie teilten sich die Schmerzen und vervielfältigten das Glück untereinander. Sie starben im Martyrium, um das ewige Leben zu erlangen. Sie bekämpften die Missverhältnisse ihrer Zeit und ihrer Zeitgenossen durch die Ausübung des Verzichts und nicht mit Schlägen von Verdammnis oder mit dem Schwert. Sie unterwarfen sich grausamen Strafen und zeigten in ihren Worten, Gedanken und Handlungen die erhabene Botschaft des Meisters, die ihre Herzen erneuerte.

Ihr seid Erben jener anonymen Helden, die vertrauend in die Verheißungen Christi Widrigkeiten und Kummer durchlebten. Was habt ihr aus der umwandelnden Hoffnung, aus dem unerschütterlichen Vertrauen gemacht? Wo habt ihr den lebendigen Glauben gelassen, den eure Patriarchen unter Blut und Tränen errungen haben? Was ist aus dem Geist der Brüderlichkeit geworden, der die ersten Lehrlinge der Frohen Botschaft auszeichnete? Bereichert durch die Himmelsgnaden habt ihr nach und nach die Türe der Himmlischen Offenbarung vergessen, im Tausch gegen die menschlichen Annehmlichkeiten.

Ihr habt Hindernisse zwischen euch selbst aufgebaut, die schwer zu überwinden sind.

Der Dogmatismus vergiftet euch, die Trennung verdirbt euch. Kleinliche Interpretationen des himmlischen Plans verdunkeln eure geistigen Horizonte.

In Namen des Gottesreiches, das eigentlich universelle Liebe und ewige Verbindung bedeutet, ermöglicht ihr freie Feindseligkeit.

Ihr beschmutzt die Segensquellen, ihr verflucht euch gegenseitig und beruft euch auf den Prinz des Friedens, der, um uns zu retten, nicht vor dem fürchterlichen Tod zurückgeschreckt ist.

Wie weit seid ihr gekommen, dass ihr euch gegenseitig um die eingebildete Errungenschaft himmlischer Privilegien ausbootet?

Früher kämpften die Nachfolger Christi um die Möglichkeit zu dienen. In der Gegenwart sucht ihr jedoch jede Gelegenheit, bedient zu werden.

Ihr verehrt das Ewige Licht des Herrn und bleibt im Schatten des unheilbringenden Egoismus.

Ihr verkündigt Seinen Frieden und zettelt Kriege zwischen Geschwistern an, in denen sich Menschen und Institutionen gegenseitig schlachten.

Ihr beruft euch auf den Himmlischen Meister und behauptet, dass die unerschöpfliche Quelle der Liebe aus Seiner unendlichen Güte entspringt. Jedoch in eurem tiefsten Inneren pflegt ihr die Disharmonie.

Wie kommt ihr darauf, dass ihr das Paradies aufgrund von Lippenbekenntnissen erreichen könnt?

Habt ihr vergessen, dass das Wort, das in seinen Fundamenten heilig ist, immer schöpferisch wirkt? Wenn eure Worte mit keinen entsprechenden Handlungen verbunden sind, könnt ihr nicht auf Erlösung hoffen.

Es ist jedoch zwingend notwendig, den sublimen Charakter eurer Aufgabe in dieser Welt zu erkennen.

Jesus gründete die Religion der Universellen Liebe. Die politischen Priester teilten sie jedoch in verschiedene Sparten, die von ungerechtfertigtem Sektierertum angeleitet werden. Trotz dieses bedauernswerten Missgeschicks der Menschen, ist der Kern eurer Prinzipien derselbe, der den Mut und die Erhabenheit der Märtyrer der ersten Zeiten des Christentums getragen hat.

Auch wenn einige Missionare der religiösen Wahrheiten den Himmlischen Vater vergessen, die Vernachlässigung der Autorität erlaubt und die Tyrannei und Unterdrückung vorgezogen haben, seid ihr heute nicht weniger verantwortlich für das heilige Pfand, das Jesus uns anvertraut hat, für den Dienst zur Erhöhung der Menschheit und Heiligung der Erde.

In seinen Grundlagen bewahrt das Evangelium die Schönheit seiner ersten Tage. Kein Sophismus[55] konnte den Glanz der Worte trüben: ‚Liebt einander! So wie ich euch geliebt habe, so sollt auch ihr einander lieben‘[56]…

Glaubt ihr vielleicht, dass ihr Gott dient, indem ihr, angesichts der Herausforderungen des Himmels, die Glaubensdiens-

---

[55] Sophismus: eine scheinbare gültige Schlussfolgerung, jedoch falsch und täuschend

[56] Johannes 13,34

te in prunkvollen Tempeln einsperrt? Der Prunk des äußeren Kults hebt lediglich den Unsinn eurer gefährlichen Illusionen über das spirituelle Leben hervor.

Die himmlische Aufgabe unseres Meisters wäre fruchtlos, wenn die Gute Botschaft in sektiererischen Schützengräben eingeschlossen bliebe. Vertrauensselig sucht ihr dort Zuflucht, mit dem Ziel, das verabscheuende Feuer eurer als Herzlichkeit vorgetäuschten Feindseligkeiten zu schüren.

Habt ihr keinen anderen Weg gefunden, euren Glauben zu äußern, als die würdelose Konkurrenz?

Vergebens errichtet ihr Debattierschlösser für Verbalismus[57] ohne Werke. Wenn der Tod den widerspenstigen Materialist überrascht und ihm das wahre Leben offenbart, eröffnet er auch das unbestechliche Gericht für diejenigen, die sich der Religion bedient haben, um die Gleichgültigkeit ihrer inneren Welt zu verbergen.

Denkt nicht, dass sich der Glaube mit der kleinsten Bemühung zufrieden gibt.

Genauso wie die Wissenschaft hat die Religion ihre spezielle Aufgabe in der Welt. Sie ist eine ausgleichende Kraft der Gedanken und ihre Mitarbeiter sind aufgerufen, zur Harmonie des menschlichen Geistes beizutragen.

Der feste Glaube reguliert die Kraft der Leidenschaften. Ebenso reguliert er die Impulse der unwiderstehlichen Animalität, woraus wir alle im Evolutionsprozess unserer Existenzen entsprungen sind.

Deshalb hat Christus Seine Belehrungen nicht auf die engen Kreise der steinernen Tempel beschränkt. In der Tat, Er hat die Monumente verehrt, die an die ‚heiligen Orte des Gebets' erinnern und welche den höheren Äußerungen des Geistes geweiht sind. Er ver-

[57] Verbalismus: Vorherrschaft des Wortes statt der Sache

harrte jedoch nicht in anbetenden Haltungen. Sein Leben war darauf ausgerichtet, Freunde für das Himmlische Reich zu gewinnen.

Seinen Freunden hat er keine rigiden Handlungsrichtlinien auferlegt. Er bat um Liebe und Verständnis, um ehrlichen Glauben und Beherztheit für erbauende Dienste.

Bei Magdalena[58] verlor Jesus keine Zeit mit ausschweifenden Gesprächen. Beim sublimen erneuernden Apostolat interessierte Ihn lediglich das Herz. In Zachäus'[59] Haus, segnete Er die noble und erbauende Bemühung des Zöllners. Beim Gespräch mit der samaritanischen Frau[60] , hielt Er sich bei keinen unnötigen Wortgefechten auf: Er beeindruckte sie durch Seine göttliche Seele und veranlasste sie dazu, den alten Wasserkrug der Einbildung wegzulegen, um die ewigen Quellen zu suchen. Er widmete sich Blinden und Aussätzigen, Wahnsinnigen und Kranken aller Sorten und gab Beispiele für das gesellschaftliche Leben, basierend auf der reinsten Nächstenliebe und auf den höchsten Ermutigungen zur Heiligung. Am Kreuz schlussendlich waren zwei geständige Diebe Seine letzten Weggefährten und Jesus zögerte nicht, freundliche und mit Liebe erfüllte Worte an sie zu richten.

Wie kann man Seinen Namen anrufen, um den Wahnsinn der Glaubensspaltung zu rechtfertigen? Wie können wir uns auf den Freund Aller stützen, um Meinungskriege zu führen? In Seinem Namen können wir keine Feuer des Hasses entzünden zu Lasten der allgemeinen Solidarität, die Er bis zum höchsten Opfer vorgelebt hat. Würden wir nicht Sein Vermächtnis beschmutzen, wenn wir die Zwietracht in Seinem Namen fördern?“

Die Worte des Mentors beeindruckten alle. Die meisten der Zuhörer weinten ergriffen, sie fühlten sich durch das Himmlische Gericht berührt.

---

[58] Magdalena: Lukas 8,2

[59] Zachäus: Lukas 19,2

[60] samaritanische Frau: Johannes 4,7

Eusébio fuhr gelassen fort, er fesselte die allgemeine Aufmerksamkeit:

„Von euch wird nicht verlangt, dass ihr das Lager eures ehrwürdigen Glaubens verlässt. Überall wo die Saat Christi aufgeht, kann man das Himmlische Gesetz ehren und ihre erhabenen Inhalte ins Herz eingravieren. Was von eurem Glauben erbeten wird, ist den himmlischen Segen zu nutzen, der über euch in mächtigen Lichtströmen verteilt wird.

Beschränkt deshalb eure Zeichen des Vertrauens in den Höchsten nicht auf die Zeremonien äußerlichen Kults. Entfernt die Gleichgültigkeit, die eure prunkvollen Basiliken gefrieren lässt. Lasst uns wahre Geschwister zueinander werden. Verwandeln wir die Kirche in ein süßes Heim der christlichen Familie, unabhängig der jeweiligen Interpretierungen. Vergessen wir die falsche Aussage: die Zeiten der Apostel sind für immer vorbei. Jeder Lehrling des Evangeliums bewahrt in seinem Leben einen Ort, der für die Verehrung des Himmlischen Meisters reserviert ist und vor dem eine Schar Bedürftiger tagtäglich vorbeiläuft…

Jesus liebte und unterstützte, glaubte und handelte. Er stützte die verwirrten Seelen der griechisch-römischen Welt und flößte ihnen, zu Gunsten einer glücklicheren Menschheit, neues Leben ein. Genauso kann und muss jeder Jünger des erlösenden Glaubens zur Wiederaufrichtung der zögerlichen und schwächeren Geschwister beitragen.

Flieht vor der Scheinheiligkeit der modernen Zeiten, welche im Namen der teuflischen Kobolde der dogmatischen Spaltung die geschwisterliche Barmherzigkeit verweigert. Jesus hat nie die Disharmonie gepredigt. Er förderte nie die unverschämte Eitelkeit aus sogenannten reinen Lippen, solange das Herz im dämpfenden Morast des schicksalhaften Stolzes und des fatalen Egoismus versinkt!

Vertrauen wir vollkommen auf den Barmherzigen und erweitern wir Sein gesegnetes Reich der Erlösung.

Es ist unsinnig, auf den Himmel zu hoffen und gleichzeitig die Erde zu vernachlässigen.

Niemand kann die Himmlische Gerechtigkeit bestechen, auch wenn ihr oft mit dem Gedanken spielt, einen lächerlichen Handel mit der Heiligkeit betreiben zu können.

Ein Bauer wird nie ohne eine konkrete Aufgabe vor ein wildes Gestrüpp oder einen gefährlichen Sumpf gestellt. Wie könnt ihr glauben, dass ihr grundlos vor den Landschaften des Verbrechens und der Finsternis, des Kummers und der Leiden steht?!…

Der gefallene Bruder ist unser wertvolles Pfand, unsere Schwierigkeiten sind unser heiliger Ansporn, der Schmerz ist unsere läuternde Schule.

Lasst uns im Namen Jesu gegenseitig umarmen. Christus hat unseren Geist umgestaltet, ihn in höhere Ebenen gebracht und uns den glorreichen Aufstieg durch Opfer vorgelebt.

Das ist der einzige Weg, meine Freunde, um die uns zustehende hohe Bestimmung zu erreichen.

Unsere Welt ist gefährdet, durch niedrige Ambitionen verwirrt und von Hass und Misere beherrscht. Dies alles sind Folgen der unaufhörlichen und zerstörerischen Kriege. Vor diesem Hintergrund lasst uns mit Christus in Einklang kommen, um die Erde ins Gleichgewicht zu bringen.

Dunkle Schatten weilen bei einem finsteren Rundgang auf euren Wegen und euren Einrichtungen.

Vermeidet die Untergrabung der spirituellen Werte, vertreibt die Finsternis, die eure politisch-religiösen Organisationen bedroht. Fürchtet euch vor der Wissenschaft, die ohne Weisheit prahlt, befreit euch von der Vernunft, die ohne Liebe rechnet und überprüft euren Glauben, damit eure Impulse mangels Erbauung nicht in Unordnung geraten.

Die Erdoberfläche ist gegenwärtig ein raues und schmerzhaftes Kampffeld…

Weckt euer eingeschlafenes Gewissen und liebt das Himmlische Gesetz, vergesst die jahrhundertlange Knechtschaft der Illusion.

Die Rettung ist eine dauerhafte Arbeit von Erneuerung und Vervollkommnung.

Verkündigen wir der gequälten Welt unseren fortwährenden Glauben in Christus Jesus!..."

Am Ende seiner Rede war Eusébio von wunderbaren Lichtstrahlen umgeben.

Die Zuhörer verbeugten sich und ihre Gesichter waren blass vor Verwunderung.

Eine große Gruppe von Mitarbeitern unserer Ebene stimmte ein rührendes Loblied zu Ehren des Höchsten Schöpfers an.

Beflügelt durch eine zarte Brise, verloren sich die melodischen Noten der Hymne im fernen Wald...

Am Ende der Versammlung beobachtete ich, dass die inkarnierten Freunde durch Mitarbeiter unserer Hilfsaktivitäten gestützt wurden. Viele von ihnen, fern des dichten Körpers des irdischen Lebens, begriffen möglicherweise nun klarer den Irrtum des fehlgeleiteten Glaubens und verließen die Versammlung nicht aufgemuntert und optimistisch, sondern schluchzend und mit gesenkten Köpfen...

16
Geistig Verwirrte

Eines Morgens meinte Calderaro, dass ich eine bestimmte große Institution für geistig Verwirrte auf der Erdoberfläche kennenlernen sollte, dies wäre eine gute Vorbereitung für den Besuch in die Höhle des Leidens. Er sprach zu mir mit seiner ihm charakteristischen Zuvorkommenheit:

„Du wirst dann die Tragödie der entkörperten Menschen genauer verstehen, die in ihren Sinnen unausgeglichen sind. Ausgenommen den reinen organischen Fällen, ist der Wahnsinnige jemand, der versucht hat, sich aus Indisziplin oder Ignoranz von der irdischen Lehre zu befreien. Es gibt in diesem Bereich eine Sorte geschickt versteckter Selbstmorde, die selbst herbeigeführte Beseitigung der geistigen Harmonie, weil die Seele sich gegen die Kämpfe des Lebens wehrt. Tausende von Personen geben angesichts der Schmerzen, der Hindernisse oder des Todes auf, liefern sich widerstandslos den destruktiven Störungen aus, die letztendlich zum Tode führen. Anfangs sind sie einfach unzufrieden und verzweifelt, dies entgeht sogar denjenigen, die sie aus nächster Nähe begleiten. Allmählich verwandeln sie sich in Geisteskranke der verschiedensten Stufen und ihre Heilung ist fast unmöglich, denn sie tragen unangenehme und verwobene Probleme mit sich. Kaum wahrnehmbare Früchte des Ungehorsams beginnen den physischen Körper zu zersetzen, der ihnen auf der Erdoberfläche anvertraut wurde, und am Ende sind sie verarmt und unglücklich. Diese beklommenen und halbtoten Männer und Frauen leiden seit den irdischen Kreisen, begraben in höllischen Abgründen, weil sie sich den himmlischen Bestimmungen widersetzt haben und die unvernünftigen Launen der wohltuenden Schule des Kampfes um die Vollkommenheit vorgezogen haben."

Ich verinnerlichte die Erklärung und begleitete ihn bei dem vormittäglichen Besuch in der Einrichtung. In diesem Haus war eine große Anzahl von Geistesgestörten untergebracht.

Wir betraten den ersten Hof. Eine große Gruppe geistesgestörter Frauen war in ein lebhaftes Gespräch verwickelt.

Eine Dame mit schneeweißen Haaren und einem etwas grausamen Blick trug die Hausuniform wie eine königliche Robe und sagte zu zwei apathischen Mitbewohnerinnen:

„Als Marquise dulde ich keine Einmischung von nichtsahnenden Ärzten. Ich werde sicherlich wegen geheimer familiärer Gründe hier gefangen gehalten und bei der ersten Gelegenheit werde ich dies aufklären. Ich habe einflussreiche Feinde am Hof, jedoch sind meine Freunde noch angesehener und treuer."

Als ob sie versteckte Spione vermutete, senkte sie ihre Stimme und flüsterte ins Ohr einer Leidensgenossin:

„Der Kaiser ist an meinem Fall interessiert und wird die Schuldigen bestrafen. Sie haben mich wegen niederträchtiger Geldfragen hier eingeliefert."

Sie erhöhte die Tonlage und schrie auf einmal:

„Sie werden büßen! Alle werden büßen!"

Sie fuhr mit den Erklärungen fort und gestikulierte wie eine große Dame.

Das wilde Durcheinander zwischen den inkarnierten Kranken und den sich drängenden unglücklichen Wesenheiten flößte mir Mitleid und Schmerz ein. Um meine altbekannte Neugier zu befriedigen, wäre ich gerne stehen geblieben. Ich wollte der dementen Dame bis zum Schluss zuhören, aber der Assistent beeilte sich mit der Bemerkung:

„Wir müssen weiter gehen. Das ist ein riesiger Raum für sühnende Leiden und unsere Hilfsmittel können hier unglücklicherweise keine sofortige Linderung bewirken. Fast alle Kranken hier haben die Realität aufgegeben und halten an den Gegebenheiten der Vergangenheit fest, ohne anderen Lebensinhalt. Diese unglückliche Schwester besaß Adelstitel in einer früheren Existenz. Sie beging eklatante Fehler und ließ dem Stolz und der Eitelkeit freien Lauf. Sie ist für die notwendige Anpassung in bescheidenen Bedingungen wiedergeboren, wich aber bei den ersten rauen Prüfungen der verbessernden Korrektur zurück. Sie wehrte sich gegen die Ergebnisse der eigenen Aussaat, lieferte ihren physischen Leib unheilvollen Ereignissen aus und letztendlich ließ sie sich geistig in den niedrigen Regionen der Persönlichkeit nieder. Gegenwärtig bewohnt sie gedanklich eine Vergangenheit von glanzvollen Lügen. Sie klammert sich verzweifelt an die Erinnerungen als eitle Marquise von längst verschwundenen Palästen und pilgert in bedauernswertem Zustand durch die Täler des Wahnsinns."

Nach wenigen Schritten trafen wir eine neue Gruppe, in der eine außergewöhnliche Dame herausragte. Sie schien sehr erregt zu sein.

„Gott bewahre! Gott bewahre mich vor allen!", rief sie unruhig. „Ich werde nie wiederkommen! Niemals! Niemals!..."

Die Krankenschwester näherte sich hilfsbereit und bat:

„Beruhigen Sie sich, meine Dame! Ihr Ehemann kommt zu Besuch. Schauen wir in Ihren Kleiderschrank." Sie lächelte und fügte hinzu: „Freuen Sie sich nicht?"

„Niemals!", schrie die Geisteskranke mit einer angstverzerrten Miene. „Ich will ihn nicht sehen! Ich hasse ihn mit allem, was ihm gehört!"

Sie fuhr mit verachtenden Sätzen fort, versteifte sich und erlitt einen schlimmen Nervenzusammenbruch, was die Pflegerin veranlasste, sofortige Hilfe zu rufen.

Ich wollte anhalten, um die Situation zu untersuchen, aber der Assistent hinderte mich daran und erklärte:

„Verliere damit keine Zeit. Du kannst hier nicht helfen. Unser Aufenthalt hier ist zu kurz. Ich empfehle dir lediglich all die Ausflüchte derjenigen zu merken, die die gegenwärtigen Pflichten vergessen und versuchen, sich den Zwängen der erziehenden Realität zu entziehen."

Er veränderte die Tonlage und fuhr fort:

„Wir können nicht behaupten, dass alle Fälle der Irrenhäuser ausschließlich damit zusammenhängen. Viele Menschen durchqueren diesen furchtbaren Tunnel aufgrund von berichtigenden Prüfungen. Man muss aber erkennen, dass die meisten das sühnende Drama selbst herbeigeführt haben. Sie sind unsere Geschwister, die sich gegen die höheren Bestimmungen auflehnen, die sie zwingen, schwierige Lektionen zu wiederholen, wie zum Beispiel durch Wiedergeburt innerhalb der Familie von alten Feinden oder durch Auseinandersetzung mit scheinbar unüberwindbaren Hindernissen.

Um die erleuchtende Reise der Seele zu begehen ist es notwendig, den Geist zu bewegen, die Ideen zu durchwühlen und zu erneuern und die innerste Eigenart unbedingt zum Guten zu verwandeln, ähnlich wie man den Boden für den Ackerbau bearbeitet oder wie man mit jeglicher irdischen Einrichtung verfährt, die zum Allgemeinwohl umstrukturiert wird. Wenn sich die Seele jedoch weigert, himmlische Unterstützung anzunehmen, die verschiedenen Veränderungsprozesse ausschlägt, welche zu ihrem eigenen Wohl angeboten werden, und die verschiedenen Situationen in den Tagen ihres irdischen Lebens von sich weist, bleibt sie am Rande des Weges stehen und erschafft sich betrübende Landschaften mit ungerechtfertigten Ansprüchen.

Wir können fast behaupten, dass neunzig von hundert der Fälle von Wahnsinn, ausgenommen derjenigen, die aufgrund bakterieller Eindringung in die Hirnmasse entstehen, ihre Ursache in den schweren Fehlern haben, die von uns begangen wurden. Sie werden verursacht durch die Ungeduld oder die Niedergeschlagenheit, das heißt, durch geistige Haltungen, welche bedauerliche Auswirkungen auf dem Weg derjenigen herbeiführen, welche sie annehmen und hegen. Wenn sich diese störenden Kräfte im inneren Bereich installiert haben, beginnt die Zerstörung des geistigen Gleichgewichts. Diese Störung dauert manchmal nicht nur eine Existenz, sondern viele aufeinanderfolgende. Erst wenn der Interessierte bereit ist, wahrhaftig auf die himmlischen Gnaden zurückzugreifen, die sich ihm anbieten, kann er die Ruhe und die Erneuerungsfähigkeit wiederherstellen, die für ihn auf dem gesegneten Evolutionsweg bereitstehen. Alle Seelen sind für ihre Taten verantwortlich, doch die Widerspenstigkeit kann die Seele zu verschiedenen Verbrechen verleiten und dessen Folgen hält sie für unbestimmte Zeit gefangen. Die Niedergeschlagenheit führt sie in die Abgründe der Trägheit und verzögert die eigene Erbauung."

Inzwischen betraten wir eine weitläufige Terrasse in der Männerabteilung und bald begegneten wir einem Herrn, der sicherlich unter absoluter Schizophrenie litt. Einige dunkle Wesenheiten umgaben ihn. Der Kranke ähnelte einem Roboter, der von diesen beherrscht wurde. Seine Gestik war mechanisch, er erklärte dem Aufseher mit einem sehr ernsten Ton:

„Komm, João. Hab keine Angst. Gestern war ich der ‚Löwe', aber willst du wissen was ich heute bin?"

Der Mitarbeiter zögerte und João antwortete:

„Heute bin ich die ‚Bananenstaude'!"

Das wäre für mich ohne Zweifel eine wunderbare Gelegenheit, meine Erfahrung zu bereichern, denn sofort erkannte ich die vollkommene Übereinstimmung zwischen dem Opfer und den für ihn unsichtbaren besitzergreifenden Geistern. Der Unglückliche war eine vollkommene Marionette in den Händen von grausamen Henkern.

Auch diesmal durfte ich auf unserem Weg nicht anhalten, Calderaro sagte:

„Der Prozess des Wahnsinns ist vollzogen und du könntest seine Energien, die sich im niederen Bereich aufhalten, nicht mit einem schnellen Hilfsdienst wiederherstellen. Der Unglückliche ist Opfer hypnotischer Handlungen unerbittlicher Verfolger. Er wird kontinuierlichen Kräfte ausgesetzt, die ihn niederschlagen und verwirren."

„Lieber Himmel!", schrie ich aus. „Wie kann man ihm helfen?"

„Es handelt sich um einen Mann", antwortete der Betreuer, „der in vergangenen Inkarnationen seinen persönlichen Magnetismus missbraucht hat."

Ich konnte einen spontanen Einwand nicht zurückhalten:

„Wie denn? Die Theorien über Magnetismus sind doch von gestern…"

Calderaro blickte mich geduldig an und hielt entgegen:

„Glaubst du, dass sie erst durch Mesmer[61] begannen?"

Er lächelte und fügte hinzu:

„Wenn wir die Thematik wortwörtlich angehen, dann begann der Missbrauch des persönlichen Magnetismus bereits mit Eva im Paradies…"

---

[61] Mesmer: (1734 – 1815) deutscher Arzt, entwickelte die Theorie des animalischen Magnetismus und dessen Anwendung, den Heilmagnetismus

Er zeigte auf den Kranken und sagte:

„Vor nicht langer Zeit missbrauchte unser unvorsichtiger Freund seine Anziehungskraft und nutzte sie für unwürdige Abenteuer. Verschiedene Frauen fielen ihm zum Opfer und zielen nun auf ihn mit unaufhörlichen krankhaften und zerstörenden Hassexplosionen. Der arme Freund hat durchaus diese Ausbrüche verdient, als Konsequenz der verwerflichen Aktivitäten, die er jahrelang ausübte. Entkräftet durch die beharrliche Gegenwehr, erschöpfte sich seine Widerstandsfähigkeit. Hierdurch verwandelte er sich in einen Spielball von zerstörerischen Kräften, an den er sich wohlbemerkt freiwillig gebunden hat, als er sich begeistert dem Bösen widmete. Man kann nicht vorhersehen, wie lange er in diesem Zustand verharren wird. Wenn wir verfehlen, können wir normalerweise den Augenblick der Abweichung benennen. Wir können jedoch nie wissen, wann die Stunde schlagen wird, in der wir die Disharmonie verlassen. Solange wir im Morast wühlen, in dem wir aufgrund von Gleichgültigkeit oder Boshaftigkeit versunken sind, können wir keinen Termin für die Rückkehr auf die gerade Straße festlegen: Wir sind in umstandsbedingte Spiele verwickelt und können uns erst nach schmerzhafter Anpassung davon befreien…"

Ich war erstaunt über die Hypnose, welche die kalten grausamen Wesenheiten ausübten. Der Assistent spürte meine Verwunderung und sprach:

„Lass dich nicht davon beeindrucken. Der Tod des physischen Körpers verändert die Kreaturen, die sich dem Bösen widmen, nicht auf einen Schlag. Auch das Duell zwischen Licht und Schatten beschränkt sich nicht auf die engen physischen Kreise."

Bald überraschten uns zwei verwirrte Greise, die zusammenhanglose Sätze austauschten. Der Betreuer zeigte auf sie und erklärte:

„Die Zeit verrät immer unsere wahre Position im Entwicklungsprozess. Falls der Mensch versäumt, seine Existenz als Priesterschaft der konstruktiven Arbeit zu nutzen, die uns auf der Erde auferlegt wurde, wirken sich die Alterungsprozesse des physischen Körpers sehr negativ in der Seele aus. In diesem Fall kann das Individuum die Eigenschaften, die der menschliche Unmittelbarkeitsdrang erschafft, nicht beherrschen und der Geist verharrt im Bereich der niedrigen Impulse. Millionen von Geschwistern bleiben jahrhundertlang in der kindlichen Phase des Verständnisses stecken, weil sie sich nicht um die eigene Entwicklung bemühen. Solange sie die zerrinnende Stütze des allgemeinen physischen Wohlbefindens, der irdischen Annehmlichkeiten, der finanziellen Mittel und des vorübergehenden sozialen Umfelds erhalten, welche die Existenz auf der Erde für diejenigen bereithält, die das physische Leben durchlaufen, stützen sie sich auf ihre gesellschaftliche Stellung. Sobald ihnen aber Krankheit, Knappheit in finanzieller Hinsicht oder Altersschwäche widerfährt, offenbaren sie ihren unterentwickelten geistigen Zustand. Sie werden wieder Kinder, trotz des fortgeschrittenen Alters des Körpers, denn sie haben sich zu lange in den oberflächlichen Bereichen des Lebens aufgehalten."

Die Darstellung könnte nicht aufschlussreicher sein. Dennoch, während ich den großen Raum beobachtete, in dem Verwirrte beider Geschlechter, fern der Realität der Welt und ohne die geringste Perspektive von baldiger Befreiung des physischen Körpers, vor sich hin dösten, dachte ich an Kreaturen, die unvollkommen und gestört geboren werden. Ich dachte an die zurückgebliebenen Kinder und an Halbwüchsige, die in jungem Alter gegen den Wahnsinn kämpfen, an die unzähligen Ängste, die ehrenwerte und hilfsbereite Menschen plagen. Dann fragte ich den Ausbilder über diese Leiden, die plötzlich die vornehmsten Familien überfallen.

Der Assistent ließ sich nicht aus der Ruhe bringen und entgegnete:

„Hier untersuchen wir den Bereich der Aussaat, André, sowohl der Gegenwart als auch der Vergangenheit. Wir betrachten nicht nur die Lehre einer kurzen Existenz, sondern die gesamte Pilgerfahrt der Seele auf den unendlichen Wegen des Lebens, des unvergänglichen Lebens, das immer weiter geht und dessen Ziel es ist, die Auflagen und Zwänge des physischen Körpers zu überwinden und sich jeden Tag aufs Neue zu reinigen und zu heiligen. Du wirst ein beklemmendes Bild von spirituellen Leiden kennenlernen und es ist möglich, dass du in einem irdischen Irrenhaus etwas über die geistige Verwirrung lernst, welche die Seelen betreffen, die sich von den Universellen Gesetzen abgewandt haben. In Wahrheit beginnt mit der geistigen Verwirrung der ‚Abgang der Seele in die niedrigen Regionen des Todes'. Deine Erfahrung in diesem Irrenhaus wird dir helfen, den Wahnsinn der Männer und Frauen zu verstehen, welche im gesellschaftlichen Bereich der irdischen Oberfläche scheinbar ausgeglichen leben, jedoch ewige himmlische Werte gegen unmittelbare illusorische Befriedigungen ausgetauscht haben. Nach dem Tod werden sie genauso wie diese Insassen von einer unsagbaren Verzweiflung übermannt. Bezüglich der Störungen, welche die Seele bei der Wiedergeburt oder in der Kindheit, in der Jugend oder im Alter begleiten, muss man erkennen, dass das Ungleichgewicht bei der Übertretung des Gesetzes anfängt sowie die Sühne beim Verbrechen beginnt. Wenn sich ein Geist gegen die Realität richtet, findet er unweigerlich in allen Kreisen, in denen er sich befindet, die Konsequenzen seiner eigenen Handlung. Sei es in den Mechanismen der physischen Vererbung, sei es in Gebieten außerhalb seines Einflussbereiches, offenbart sich der inkarnierte oder nicht inkarnierte Geist in der Ernte seiner Aussaat: im Bereich der Evolution der allgemeinen Bemühung, im Berg der Erhöhung durch das Ausüben des höchsten Gutes oder in dem sühnenden Tal durch das Betreiben des Bösen."

Der Assistent, der sich anschickte zu gehen, blickte mich lange an und schloss ab:

„Wenn man nicht nur die Gegenwart, sondern auch die ferne Vergangenheit berücksichtigt, ist im Allgemeinen der Wahnsinnige jemand, der die Gnade des irdischen Lebens verschmäht und die geistigen Launen vorzieht. Wenn eine Seele nach dem Tod gepeinigt wird, ist dies eine Konsequenz ihrer Flucht vor den Realitäten des Lebens und des Universums. Sie hat die sühnenden Täler selbst erschaffen. Hast du alles verstanden?“

Ich blickte den Ausbilder dankbar an.

Ja, ich hatte alles verstanden. Ich begleitete den Betreuer, der schweigsam das Beobachtungsfeld verließ, und dachte über die Lektionen nach. Später würden wir die Wohltäter treffen, welche die Höhlen besuchten, in Liebes- und Friedensmissionen.

17
An der Schwelle der Höhlen

Calderaro und ich stießen auf die Hilfsgruppe, die auf dem Weg zur Arbeit in die Höhlen des Leidens war. Schwester Cipriana leitete die Aktivitäten dieser Art. Die Gruppe bestand aus sieben Freunden.

Ciprianas Gesichtsausdruck jedoch überraschte mich. Als sie mich neben dem Assistenten sah, fragte sie nach der üblichen Begrüßung:

„Beabsichtigt Bruder André, uns zu begleiten?"

Der großzügige Freund antwortete, dass Ausbilder Eusébio selbst meinen Besuch in den sühnenden Abgründen empfohlen hatte. Er erklärte, dass ich an Informationen über das Leben in den niedrigen Sphären interessiert war, um sie an die inkarnierten Freunde weiterzugeben und somit zu ihrer notwendigen Unterweisung in die Wissenschaft des aufrechten Lebenswandels beizutragen.

Die Leiterin hörte gütig zu und wandte ein:

„Ja, bezüglich der ersten Beobachtungen in der tiefen Schwellenregion ist Eusébios Empfehlung durchaus richtig. Da ich für die Arbeiten der Expedition direkt verantwortlich bin, kann ich vorerst seine Begleitung aber nicht überall zulassen."

Als ob sie die Einschränkung bedauern würde, schaute sie mich mit einem wachen und zärtlichen Blick an und fügte hinzu:

„Unser lieber André hat am Lehrgang für Unterstützung an Leidenden in den dichten Schatten noch nicht teilgenommen."

Ihre rechte Hand streichelte zärtlich meine Schulter und sie ergänzte:

„Wir müssen sicherlich schwierige vorbereitende Errungenschaften erlangen, um die Wohltat der Großen Lichter ernten zu können. Jedoch brauchen wir unbedingt eine Einführung, damit wir diese Wohltat in den tiefen Schatten verbreiten können."

Angesichts meiner offensichtlichen Enttäuschung fuhr die ehrenwerte Wohltäterin fort:

„Dennoch müssen wir annehmen, dass unser Bruder mit wichtigen zu lösenden Problemen zu uns gestoßen ist. Jede Situation, in die wir geführt werden, ist von verborgenen Lektionen begleitet, die zu unserem Fortschritt beitragen. In der Manege der Umstände bieten uns die höheren Bestimmungen nie Anlässe, die wir nicht brauchen. Wenn Eusébio diese Gelegenheit empfohlen hat, dann hat André sicherlich dringende Dienste in dieser Gegend zu verrichten. Meine Verantwortung verbietet es mir aber zu erlauben, dass er alle unsere Schritte verfolgt. Ich lade deshalb Bruder Calderaro ein, in Begleitung unseres geschätzten Lehrlings an der Schwelle der Höhlen zu bleiben, ohne mit uns in den Abgründen zu versinken. Er ist sehr wissbegierig und wird auch dort unerschöpfliches Material zur Beobachtung finden, ohne die Notwendigkeit, peinliche Situationen zu meistern, auf die er sich noch nicht angemessen vorbereitet hat..."

Alle freuten sich über die angebotene Lösung des Problems. Ich dankte zufrieden und Calderaro zeigte sich ebenfalls damit einverstanden. Alle waren begeistert über die Möglichkeit, Gutes zu lernen, als wir auf ein furchtbar dunkles Gebiet zusteuerten.

Ah! Ich hatte schon gewaltige Abgründe gesehen, in denen sich schuldige Wesenheiten gegenseitig in bedauernswerten Haltungen beschimpften, ich hatte über die Täler des Aufruhrs leuchtende Flammen vom Himmel regnen sehen, ich hatte verschiedene Wesenheiten entdeckt, die in berichtigenden Zellen von seltsamen Halluzinationen gepeinigt wurden, aber dort...

Erreichten wir vielleicht den „finsteren Wald", der von Alighieri in dem unsterblichen Gedicht[62] beschrieben wurde?

Die klagenden Stimmen der zerstreuten Wesen zerrissen mein Herz auf ihrem Weg zum rauchenden Himmel! Nein, es waren nicht nur Klagen. Als wir uns näherten, veränderte sich das Geschrei. Wir hörten auch Gelächter und Beschimpfungen.

Wir blieben an einer weitläufigen sumpfigen Tiefebene stehen, in der sich zahlreiche Gruppen von entkörperten menschlichen Wesenheiten aufhielten. Soweit man sehen konnte, standen sie in einem wilden Durcheinander, wie tausende Wahnsinniger, entweder voneinander getrennt oder zusammengepfercht, entsprechend ihrer jeweiligen Verwirrung.

Es war mir unmöglich, das Ausmaß der Tiefebene abzuschätzen. Auch wenn es topografische Markierungen gegeben hätte, war der Nebel zu dicht, als dass ich die Entfernungen hätte erfassen können.

Wir legten einige Kilometer in horizontaler Richtung zurück und als sich das Terrain erneut neigte und neue Ab-

[62] Die Göttliche Komödie, von Dante Alighieri

gründe zeigte, verabschiedeten sich Schwester Cipriana und ihre Mitarbeiter von uns. Munter verließen sie den Assistenten und mich mit der Ermahnung, dass sie uns in sechs Stunden wieder abholen würden.

Die Leiterin umarmte mich und sagte freundlich:

„Ich wünsche dir, mein Freund, viel Erfolg bei deinen Beobachtungen. Sicherlich wirst du uns nach unserer Rückkehr deine wertvollen Eindrücke mitteilen."

Ich lächelte begeistert über solch ein Wertschätzungszeichen.

Bald befanden Calderaro und ich uns alleine in der dunklen Weite, bevölkert durch seltsame Fremde.

Die Gespräche um uns herum waren zahlreich und komplex. Soweit ich es am Anfang beurteilen konnte, schien es mir, dass sich jenes „entkörperte Volk" nicht über die eigene Situation bewusst war.

Während sich dichte Meuten von gequälten Seelen in einer zähflüssigen Masse auf dem Boden herumschlugen, wimmelten nicht weit entfernt Herden von dementen Geistern aufgrund von armseligen Interessen in unendlichen Kämpfen.

Durch die höllenähnlichen Verhältnisse war die Landschaft äußerst beeindruckend. Ich bemerkte das Elend vieler unglücklicher Geschwister und hielt meine Gedanken nicht zurück.

Die verschiedenen Unglücklichen agierten dort ohne die Leiden voneinander zu kennen. Manche Gruppen schwebten auf geringer Höhe, wie ein Schwarm schwarzer Aasgeier, dunkler als der Schatten, der uns umgab, andere Scharen von Verzweifelten blieben am Boden liegen, wie jämmerliche Vögel mit gebrochenen Flügeln... Wie kann man das erklären?

Ich wandte mich dem Betreuer zu und begann mit meiner Befragung:

„Können uns diese elenden Verbannten sehen?"

„Einige von ihnen ja, aber sie beachten uns nicht. Sie sind zu sehr mit sich selbst beschäftigt. Sie beherbergen niedrige Gefühle in ihren Herzen und werden lange Zeit brauchen, um sich von ihnen zu befreien."

„Bleiben sie alle schutzlos und sich selbst ausgeliefert?"

„Nein", antwortete Calderaro geduldig. „Es gibt hier verschiedene Hilfsstationen und Schulen und viele Mitarbeiter üben dort Entsagung und Aufopferung. Die Leidenden und die gequälten Personen werden entsprechend ihrer Lernbereitschaft unterstützt."

Nachsichtig gab er zu bedenken:

„Die niedrigen Regionen bleiben nie ohne Pfleger und ohne Lehrer, denn es ist eine der größten Freuden des Himmels, die Hölle zu leeren."

Ich beobachtete Horden, die durch die Luft schwebten und uns fast berührten. In unserer Kolonie[63] vermieden wir die Levitation[64], um diejenigen nicht zu kränken, die diese Fähigkeit noch nicht entwickelt hatten. Aber... Dort? Niedrige Kreaturen schwebten herum, allerdings nur wenige Meter über dem Boden.

Calderaro erklärte:

„Wundere dich nicht. Die Levitation hängt im Grunde von der geistigen Kraft ab, welche der Intellekt gespeichert hat. Man muss aber bedenken, dass die höchsten Flüge der Seele nur möglich sind, wenn die hohe Intellektualität mit der erhabenen Liebe vereint ist. Es gibt grausame Geister, die eine starke Levitationsfähigkeit besitzen, allerdings ist diese auf niedrige Höhen beschränkt. Sie haben eine enorme Denkfähigkeit und können manche Naturkräfte beeinflussen; ihre Gefühle sind jedoch nicht geläutert und das hindert sie daran, weit nach oben zu gelangen. Bezüglich der vielen Wesenheiten, die in unserer spirituellen Kolonie untergebracht sind und diese Fähigkeit aber nicht nutzen können, ist das ein natürliches Phänomen. Es ist einfacher im gewöhnlichen Evolutionsprozess, Kreaturen mit hoher Liebesfä-

[63] Kolonie „Nosso Lar": siehe das erste Buch der Serie André Luiz

[64] Levitation: Fähigkeit, ohne Hilfsmittel zu schweben

higkeit aber geringerer Intelligenz anzunehmen und mit ihnen zu leben, als Intellektuelle zu beherbergen, welche Nächstenliebe jedoch nicht beherzigen. Das gemeinsame Leben mit diesen Intellektuellen ist in einem konstruktiven Sinn fast nicht praktikabel. In dem Kapitel der Levitation muss man die natürlichen Auftriebsbewegungen beobachten und auch bedenken, dass naturgemäß die Aasgeier auf der Suche nach Abfall in niedriger Höhe fliegen, während die Schwalben auf der Suche nach dem Frühling hoch fliegen."

Nach diesen Ausführungen erinnerte ich mich an die irdischen Bedürfnisse und fragte:

„Und... wie verhält es sich mit den Erfordernissen des täglichen Lebens?"

Der Ausbilder ließ sich nicht bitten und informierte:

„Die essenziellen Bedürfnisse bezüglich Hilfe und Versorgung werden vollkommen gedeckt, genauso wie in den irdischen Irrenanstalten."

Der Assistent machte eine kleine Pause und fuhr dann fort:

„Jetzt kann ich dir meine Absicht erklären, warum ich mit dir ein Irrenhaus besucht habe. Das war genau die richtige Vorbereitung für diesen Lehrausflug. In diesen Versammlungen von Unverständnis und Schmerz finden wir unendliche Reihen von Wahnsinnigen, die freiwillig von den Realitäten des Lebens zurückgewichen sind. Sie fixierten den Geist in den niedrigen Bereichen des Seins und, indem sie das gesegnete Vermögen der Vernunft vergaßen, haben sie schwere Fehler begangen und gingen gravierende Schulden ein.

Du hast in unserer spirituellen Kolonie leidende Geschwister gesehen, die angemessen unterstützt werden. Einige leiden noch unter seltsamen Halluzinationen, andere werden wie perispiritische Mumien in tiefer Lethargie gehalten, bis sie von selbst aufwachen, wieder andere bevölkern weite Krankenstationen, um sich allmählich geistig zu erheben… Hier jedoch versammeln sich wahre Banden Krimineller und Verbrecher. Sie ziehen einander an, gemäß der Natur der Fehler jedes einzelnen. Viele sind intelligent und in intellektueller Hinsicht aufgeklärt. Aber ohne einen Lichtstrahl der Liebe, der ihre Herzen veredelt, irren sie von Hindernis zu Hindernis, von Albtraum zu Albtraum… Sie sind noch unempfindlich für die heiligende Hilfe. Aufgrund der Härte ihres Herzens, scheint es, dass der Schock der Entkörperung ihre geistige Haltung verstärkt, in der sie sich beim Übergang von einer Sphäre in die andere befanden. Deshalb ist es nicht einfach, sie aus dem Ungleichgewicht zu befreien, in das sie sich unvorsichtigerweise begeben haben. Sie verweilen manchmal jahrelang in den Fehlern, die sie sich angewöhnt haben und durch den permanenten Energieaustausch leiden sie nicht nur unter den eigenen, sondern auch unter den Störungen der weiteren Komparsen des Unglücks."

Er beobachtete das wilde Durcheinander und fuhr fort:

„Die alte Idee von Erebos[65], der in die ewigen Flammen der göttlichen Rache verdammt wurde, ist ein gefährlicher Irrtum. Jedoch sind die Sühneorte der kriminellen Sehnsüchte und Handlungen, die auf Seelen warten, die durch den Wahn befleckt wurden, logische Realitäten in der geistigen Welt. Hier versammeln sich Geizige, Mörder, Lüsterne und Süchtige aller Sorten in einer bedauernswerten inneren Blindheit. Sie bilden feste Reihen und neigen sich mehr und mehr zum Abgrund. Jeder von ihnen erlitt bedrückende Schläge in der jeweiligen furchtbaren Lebensgeschichte. Sie halten sich selbst gefangen, verschließen sich den Offenbarungen des Lebens und schränken die eigenen geistigen Horizonte ein. Sie bewegen sich ausschließlich in den Bereichen der primitiven Impulse des eigenen Inneren und pflegen die Ver-

[65] Erebos: griech. Mythologie, Gott der Finsternis

gangenheit, welche sie eigentlich bereinigen sollten. Wenn sie Anzeichen von Besserung zeigen, werden sie von aktiven und aufopfernden Hilfsgruppen unterstützt. Gemäß höheren Anweisungen veranstalten angesehene Autoritäten aus unserer Sphäre Gerichte mit erzieherischen Maßnahmen. Die mit Liebe und Weisheit erfüllten Urteile gipfeln immer in Anordnungen zur erneuernden Arbeit. Die Strafe besteht entweder aus der Wiedergeburt auf der Erde oder aus Arbeit im Schoß der Natur, falls die Interessierten, welche gegen das Gesetz verstießen und sich selbst schädigten, genügend Verständnis und Reue aufbringen.

Die meisten schmerzhaften Wiedergeburten, welche die physischen Kreise bewohnen, entstammen aus diesem weitläufigen Speicher von schuldhafter geistiger Verwirrung. Von hier und von anderen ähnlichen Gebieten aus ziehen Millionen von Geschwistern für raue Prüfungen weiter, um im physischen, dichten Feld ihre Schuld abzuwerfen und ihr verwirrtes Inneres wieder ins Gleichgewicht zu bringen. Wenige schaffen es, die irdische Möglichkeit zu nutzen, um die eigenen Energien wiederherzustellen. Es ist sehr einfach, den richtigen Weg zu verlassen, aber die Rückkehr ist sehr mühsam…“

In diesem Moment näherte sich eine riesige und streitsüchtige Herde von Leidenden. Es handelte sich um eine finstere Gruppierung von definitiv verwirrten Geschwistern. Sie sprachen durcheinander und redeten über Tötungen. Sie erinnerten sich mit grausamen Worten an unbeschreiblich schmerzliche und entsetzliche Szenen.

Keiner von ihnen bemerkte unsere Anwesenheit.

Calderaro kannte meine notorische Neugier und informierte gelassen:

„Diese Unglücklichen bleiben aufgrund von fast übereinstimmenden Affinitäten vereinigt und nur die Schwingungsgesetzte halten sie in diesem Zustand. Wenn du jedoch die

Geschichte einiger kennenlernen möchtest, untersuche die Gedanken von demjenigen, den du am interessantesten findest."

Ich nutzte einen Augenblick, in dem sich der Streit etwas beruhigt hatte, und näherte mich einem unglücklichen Bruder. Sein blasses und mageres Gesicht beeindruckte mich.

Ich stellte mich auf seine geistigen Wellen ein, aber das Bild, das ich sehen konnte, erlaubte keine lange Untersuchung.

Ich erkannte den Grund, der ihn zur Verwirrung gebracht hatte: er hatte seine Ehefrau unter furchtbaren Umständen ermordet. Der Armselige zeigte jedoch keine Reue. Er wünschte sich, sein Opfer wieder zu sehen, um es so oft wie möglich zu peinigen.

Welche Tragödie versteckte sich dort in diesen qualvollen Erinnerungen?

Verblüfft blickte ich auf den Assistenten, ohne meine Frage auszusprechen. Eine massive Gruppe von monsterhaften Wesen schwebte vor unseren Gesichtern. Sie machte einen ohrenbetäubenden Lärm, und ließ mich bald den Mörder vergessen, der meine Aufmerksamkeit gefesselt hatte. Calderaro erkannte meine Bestürzung und erklärte:

„Diese Bande miserabler Wesenheiten bewegt sich wie es ihr möglich ist und besteht aus ehemaligen irdischen Geschäftsleuten, dessen einzige Begierde es war, Geld für die eigenen Gelüste zu sammeln, ohne jemand zu begünstigen. Das Geld, das sie vorübergehend besaßen, wurde nie dazu benutzt, um Dankbarkeit bei einem einzigen Wegbegleiter hervorzurufen. Sie waren hungrig nach einfachem Vermögen und erfanden tausend Möglichkeiten, um große und kleine Profite für sich in Anspruch zu nehmen, ohne jegliches Interesse am Wohl ihres Nächsten. Sie waren Menschen mit schnellem Auffassungsvermögen, waren geistig flexibel und hatten absoluten Erfolg in den materiellen Unternehmungen, welche sie mit völlig egoistischen Absichten durchführten. Das Leiden ihrer Nachbarn kümmerte sie nicht, sie ignorierten die

Schwierigkeiten ihrer Nächsten, sie machten sich keine Gedanken über den Wert der Zeit in Bezug auf die Vervollkommnung der Seele. Sie wollten nur finanzielle Mittel ansammeln und nichts weiter. Fern von Nächstenliebe, himmlischem Verständnis und Licht schufen sie für sich selbst den kalten und harten Mythos von Gold, sie schmiedeten mit dem kalten Metall einen starken Sinn und ein knauseriges Herz… Jetzt sind sie durch die fixe Idee, immer Vorteile zu bekommen, versklavt und fliegen schwerfällig herum, kopflos und verwirrt, auf der Suche nach Monopol und Gewinn, welche sie nie mehr finden werden."

Sie taten mir leid. Ich wollte manche aufhalten und mich mit ihnen unterhalten, um sie aufzuklären. Der Ausbilder hielt mich jedoch zurück und flüsterte:

„Was machst du da? Es wäre zwecklos. Es ist unmöglich, in so kurzer Zeit und nur mit Worten so viele grausame verwirrte Seelen ins Gleichgewicht zu bringen."

Er trieb mich vorwärts und schloss ab:

„Gehen wir weiter. Du würdest Wochen brauchen, um die Landschaft von Schmerzen kennenzulernen, die sich vor uns ausbreitet. Uns bleiben aber nur einige Stunden hier."

18
Alte Liebe

Wir waren noch nicht weit gegangen, als eine seltsame Gruppe alter Wesenheiten zu uns stieß.

Ihre Fratzen waren mitleiderregend. Sie waren verlumpt, abgemagert und sie hielten Lehmstücke in ihren Händen, die sie sich ab und zu zur Brust führten. Sie sahen beklemmt und besorgt aus. Beim leisesten Wind klammerten sie sich an diese Lehmstücke und schützten sie, damit ihnen diese nicht entweichen konnten. Verängstigt wechselten sie Blicke, als ob sie eine aufkommende Katastrophe fürchteten. Sie tuschelten untereinander, boshaft und misstrauisch. Manchmal setzten sie zur Flucht an, verharrten dennoch am gleichen Platz, ängstlich und argwöhnisch.

Ein alter Mann aus der Gruppe dieser Wesenheiten sprach heiser:

„Wir müssen den Rückweg finden. Wir können uns keine Verzögerung leisten. Was ist mit unseren Geschäften? Unseren Häusern? Der Schatz, den wir entdeckt haben, ist unermesslich…“

Stolz zeigte er Lehmstücke, die durch seine verkrüppelten Hände glitten.

„Aber…“, fuhr er gedankenversunken fort, „das ganze Gold, das wir jetzt haben, ist einfache Beute für Diebe in dieser miserablen Einöde. Wir müssen unbedingt den Rückweg finden. Das hier würde jeden erstaunen.“

Nach den Worten der seltsamen Wesenheit blickte ich Calderaro fragend an. Er erklärte aufmerksam:

„Sie sind Wucherer, die vor vielen Jahren entkörpert sind. Sie haben sich so sehr an den vorübergehenden materiellen Reichtum gewöhnt, dass sie nicht fähig sind, das Gleichgewicht im geistigen Bereich der ehrlichen Arbeit zu erreichen. Es gelingt ihnen einfach nicht, in das innere Heiligtum der höheren Bestrebungen einzutreten. Auf der Erdoberfläche haben sie es nicht geschafft, ein gemäßigtes und nobles Leben zu führen und achteten nicht auf die Methoden, die sie benutzten, um ihre egoistischen Ziele zu erreichen. Sie verschmähten die Rechte ihrer Nächsten und lachten über die Sorgen der anderen. Sie hintergingen leichtsinnige Gefährten, um an ihr Erspartes zu kommen, sie bereicherten sich auf Kosten ihrer Arglosigkeit und ihres blinden Vertrauens. Ihre unbedachten Handlungen haben so viel Leid verursacht, dass die geistige Materie der Opfer durch vergeltende Aussendungen und Verwünschungen einen ätherischen Panzer um ihren Verstand aufbaute. Sie bleiben betäubt und fixiert an die eigenen Verbrechen der Vergangenheit. Sie wurden in authentische Geister der Habgier verwandelt und sind gequält durch die Einbildung von Gold in dieser Wüste des Leidens. Ihre Lage ist so schlimm, dass wir nicht voraussagen können, wann sie wieder aufwachen werden.“

Ich bemitleidete sie aus tiefstem Herzen, aber Calderaro gab zu bedenken:

„Die Leidenschaft des Besitzes verwirrte sie und ihr finsteres Abenteuer führte sie hierhin, als Sklaven geistiger Monster mit undefinierbaren Formen."

Ich wollte gerade antworten, als sich die Stimme eines Greises schreiend aus dem Getuschel erhob:

„Freunde, leiden wir nicht vielleicht unter einem Albtraum? Manchmal denke ich, dass wir uns irren. Wie lange schweifen wir schon fern unserer Heimat herum? Wo sind wir denn? Sind wir vielleicht wahnsinnig geworden?"

Oh! Diese Stimme! Als ich sie hörte, kam mir ein furchtbarer Zweifel. Wer war hier der Irre?, fragte ich mich nun selbst. Der Greis oder ich?

Ich schaute sein Gesicht genauer an. Oh! War das möglich? Dieser unglückliche Geist erinnerte mich an Cláudio, meinen Großvater mütterlicherseits. Er hatte mich seit meiner frühesten Kindheit innig geliebt. Sein Umgang mit anderen war unterkühlt, aber mich liebkoste er sehr oft, seine runzligen Hände streichelten gerne über meinen Kopf und seine Augen strahlten, wenn er mich sah. Meine Mutter behauptete, dass am Ende seines Lebens nur meine Anwesenheit seine Nervenzusammenbrüche beruhigten. Ich konnte mich an keine Einzelheiten seiner Lebensgeschichte erinnern. Mir war allerdings bekannt, dass er ein beachtliches Vermögen mit skandalträchtigen Wucherzinsen erwirtschaftet hatte und dass sein Lebensabend aufgrund seiner übermäßigen Liebe zu Geld dornenhaft war. In der Zeit vor seinem Tod war er sehr verwirrt, überall sah er Verräter und Diebe. Aus Fürsorge holte ihn mein Vater in unser Haus und meine Mutter half ihm, die letzten Schmerzen zu überstehen.

Plötzlich erinnerte ich mich an seinen Tod. Sie holten mich aus der Schule, in der ich die Sekundarstufe besuchte, um seine kalten Hände zum letzten Mal zu küssen. Ich habe sein beeindruckendes Leichengesicht nie vergessen. Die gekrümmten

Hände auf seiner Brust schienen einen verborgenen Schatz zu hüten und in seinen glasigen Augen, welche mitleidige Hände nicht zu schließen vermochten, weilte eine unbekannte Angst, als ob ihn tragische Visionen aus dem Jenseits peinigten, wohin er dem Abruf widerwillig folgen musste.

Im Verlauf der Zeit erfuhr ich, dass mein Großvater ein großes Vermögen hinterlassen hatte und wir, seine Nachkommen, gaben es verschwenderisch in Luxus und Prahlerei aus... In dieser Zeitreise in die Vergangenheit erkannte ich nun die starke Bindung, die mich mit dem Unglücklichen zusammenhielt, der immer noch unter dem Albtraum des irdischen Goldes litt und Lehmplatten nahe an seinem Herzen trug.

Während die Erinnerungen mich übermannten, antwortete ein elendiger Gefährte:

„Albtraum? Nie! Nie! Oh Cláudio, du hast wohl den Verstand verloren!..."

Ah! Sein Name wurde ausgesprochen. Die Bestätigung ließ mich erstarren. Ich wollte schreien, konnte aber nicht. Der hilfsbereite Calderaro erkannte, was in meinem Inneren passierte und half mir, indem er sagte:

„André, ich weiß jetzt alles. Nun verstehe ich den Grund deines Besuches in dieser Gegend: Schwester Cipriana hatte Recht. Wir dürfen keine Zeit verlieren. Der Alte zeigt sich empfänglich. Er beginnt zu verstehen, dass er möglicherweise im Irrtum ist, dass er sich vielleicht in einem grausamen Albtraum befindet. Lass uns ihm helfen. Wir müssen sein Sichtvermögen schärfen, damit er uns sehen kann."

Voll Sorge beobachtete ich den fleißigen Betreuer, der über die trüben Augen meines unglücklichen Vorfahrens Fluidumtherapie spendete. Mit dem Zustrom von Kräften gewann die Wesenheit eine vorübergehende Klarheit und konnte uns letztendlich sehen.

„Oh!“, schrie er vor den verängstigten Kollegen. „Was für ein seltsames Licht!“

Er rieb sich die Augen und fragte uns:

„Woher kommt ihr? Seid ihr Priester?“

Sicherlich bezog er sich auf die strahlend hellen Gewänder, mit denen wir ihm erschienen.

Flink trat ich vor und fragte:

„Mein Freund, bist du Cláudio M…, ehemaliger Großgrundbesitzer aus der Nähe von V…?“

„Ja, kennst du mich? Wer bist du?“

Erleichtert fügte er mit einer rührenden Stimme hinzu:

„Seit langer Zeit bin ich in diesem mysteriösen Ort gefangen, voll Gefahren und Monster, aber reich an Gold, viel Gold… Deine Worte richten mich auf… Oh! Bitte hilf mir hier wegzukommen! Hab Erbarmen… Ich will zurück…“

Nun kniete er sich hin und streckte seine Arme nach mir aus. Er wiederholte:

„Zurück, meine Liebsten wieder zu sehen, wieder zu Hause zu sein!“

Ich umarmte ihn wehmütig. Ich wollte ihn nicht mit unangebrachten Offenbarungen schockieren, deshalb erklärte ich:

„Cláudio M…, du bist Opfer eines bedauerlichen Irrtums. Dein altes Haus schloss sich mit deinen physischen Augen, die ebenfalls verschwunden sind! Du hast deinen Geist in einem sinnlosen Traum voll lügnerischem Reichtum eingesperrt. Der Tod hat deine Seele seit mehr als vierzig Jahren deinem physischen Körper entrissen.“

Vor Schreck riss der Greis seine Augen weit auf. Augenblicklich verfiel er in krampfhaftes Weinen, was mich innerlich sehr berührte.

„Das spüre ich!“, flüsterte er mitleiderregend. „Mein Kopf glüht und ich kann nicht richtig denken. Aber… was ist mit dem Gold, dem Gold, das ich mit so viel Mühe gesammelt habe?“

„Beachte deine Hände, jetzt wo die himmlische Helligkeit deinen Geist anhaucht! Das Vermögen, angehäuft auf Kosten von Schwierigkeiten deiner Nächsten, verwandelte sich in morastige Abfälle. Schau mal!“

Mein Großvater betrachtete nun die Lehmstücke, die er in den Händen hielt und schrie erschrocken. Dann blickte er mich mit tränenerfüllten Augen an und sagte:

„Ist das vielleicht meine Strafe? Mein Vergehen gegenüber Ismênia verlangte Bestrafung…“

Weil das Schluchzen seinen Hals zuschnürte, fragte ich:

„Wer ist Ismênia?“

„Meine Schwester, deren Rechte ich mit Füßen getreten habe.“

Herzzerreißend fuhr er fort:

„Ihr seid Gottes Boten und ich bitte euch darum, mir meine Beichte abzunehmen. Als mein Vater starb, übergab er mir die Verantwortung für eine Schwester, die kein eheliches Kind war. Meine ergebene und heilige Mutter zog sie mit der gleichen unendlichen Liebe auf wie mich. Aber als beide tot waren, vertrieb ich sie aus dem Haus. Ich bewies, dass wir nicht das gleiche Blut hatten, um mir das Vermögen unter die Nägel zu reißen, das mein Vater uns hinterlassen hatte. Meine arme Schwester flehte mich an und litt sehr unter meinem Verhalten. Ich überließ sie jedoch einem erbärmlichen Schicksal und bedachte nur meine solide finanzielle Basis, die ich durch unlautere Mittel erreicht hatte. Ich wurde reich, vervielfältigte das Vermögen, ich gewann immer…“

Er blickte auf seine befleckten Hände und fuhr verbittert fort:

„Und jetzt?!...“

Ich wollte ihn trösten, mein zu Tränen gerührtes Herz öffnen. Calderaro jedoch machte eine energische Handbewegung und empfahl mir zu schweigen.

Mein trauriger Vorfahre redete weiter und öffnete neue Felder der Gefühle:

„Wo leben wohl meine Verwandten, um dessen Zukunft ich mir Sorgen machte? Wo blieb das beschwerlich zusammengeraffte Geld, das mich meine Seele vergessen ließ? Wo ist meine Schwester, der ich alle Mittel genommen habe? Warum haben sie mich nicht auf der Erde gelehrt, dass das Leben nach dem Tod weitergeht? Bin ich für die Welt wirklich ‚tot', oder wahnsinnig und blind? Ah, ich Elendiger! Wer wird mich retten?"

Er streckte seine hageren Armen aus und flehte:

„Habt Erbarmen mit mir! Meine Eltern starben vor vielen Jahren und meine Kinder haben mich sicherlich vergessen... Ich bin allein und verlassen. Helft mir, Boten des Ewigen! Verlasst nicht einen Greis, der in seinen Bestrebungen und Absichten getäuscht wurde! Jetzt, wo ich meine Lage erkenne, habe ich Angst, viel Angst..."

Sein Blick war durch die ausgiebigen Tränen getrübt. Er schaute mich an und sagte:

„Meine Familie kümmert sich nicht um mich. Nur eine Person wird sich sicherlich an mich erinnern und die Hände nach mir ausstrecken, wenn sie wüsste wo ich bin..."

Ein zärtlicher Ausdruck blitzte durch sein schmerzerfülltes Gesicht und er erklärte:

„Mein Enkelsohn André Luiz war mein Augenstern. Sehr oft beruhigte seine Zuneigung meine gequälten Gedanken. Zu Hause sprach ich mehrfach meinen Wunsch aus, dass er sich der Medizin widmen sollte. Ich habe ihm eine gewisse Summe für diesen Zweck hinterlassen. Ich wünschte mir, dass er das Gute tat, etwas, was ich als ignoranter Mann versäumt hatte. Häufig wurde ich von Reue übermannt, aufgrund des Unrechts, das ich meiner Schwester angetan hatte. Die Idee, dass der Enkelsohn meines Herzens irgendwie das Geld, das ich gestohlen hatte, in seiner

Ausbildung zum Wohle aller nutzen würde, tröstete mich... Er würde ein Wohltäter der Armen und der Kranken sein, er würde großzügige Samen säen, dort wo meine unnütze Existenz und meine Unvernunft nur Steine und Dornen verteilt hatten. Mein Enkelsohn sollte schön, beliebt und angesehen werden..."

Er trocknete die Tränen, beobachtete meinen Gesichtsausdruck und fragte flehend:

„Bote Gottes, vielleicht könnt ihr meinem Enkelsohn die Nachricht meiner furchtbaren Leiden überbringen? Ich habe zwar die Befreiung aus diesem Kerker, in dem ich wahnsinnig geworden bin, nicht verdient, aber es wäre tröstlich für mich zu wissen, dass André über meine Leiden Bescheid weiß!"

Ah! Calderaros Zeichen, dass ich mich weiter zurückhalten und noch etwas abwarten sollte, waren zwecklos. Meine Brust zerriss und ich fiel in einen Weinkrampf, den ich nicht unterdrücken konnte. Ich stand dort nicht vor höheren Wesen, dessen Energieströme mich bis zum Schluss des Kampfes in Selbstdisziplin stützten, sondern vor dem bedauerlichen Überbleibsel irdischer Leidenschaften. Ich erinnerte mich an meinen Großvater, wie er über meinen Kopf streichelte. Ich erinnerte mich an meinen Vater, wie er immer Opas Wunsch bezüglich meines Studiums erwähnte... Ich dachte an die langen Jahre, die der Unglückliche in jener Umgebung verbringen musste, gefesselt an die Gedanken von finanziellem Besitz. Ich begriff das Ausmaß meiner Schuld ihm gegenüber, hinsichtlich des Arztdiploms, denn ich bin nicht der Arzt geworden, den er sich gewünscht hatte... Ich blickte Calderaro bittend an und flehte um Vergebung...

Der Assistent lächelte und verstand alles.

Jeder von uns bewahrt in seinem tiefsten Inneren etwas aus seiner Kindheit, denn sogar Christus selbst, der höchste Beschützer der Erde, wurde als Kind in einer Krippe geboren.

Ich kehrte gedanklich in die Szenen meiner Kinderzeit zurück und fühlte mich wieder als ein kleiner Junge. Mit einem Sprung überwand ich den Abstand zwischen uns und kniete mich am Fuße meines unglücklichen Wohltäters nieder. Er beobachtete mich jetzt zitternd und erschrocken. Ich bedeckte seine Hände mit Küssen, blickte ihn mit tränenerfüllten Augen an und fragte:

„Opa Cláudio, kennst du mich nicht mehr?"

Für einen Augenblick vergaß ich die Schulung, für die ich dorthin gekommen war. Ich vergaß die furchtbare Umgebung, die mir Neugier und Angst einflößte. Meine Seele genoss die ehrliche Dankbarkeit und die reine Liebe. Die umstehenden miserablen Wesenheiten, welche in die Gier eingemauert und unfähig waren, die unerwartete Szene zu verstehen, schrien entweder empört oder lachten hinterrücks. Unterstützt durch den Assistenten, der ebenfalls diskrete Tränen aus seinem Gesicht wischte, stützte ich meinen Großvater. Ich war verrückt vor Freude, denn ich hielt ein wertvolles Pfand in meinen Armen. Mein Herz lief über vor Leichtigkeit und Glück.

19
Wiederannäherung

Als Cipriana mit ihren Mitarbeitern zurückkehrte, war ich immer noch in Tränen aufgelöst. Sie hörte sich die seltsame Erzählung meines etwas verwirrten Großvaters an, führte eine milde Geste aus und sagte freundlich:

„André, ich wusste, dass du nicht grundlos hierhergekommen bist."

Kurz berichtete ich über das Geschehen und erzählte alle Einzelheiten unserer Vergangenheit.

Die Leiterin dachte über meine rückblickende Abschweifung nach und sagte:

„Unsere Zeit ist knapp. Da uns der Kranke nicht begleiten kann, müssen wir ihn sofort in einer Anstalt in dieser Gegend unterbringen."

Mein Großvater war zwar hoch erfreut darüber, mich zu erkennen, war jedoch noch immer verwirrt. Er sprach zusammenhanglose Sätze, in denen Ismênias Name dauernd wiederholt wurde.

„Wir dürfen nicht vergessen", betonte die ehrwürdige Betreuerin, „dass Bruder Cláudio noch Behandlung und Fürsorge braucht. Man kann nicht voraussehen, wann er imstande sein wird, die Luft der höheren Regionen zu atmen."

Großzügig und zärtlich horchte sie bei diesen Worten den halbwahnsinnigen Greis ab und untersuchte ihn mütterlich.

Nach einigen Augenblicken informierte sie:

„André, damit unser Kranker schneller und effektiver gesunden kann, sollte er wieder in ein irdisches Leben zurückkehren."

Ich fragte demütig:

„Könnten wir in diesem Fall mit deiner Unterstützung rechnen, liebe Schwester?"

„Aber ja, doch! Wenn es sich um Wiedergeburten für reine erlösende Aktivitäten handelt, ohne Auswirkungen bei den kollektiven Interessen im weitesten Sinne, kann ich umgehend und ausschlaggebend persönlich unterstützen. Wir haben in dieser Region viele Wohltäter, die Vorkehrungen für Wiedergeburten in sühnenden Kreisen treffen. Lasst uns die zukünftige Situation dieses Bruders vornehmen."

Cipriana befragte den Kranken mitfühlend.

Gerührt erzählte der Greis, dass sein Vater eine Tochter aus seiner stürmischen Jugend mit in die Ehe gebracht hatte. Seine Ehefrau nahm dieses Mädchen liebevoll an. Diese Halbschwester hatte sich aufopfernd um ihn gekümmert und verdiente gerechte Dankbarkeit. Nachdem beide Eltern kurz vor seiner Hochzeit am tödlichen Fieber hingeschieden sind, raubte er ihr Erbe, erblindet durch die niedrige Absicht, Geld in Hülle und Fülle zu besitzen. Ismênia, die nun ohne Besitz dastand, weinte und beklagte sich vergebens. Sie musste aus dem Haus ausziehen und konnte bei einer reichen Familie wohnen. Diese hatte ihr als Gefälligkeit eine Stelle als Dienstmädchen angeboten, dessen Entgelt jedoch verächtlich war. Er habe erfahren, dass sie durch materielle Schwierigkeiten aller Sorten einen ungebildeten Mann geheiratet hatte, einen rauen und grausamen Menschen. Dieser misshandelte sie und aus dieser Verbindung wurden einige Töchter in bitterster Armut geboren. Nachdem mein Großvater den größten Fehler seines Lebens eingestanden hatte, begann er über die verschiedenen unwürdigen Bestrebungen zu erzählen, die er im Bereich der Habgier hegte, was unsere Herzen sehr erschütterte.

Cipriana zeigte, dass sie an Probleme solcher Art gewöhnt war und erklärte:

„Wir kennen schon zwei essentielle Punkte für die Aufgaben, die er zu erledigen hat: erstens, die Notwendigkeit, sich an Ismênia wieder anzunähern, von der wir nicht wissen, wo sie ist und ob sie inkarniert ist oder nicht, und zweitens, das Gebot der tiefsten Armut mit intensiver Arbeit, damit er die eigenen Bestrebungen korrigieren kann."

Cipriana schickte zwei Mitarbeiter los. Sie sollten feststellen, ob die Nachkommen der ehemals entrechteten Schwester bei der vorhandenen Adresse auffindbar waren. Mit dieser Information würden wir das weitere Vorgehen bei diesem unvorhergesehenen Ereignis festlegen.

Die Boten brauchten nicht länger als neunzig Minuten.

Sie brachten gute Neuigkeiten, die mich trösteten.

Sie fanden die Familie, die der unglückliche Greis in seinen bitteren Erinnerungen erwähnt hatte und brachten eine erfreuliche Information. Die Freunde aus unserer Sphäre erzählten uns, dass Ismênia wiedergeboren war und sich in der Blüte ihrer Jugend befand. Sie ist in der Familie wiedergeboren, die ihr Obhut gewährt hatte, als mein Großvater sie aus der eigenen Familie verbannt hatte.

Cipriana hörte alles gerührt an und empfahl, dass wir die Basis des zukünftigen Lebens vorbereiteten und unverzüglich das Wohlwollen der jungen Dame gewinnen sollten.

In der Zwischenzeit befanden wir uns schon in einer Hilfsinstitution. Der Bitte unserer Leiterin, dem Kranken zu helfen, wurde mit entgegenkommender Bereitschaft entsprochen.

Die geliebte Wohltäterin schenkte meinem Großvater alle Aufmerksamkeit und betonte in meine Richtung:

„Unser Freund darf dieses Haus der barmherzigen Fürsorge für etwa zwei Jahre nicht verlassen. Er identifiziert sich noch zu sehr mit der Atmosphäre dieser Region. Wir werden ihn öfters besuchen und mit unseren Mitteln unterstützen, bis er die Luft der Erde wieder atmen kann. Wir merken, dass sich sein Geist nicht so einfach aus dem Netz des Unverständnisses befreien kann und in diesem Zustand würde seine Rückkehr zur Schule des physischen Lebens nicht erfolgreich sein."

Diese Überlegungen waren für mich schlüssig und ich verfolgte die Vorkehrungen, die für diesen Fall getroffen wurden.

Cipriana blickte mütterlich auf die demente Wesenheit und fuhr gütig fort:

„Jetzt, André, müssen wir die Arbeiten dieser Woche zu Ende bringen. Versuchen wir, Ismênia für die vorbereitenden Dienste der Wiederannäherung hierher zu bringen. Da sie sich gegenwärtig in ihrer physischen Jugend befindet, wird sie uns wahrscheinlich zur richtigen Zeit helfen und den verstörten Bruder in ihrer eigenen Familie empfangen. Angesichts unseres Programms der Wiederaufrichtung brauchen wir jedoch zuallererst ihre Sympathie."

„Falls Ismênia darauf eingeht…", fügte ich zögernd hinzu.

„Wir werden uns um den Rest kümmern", versprach die Betreuerin beherzt. „Cláudios Rückkehr in die physische Sphäre wird einen sehr persönlichen Charakter ohne wichtige Auswirkungen im kollektiven Geist haben, deshalb können wir fast alle Vorkehrungen selbst treffen."

Wir vertrauten den Kranken den wohltätigen Geschwistern an, die das Haus der christlichen Liebe hüteten, in dem wir untergebracht waren, und steuerten Rio de Janeiro an. Wir trafen Ismênia in einem einfachen Haus in Bangu[66].

Mitten in der Nacht betraten wir ehrfürchtig das bescheidene Haus.

Die Schwester meines Großvaters war jetzt die sechste Tochter jener Frau, die in der physischen Existenz als Enkelin der alten Ismênia bekannt war, deren Persönlichkeit für die irdische Familie im Laufe der Zeit verloren gegangen war. Für unsere Augen jedoch war sie niemand anders als das Mädchen und die junge Frau, die zu den vervollkommnenden Aufgaben des irdischen Lebens zurückgekehrt war.

Alles dort verriet würdige Armut und zauberhafte Schlichtheit.

Cipriana trat vor und legte ihre rechte Hand auf die Stirn der schlafenden jungen Frau. Es war wie ein Ruf an sie, zu uns zu kommen. Nach einigen Augenblicken stand sie tatsächlich bei uns. Vom physischen Körper befreit bemerkte sie, dass unsere lichtumflutete Betreuerin sie mit einer Geste segnete und sie kniete sich instinktiv hin. Mit Freudentränen sagte sie:

„Himmlische Mutter, wer bin ich, um die Gnade deines Besuches zu erhalten? Ich bin eine unwürdige Dienerin…“

Sie verdeckte ihr Gesicht mit den Händen, denn möglicherweise verblendete sie das himmlische Licht, und sie hielt mühevoll ihre Ergriffenheit zurück. Aber unsere ehrwürdige Wohltäterin näherte sich ihr, legte ihre zärtlichen Hände auf den dichten schwarzen Haarschopf und sprach mild:

„Mein Kind, ich bin nur deine Schwester, deine Freundin… Hör zu! Was sind deine Absichten in deinem Leben?“

Da die junge Frau ihre tränenerfüllten Augen auf sie richtete, fügte die noble Botin hinzu:

---

66 Bangu: Ortsteil im Westen Rio de Janeiros

„Wir brauchen deine Unterstützung und möchten nützliche Freunde sein. Wie können wir dir helfen?"

Einige schwere erwartungsvolle Augenblicke vergingen.

„Sprich dich aus!", sagte Cipriana hilfsbereit. „Hab keine Angst..."

Die Rührung schnürte ihr fast die Stimme ab, dennoch sprach Ismênia mit jugendlicher Treuherzigkeit:

„Liebste Mutter, wenn ich um etwas bitten darf, bitte ich um Hilfe für Nicanor. Wir sind seit fast zwei Jahren verlobt, wir sind aber sehr arm. Ich arbeite in einer Stofffabrik mit sehr niedrigem Gehalt, um zu den Haushaltskosten beizutragen, und Nicanor ist Maurer... Wir träumen von einer kleinen und bescheidenen Familie, unter dem Schutz der Himmlischen Vorsehung. Dürfen wir Gottes Segen erhoffen?"

Ciprianas Gesichtszüge verrieten höchste mütterliche Zuneigung, sie antwortete:

„Warum denn nicht? Deine Wünsche sind gerecht und heiligend. Wir werden Nicanor unterstützen und deine Hoffnungen werden unseren tatkräftigen Beitrag erhalten. Wir erwarten jedoch etwas von dir..."

„Ah! Womit kann ich euch behilflich sein, ich arme Dienerin?"

Die Leiterin hielt sich kurz und bat lediglich:

„Komm mit uns!"

Zu meiner großen Überraschung bedeckte Cipriana das Gesicht der jungen Frau mit einem schmalen Schleier aus Gaze, damit sie die zu überquerenden Landschaften nicht sehen konnte.

Von uns gestützt kniete die Frau bald neugierig und ergriffen vor meinem Großvater. Als er sie sah, rief er erregt aus:

„Ismênia! Ismênia! Meine Schwester, verzeih mir!..."

Er liebkoste ihre Hände und betrachtete gequält ihr Gesicht, das von Armut gezeichnet war:

„Oh! Sie ist es wirklich!", beteuerte er sichtlich überrascht, „Mit der gleichen Traurigkeit wie an dem Tag, als ich sie aus dem Haus warf!... Was hat sie aber gemacht, sie ist heute jünger und hübscher?"

Weil die verstörte Besucherin weiterhin schwieg, fragte er aufgeregt:

„Sag, sag, dass du mir verzeihst, dass du das Böse, das ich dir angetan habe, vergessen wirst!"

In diesem Augenblick des eigenartigen Gespräches mischte sich Cipriana ein und fragte Ismênia:

„Hast du nicht gewusst, dass deine Urgroßmuttter einen Bruder hatte..."

Die junge Dame ließ sie die Frage nicht beenden und fragte ihrerseits:

„... der sie aus dem Haus warf?"

„Ja."

„Meine Mutter hat von dieser fernen Vergangenheit erzählt", fügte sie traurig hinzu.

„Erkennst du ihn nicht?", fragte die Wohltäterin freundlich. „Kannst du dich nicht erinnern?"

Der alte Mann redete dazwischen und versuchte, ihre Erinnerungen zu wecken:

„Ismênia! Ismênia! Ich bin Cláudio, dein unglücklicher Bruder..."

Die junge Frau konnte diese Beschwörungen nicht zuordnen, aber unsere Leiterin umschloss ihre Frontallappen mit beiden Händen und umgab sie mit ausgiebigen magnetischen Strömen. Sanft verharrte sie und bewirkte damit, dass die Erinnerungen in ihren wichtigsten perispiritischen Zentren auftauchten:

„Schau dir die Vergangenheit an, meine Freundin, damit wir dem Himmlischen Werk gebührend dienen können."

Ich stellte erstaunt fest, dass im Geist der jungen Frau etwas Seltsames geschah. Ihre Augen, die vorher zutraulich und gelassen waren, weiteten sich und wurden unruhig. Sie versuchte, vor dem bittenden Blick meines Großvaters zu fliehen, aber Ciprianas Energien hielten sie zurück und vermieden, dass ihre Impulse von Angst und Aufruhr ausbrachen.

„Ja, jetzt erinnere ich mich…", wimmelte sie angsterfüllt.

Unsere Betreuerin nahm die Hände von Ismênias Stirn, zeigte auf den Kranken und sprach in einer rührenden Tonlage:

„Und hast du kein Mitleid?"

Schwer vergingen einige erwartungsvolle Sekunden. Die Liebe ist jedoch bei Frauen mit höheren Bestrebungen immer heilig. Ismênias Augen zeigten nun, dass sie von der Liebe besiegt wurde und vollkommen verändert umarmte sie den Kranken und sprach:

„Bist du es, Cláudio? Was ist mit dir passiert?"

Der Greis sprach ausführlich über seine Qualen und erwähnte die vergangenen Fehler. Er war nun zufriedener und bei klarem Verstand und sprach über den Trost dieser Wiederannäherung.

Ismênia hielt ihren Bruder die ganze Zeit fest an die Brust gedrückt und ließ ihn ihre große Zuneigung, ihre Ergebenheit und ihr unendliches Verständnis spüren.

Cipriana sprach die beiden an, als sie das Gefühl hatte, dass sie sich vollkommen versöhnt hatten:

„Meine Freundin, wir würden gerne dein Versprechen erhalten, unseren Bruder Cláudio in der nächsten Zukunft zu unterstützen. Wirst du zu seinen Gunsten mit uns arbeiten und ihn mit den aufopfernden Armen als Mutter empfangen, falls das Himmlische Gesetz deiner Ehe zustimmt?"

Ismênia antwortete und ließ mich dabei die Schätze einer einfachen und bescheidenen Existenz auf der Erde erkennen:

„Wenn der Himmel mir das Glück schenkt, etwas zum Wohle Cláudios beizutragen, wird dies auch zu meinem Wohle geschehen. Und wenn ich eines Tages das Eheglück erhalte, wird er als unser erster und heißgeliebter Sohn geboren werden. Ich weiß schon im Voraus, dass sich Nicanor über meine Verpflichtung freuen wird."

Entzückt betrachtete sie den unglücklichen Gefangenen des Schattens und versprach:

„Er wird unser armes und ehrliches Leben teilen, er wird die Freude des einfachen Brotes kennenlernen, Frucht des Schweißes mit dem Himmlischen Schutz und er wird mit uns seine Illusionen vergessen, die uns für so lange Zeit trennten…"

Mit wunderbarer Schlichtheit des Herzens malte sie die Zukunft entzückt aus:

„Er wird ein glücklicher Maurer sein, wie Nicanor! Er wird lernen, genauso wie wir, den würdigen Kampf zu segnen!"

Sie weinte ergriffen. Auch stark gerührt und mit tränenerfüllten Augen umarmte Cipriana die junge Frau und versicherte:

„Selig bist du, geliebtes Kind, denn du hast den himmlischen Dienst der ehrwürdigen Frauen begriffen, die immer zur erhabenen Mutterschaft bereit sind."

Weitere Minuten vergingen in heilsamem Verständnis. Als die Sonne den Horizont mit diamantenem Glanz verzauberte, fanden wir uns in Ismênias bescheidenem Zimmer wieder. Wir halfen ihr, in ihren physischen Körper zurückzukommen und die Ereignisse zu vergessen, die sie mit uns in der geistigen Sphäre erlebt hatte.

Mit einer unbekannten Freude wachte sie im physischen Körper auf. Ihr Geist war erfrischt von glücklichen Ideen. Sie hatte den klaren Eindruck, dass sie von einem wunderbaren Ausflug zurückkam, dessen Einzelheiten sie jedoch nicht ausmachen konnte. Ohne zu wissen warum, war sie sich in jenem Moment absolut sicher, dass sie heiraten würde und dass Gott eine glückliche Zukunft für sie bereithielt.

Wer könnte unsere Dankbarkeit und Bewunderung jener Stunde beschreiben? Meine Wegbegleiter segneten Ismênia und als ich mich von ihr verabschiedete, küsste ich ihre kleine rechte Hand, ein leiser Kuss, erfüllt mit tiefer Zuneigung und unsagbarer Dankbarkeit.

20
In Ciprianas Heim

Am Ende der Studienwoche begleitete ich Calderaro zu der wohltätigen Einrichtung in den niedrigen Regionen, welche der Assistent als „Ciprianas Heim“ bezeichnete. Im Abendrot dachte ich über die neuen Erkenntnisse nach, die ich in den vergangenen Tagen erlangen durfte.

Ich war äußerst beschäftigt mit den Problemen, die sich mir eröffneten, wie zum Beispiel das unerwartete Treffen mit meinem Großvater. Deshalb blieb mir keine Muße für lange philosophisch-wissenschaftliche Erörterungen mit meinem außergewöhnlich gebildeten Mentor, der sich bald von mir verabschieden würde.

Die Forschung hatte dem Nachdenken Platz gemacht, die Überlegung dem Gefühl. Ich hatte viel Material über die geistigen Erscheinungen gesammelt und erhielt wertvolle Erkenntnisse, um die Verwirrungen der Seele zu bestimmen. Ich hatte verschiedene Kranke untersucht und mit ihnen hatte ich Beziehungen aufgebaut. Ich hatte verschiedene Krankheiten kennengelernt, deren Ursachen in tieferen und wenig bekannten Gebieten des Geistes zu finden waren. Vor allem aber begegnete ich einem Kranken, der mich von der brennenden intellektuellen Neugier zur sorgfältigen Überlegung bezüglich des Schicksals und der Existenz brachte.

Jetzt erkannte ich, dass man unbedingt die Liebe erringen muss, um die Weisheit gewinnbringend zu erlangen.

Nun schwiegen in mir die unruhigen Fragen, sie wurden zurückgehalten durch das schmerzende Herz.

In der Tat, ich hätte viele Fortschritte im Bereich von neuen Erkenntnissen machen können, wertvolle Freundschaften gewinnen sowie meine Ansichten über das Leben und das Universum erneuern und verbessern können. Was wären jedoch diese Errungenschaften wert, wenn es mir nicht möglich wäre, einem Wohltäter in Schwierigkeiten zu helfen?

Dieses aktuelle Anliegen beschäftigte mich und fesselte meine Gedanken. In diesem Zustand erreichte ich in Calderaros Begleitung die riesige Institution, in der Cipriana ihre geschwisterliche Hingabe kontinuierlich ausübte.

Soweit ich beurteilen kann, handelte es sich um cinc Hilfsinstitution, die sich sehr von den anderen, die ich kannte, unterschied. Sie ähnelte einem großen Arbeitszentrum auf der Erdoberfläche.

Die meisten Freunde dort hatten keine leuchtende Ausstrahlung, sondern waren typische menschliche Persönlichkeiten in Erneuerungsprozessen. Ausgenommen Cipriana und ihre Gehilfen, bestand die große Gemeinschaft aus sichtlich niedrigen Kreaturen: Männer und Frauen, die in ihrem Aussehen denjenigen ähnelten, welche die irdischen Kreise bewohnen.

Wie üblich kam Calderaro mir zu Hilfe und erklärte:

„Schwester Cipriana entwarf diesen lieblichen Zufluchtsort für spirituelle Wiederherstellung und verwirklichte ihn mit

Hilfe der leidenden und verstörten Geschwister, die in den umstehenden Regionen verweilen.

Natürlich ist hier nicht Ciprianas dauerhafter Wohnsitz. In dieser erneuernden Schule verbringt sie jedoch viel von ihrer Zeit, die sie dem heiligenden Dienst in den Sphären mit niedrigen Evolutionsstufen widmet. Im Grunde funktioniert die Einrichtung unter der Aufsicht der eigenen Freunde, die auf dem Weg der Erneuerung sind. Es handelt sich um eine wichtige Schule für seelische Wiederanpassung, für Selbsterkenntnis und Vorbereitung von bereitwilligen Individuen. Unsere Wohltäterin gründete das Werk und blieb ihre treue Leiterin. Das Institut ist jedoch ein zu niedriges Umfeld für diejenigen, die ihre Bedingungen verbessern wollen. Es ist eine Übergangsschule unter der direkten Einwirkung derjenigen, die von ihr profitieren und verwandelte sich hierdurch in ein wertvolles Zentrum für Lehre und in eine Herberge. Einzelne, die vom physischen Körper befreit sind und in schmerzhaften inneren Zuständen im Bereich der Erkenntnis verharren, erhalten hier wertvolle Unterstützung, um sich entsprechend an das Leben wiederanzupassen."

Verschiedene Gruppierungen mittleren Entwicklungstandes steuerten ein Gebäude an, das sich in der Mitte der weitläufigen Einrichtung befand. Ich erahnte, dass es sich um den Gebetstempel handelte.

Viele Freunde gingen schnell und schwatzend neben uns her. Es gab so viele glückliche und sorglose Menschen wie in jeder Straße einer großen Stadt der irdischen Welt. Es kam mir vor, dass wir an einem nebligen und düsteren Tag eine große Universität besuchten.

Obwohl sich die Gruppierungen an sich unterschieden, waren die großen und die kleinen Versammlungen durch ihre lebhafte Hoffnung identisch, die in den Blicken aller leuchtete. Als sie auf uns stießen, zeigten sie wahrhaftige Arbeitshaltung und Willen zur Veränderung. Auch die zahlreichen Behinderten und Kranken dort verrieten erneuernden Optimismus.

„Die ehrwürdige Ausbilderin“, fuhr der Assistent gütig fort, „hat hier eine wahre Werkstatt für Wiederherstellung des Geistes eingerichtet. Ehemalige stolze Personen, welche in ihrer irdischen Existenz in Hochmut und Verbrechen lebten, werden nach langen Jahren der Sühne, und nachdem sie erneuernde Absichten zeigen, in diesem Haus aufgenommen. Hier reorganisieren sie ihre Gefühle und Fähigkeiten auf dem Weg in die Zukunft. Von hier aus, wie aus anderen ähnlichen Einrichtungen in sühnenden Orten, beginnen unzählige berichtigende Inkarnationen. Ciprianas grundsätzliches Programm ist das Vergessen des Bösen, verbunden mit der Würdigung des Guten, unter dem Licht der Hoffnung in Gott. Am Anfang verlangte die Einrichtung viel Opfer von ihr, was Zeit und Begünstigungen anbetrifft, die ihr aufgrund von persönlichem Verdienst zustanden. Im Laufe der Jahre jedoch übernahmen Wesen, die sie geschult hatte, die Unterhaltung und die Leitung des Werkes.“

Als wir das Heiligtum betraten, dachte ich über die Güte und Weisheit jener mutigen Missionarin nach, die zu jedem höheren Dienst bereit war. Ich erinnerte mich ebenfalls an meinen eigenen Fall im Umgang mit meinem dementen Großvater, der im Schatten verstrickt war. In diesem Gebetsraum würden wir nun bei einer Andacht Ciprianas Stimme hören. Verschiedene ihr bekannte Wesenheiten umzingelten sie.

Ein Herr, der sichtlich getröstet wirkte, sagte ehrfurchtsvoll:

„Ich habe deinen Rat befolgt, Schwester, und habe keine Albträume mehr. Ich habe meine Haltung gegenüber meiner Familie geändert und anstatt sie zu bekämpfen, helfe ich ihnen.“

„Das ist gut!“, sagte Cipriana zufrieden. „Die dauerhafte Güte geht einher mit der geschwisterlichen Zusammenarbeit. Du wirst eine große Veränderung bezüglich deines Glück auf deinem Weg erkennen.“

„Schwester“, sprach eine sympathische Dame, „meine Situation ist eine andere. Jetzt erkenne ich, dass die Welt nicht für mich erschaffen wurde und dass es meine Pflicht ist, zum Wohl der Welt beizutragen.“

Die ehrwürdige Gesprächspartnerin zeigte ein breites Lächeln und erwiderte:

„Wir können deine Fortschritte gut erkennen. Wenn wir unsere persönlichen Eitelkeiten vergessen, weitet sich unser Verständnis.“

Ein zitternder alter Herr, mit allen Eigenschaften eines soeben Entkörperten, wandte sich mit tränenerfüllten Augen an sie.

„Schwester“, murmelte er traurig, „ich spüre immer noch das alte Unwohlsein. Manchmal fühle ich, als ob ich fallen würde, werde besinnungslos und im nächsten Augenblick wache ich bekümmert wieder auf…“

Die Betreuerin streichelte ihn diskret und ermunterte ihn:

„Das ist normal. Sei aber sicher, dass das bald besser wird. Wir brauchen manchmal Jahre, um Eindrücke zu speichern und diese können selbstverständlich nicht in wenigen Tagen verschwinden.“

Andere Freunde näherten sich mit der Absicht, ihr zuzuhören, aber als sie uns sah, kam sie uns lächelnd entgegen und informierte zuvorkommend:

„André, unser Kranker wird behandelt und alles, was zu einer schnellen Besserung führt, wurde schon eingeleitet. Cláudio wird in Zurückgezogenheit leben, bis er in einen Zustand kommt, welcher den Umzug in unser Haus erlaubt. Hier wird er sich angemessen für die Rückkehr in die physischen Kreise vorbereiten. Alles wird mit der gewünschten Harmonie verlaufen. Zudem sind meine Mitarbeiter über die Unterstützung an Ismênia unterwiesen, sie werden zur Verwirklichung ihrer Ideale beitragen.“

Ich dankte verlegen und gerührt. Ich dankte auch Gott. Unser Gespräch war nicht lang, denn das Zeichen zum Gebet rief uns zur freudigen Pflicht.

Begleitet von ihren direkten Mitarbeitern, übernahm Cipriana die Führung des Gebets.

Ich kniete mich im Geiste hin und sah die ehrwürdige Leiterin mit erhobenem Blick. Von Oben floss ein starker Strahl über ihren Kopf… Aus ihrem Brustkorb, ihrem Gehirn und aus ihren Händen sprudelten leuchtende Strahlen himmlischer Kraft. Man konnte sehen, dass sie für uns alle die Übermittlerin dieser Energien war.

Als uns die glänzenden Strahlen aus der höheren Sphäre durch ihre erhabene Persönlichkeit erreichten, fühlten wir uns durch eine unsagbare Leichtigkeit gewogen…

Ein harmonischer Chor mit hunderten von klangvollen Stimmen sang eine unvergessliche Lobeshymne an den Höchsten Vater. Glückstränen flossen ungehindert aus meinen Augen.

Kurz danach klang die bewegende Stimme der Ausbilderin. Ihr Gebet um Christi Schutz war durchdrungen von Demut, Dankbarkeit und Liebe:

„Herr Jesus,
ewiges Vorbild unserer Wege,
öffne uns, erbarmungsvoll,
wie immer,
die himmlischen Türen
Deiner unermesslichen Vorsehung…

Lebensspender,
wecke unser Gewissen
damit wir in den dunklen Tälern des Todes
die Wiederauferstehung säen.

Spender der Höchsten Güte,
hilf uns, das Böse zu bekämpfen
mit den Waffen des Geistes.

Friedensprinz,
lass uns die Zwietracht
nicht gleichgültig sein,
welche die Herzen unserer leidenden Geschwister
peitscht.

Meister der Weisheit,
vertreibe die Müdigkeit von uns
angesichts der Dienste,
die wir an unseren unwissenden Geschwistern
leisten müssen.

Bote der himmlischen Liebe,
gewähre uns erst den Frieden,
wenn wir in Deinem erlauchten irdischen Werk,
mit Dir gearbeitet
und die Monster des Krieges und des Hasses
besiegt haben.

Hirte des Unsterblichen Lichts,
stärke uns,
damit wir nicht vor den Beklemmungen
und der Verzweiflung des Schattens verzagen.

Verteiler des unendlichen Reichtums,
fülle unsere Hände
mit Deinen grenzenlosen Gaben,
damit wir allen Wesen auf dem Weg,
die Deine unvergänglichen Gaben noch vermissen,
hilfreich zur Seite stehen.

Engelhafter Botschafter,
lass uns nicht den Wunsch hegen,
unverdient zu ruhen
und verwandle uns
in Deine bescheidenen Diener,
egal wo wir auch sind.

Überbringer der Frohen Botschaft,
erlaube nicht,
dass unsere Ohren taub werden,
für den Chor des Seufzens derjenigen,
die in den Kreisen des Leidens um Hilfe rufen.

Wegbegleiter der Ewigkeit,
segne unsere Verpflichtungen und Aufgaben,
überlasse uns nicht der Unvollkommenheit,
die uns immer noch beherrscht!

Gib uns, geliebter Jesus, die Gunst, Dir zu dienen. Der Höchste Herr des Universums rühme und lobpreise Dich in Ewigkeit. So sei es…“

Der Saal des Heiligtums erstrahlte. Durch den dichten Tränenschleier meiner Augen sah ich dann, dass für einige Augenblicke eine wunderbare flüchtige Diamantenkrone auf dem ehrwürdigen Kopf der Missionarin des Guten erschien, wie plötzlich von unsichtbaren Händen getragen…

Am Ende der Versammlung kam Cipriana, um sich von mir in aller Schlichtheit zu verabschieden.

Warum sollte ich es nicht zugeben? Meine Augen waren mit Tränen gefüllt und ich wünschte mir, Cipriana wie ein dankbarer Sohn für immer folgen zu dürfen, so groß war die Weisheit und die Liebe, die ihre verherrlichte Seele ausstrahlte.

Calderaro umarmte mich zuerst und wünschte mir eine gute Reise. Ich konnte nicht antworten, denn meine Stimme war erstickt von der starken Rührung. Die weiteren Freunde verabschiedeten sich bewegt und zum Schluss drückte mich Cipriana an ihre Brust, küsste mich mütterlich und sagte mit tränengefüllten Augen:

„Gott segne dich. Vergiss nie das Erbarmen bei der Ausführung jeglicher Verpflichtung."

Weil sie meine tiefe Ergriffenheit vielleicht spürte, fügte sie noch hinzu:

„Wir werden im Geiste vereint sein."

Ich befreite mich aus ihren Armen mit der Sehnsucht eines Sohnes, in dessen Inneren die Flamme der Dankbarkeit nie erlischt.

Allein und gerührt auf dem Weg zu den Arbeiten, die auf mich warteten, atmete ich die Düfte der klaren Nacht ein, die erfüllt war von den wundersamen Nachrichten der aufblitzenden Sterne…

„Barmherziger Herr", flehte ich im Geiste, „bitte segne mich, armes unwürdiges Wesen!..."

Ich spürte, dass das Herz in meiner Brust hoffnungsvoll übersprudelte. Vor meinen Augen funkelten Sternenbilder und zeigten glorreiche Ziele in der unendlichen Zukunft…

Im Stillen bedachte ich Gottes Erhabenheit und Größe und vergoss ausgiebige Freudentränen. Unsägliche Gefühle überfluteten meine Seele und ich war verzückt und glücklich durch die neue Hoffnung.